高等学校物流管理与工程类专业系列教材

江苏省高等学校重点教材

编号：2021-2-302

供应链管理基础与前沿

邱玉琢　著

中国教育出版传媒集团

高等教育出版社·北京

内容简介

　　本教材介绍了供应链管理基础与前沿的相关内容，共分为九章。第一章介绍供应链管理的基本概念、发展历程和趋势。第二章至第八章深入探讨供应链绩效与驱动、网络构建与协调、组织与供需管理、生产计划与库存管理、运输与配送管理、信息技术和电子商务以及发展趋势等方面的内容。第九章主要关注供应链金融，探讨了其背景、作用、概念和发展趋势。

　　本教材系统性强，涵盖了供应链管理领域的各个关键议题，适用于供应链管理相关课程，也可供相关从业者和研究者参考使用。

图书在版编目（CIP）数据

供应链管理基础与前沿 / 邱玉琢著. -- 北京：高等教育出版社，2025.8. -- ISBN 978 - 7 - 04 - 063958 - 2

Ⅰ. F252.1

中国国家版本馆 CIP 数据核字第 2025VA2019 号

GONGYINGLIAN GUANLI JICHU YU QIANYAN

| 策划编辑　张　欣 | 责任编辑　张　欣 | 封面设计　李小璐 | 版式设计　明　艳 |
| 责任绘图　马天驰 | 责任校对　陈　杨 | 责任印制　高　峰 | |

出版发行	高等教育出版社	网　　址	http://www.hep.edu.cn
社　　址	北京市西城区德外大街4号		http://www.hep.com.cn
邮政编码	100120	网上订购	http://www.hepmall.com.cn
印　　刷	北京汇林印务有限公司		http://www.hepmall.com
开　　本	787mm×1092mm　1/16		http://www.hepmall.cn
印　　张	16.75		
字　　数	320 千字	版　　次	2025 年 8 月第 1 版
购书热线	010-58581118	印　　次	2025 年 8 月第 1 次印刷
咨询电话	400-810-0598	定　　价	49.00 元

本书如有缺页、倒页、脱页等质量问题，请到所购图书销售部门联系调换

版权所有　侵权必究

物　料　号　63958-00

前　言

　　供应链管理是当今世界商业领域中备受关注的议题之一。随着全球化和科技进步,供应链管理的复杂性和挑战性不断增加,促使业界和学界对供应链管理进行更深入的探索和研究。在这样的背景下,我们编写了本书。

　　本书是江苏省高等学校重点教材立项建设项目之一。本书旨在系统地介绍供应链管理的基本概念、理论框架和实践经验,为读者提供全面、深入的理解。本书通过深入探讨供应链管理领域的关键议题,帮助读者把握供应链管理的核心原理和方法,提升其在实践中的应用能力。本书还力求理论结合实践,引导读者深入思考和解决实际供应链管理中存在的问题,促进供应链管理的发展与进步。

　　本书的特点在于全面性和系统性。全面性方面,它涵盖了供应链管理领域的各个方面,从基础概念到前沿技术,从理论研究到实践案例,全面地呈现在读者面前。系统性方面,本书注重理论与实践相结合,既有学术研究的深度,又有企业实践的广度,既适合作为供应链管理相关专业课程的教材,又可作为供应链管理从业者的参考读物。

　　本书的编写离不开许多朋友的支持和帮助,在此向所有为本书付出过辛勤劳动的老师和学生表示衷心的感谢。感谢南京信息工程大学商学院的青年教师们为本书各章节的编写付出了辛勤的劳动;感谢专家学者和实践者的宝贵经验和深刻见解为本书增添了独特的价值;感谢所有参与本书审阅和出版的工作人员的辛苦付出,这一切使得本书得以顺利完成。

　　希望本书能够为广大读者提供有益的帮助和启发,促进供应链管理领域的不断发展和进步。愿本书成为学术研究和实践探索的重要参考,为推动供应链管理领域的发展作出贡献!

邱玉琢

2024 年 11 月 12 日

目　录

第一章　供应链管理导论

❖ **本章导读**

　　本章介绍供应链的基本概念和组成部分,以及它在企业运营中的重要性。读者将了解到供应链包括哪些环节,以及每个环节的功能和作用。本章还将深入探讨供应链管理的概念、原则和实践,介绍供应链管理的基本任务,包括供应商选择、采购管理、生产计划、库存控制、物流管理等方面。读者将了解到供应链管理的重要性以及如何通过有效的供应链管理实现企业的战略目标。最后,本章将分析当前供应链管理领域的发展趋势并展望未来,探讨技术、全球化、可持续发展等方面对供应链管理的影响,以及企业在面对这些挑战时的应对策略。

❖ **本章关键术语**

　　供应链;供应链管理;核心能力;网链结构

第一节　供应链概述

　　供应链(Supply Chain)思想于20世纪80年代末提出并得到广泛应用。企业的价值要持续稳定地实现,取决于其最终产品的竞争力。从消费者来看,零售商、分销商、储运商、制造商、供应商等都依次对其下家供应最终消费品或中间产品,因此这一前后相继的链条就被称为供应链。

　　党的十九大报告首次提到"现代供应链",标志着"现代供应链"正式上升为国家战略,这对我国现代供应链发展具有里程碑意义。党的二十大报告中更是提出要"着力提升产业链供应链韧性和安全水平",强调了供应链的重要性,并指出要采取措施增强供应链的稳定性、安全性和可靠性,以保障国家经济的持续健康发展。同时,政府也需要加强监管和调控,确保供应链的高效运转和资源的合理配置,以促进经济的可持续发展。这凸显了供应链在现代经济体系中的核心地位。

一、供应链的概念

　　供应链最早来源于美国管理学家彼得·德鲁克提出的"经济链",而后经由美国哈佛商学院的迈克尔·波特教授发展成为"价值链",最终日渐演变为"供应链"。它的定义为:"围绕核心企业,通过对信息流、物流、资金流的控制,从采购原材料开始,制成中间产品及最终产品,最后由销售网络把产品送到消费者手中。它是将供应商、制造商、分销商、零售商,直到最终用户连成一个整体的功能网链模式"。它不仅是一条连接供应商到用户的物流链、信息链、资金链,还是一条增值链,物料在供应链上因加工、包装、运输等过程而增加其价值,给相关企业带来收益。

我国国家标准《物流术语》(GB/T 18354—2021)将供应链定义为:"生产及流通过程中,围绕核心企业的核心产品或服务,由所涉及的原材料供应商、制造商、分销商、零售商直到最终用户等形成的网链结构。"根据 2017 年 10 月 5 日国务院办公厅印发的《关于积极推进供应链创新与应用的指导意见》(以下简称《意见》)指出,供应链是以客户需求为导向,以提高质量和效率为目标,以整合资源为手段,实现产品设计、采购、生产、销售、服务等全过程高效协同的组织形态。

供应链是一个由多个环节和组成部分构成的系统,这些环节和部分相互关联、相互影响,共同形成一个有机的整体。通过有效的供应链管理,可以实现各环节之间的协同工作,提高供应链的效率和灵活性,从而为企业创造更大的价值,主要体现在以下 4 方面。

（一）系统性

供应链是由多个环节和组成部分构成的系统,不仅是各个部分的简单相加,而是通过相互作用与依赖,形成了一个协同工作的网络。在这个网络中,每一个环节都扮演着特定的角色,承担着特定的功能,它们之间的紧密配合使得整个供应链能够高效运转。

供应链的起始环节是供应商,他们负责提供原材料、零部件或其他必要的资源。供应商的选择、管理和合作关系直接影响后续环节的质量和效率。因此,与供应商建立良好的合作关系,对于确保供应链的稳定性和质量是至关重要的。

生产制造环节,这个环节将原材料和零部件转化为成品。生产过程中需要考虑生产计划、工艺流程、质量控制等多个方面,以确保产品的质量和交货期。同时,生产制造环节还需要与上游供应商和下游分销商进行紧密的沟通与协调,以确保生产计划的顺利执行。

分销环节,这个环节由分销商负责将产品从生产厂家传递到最终消费者手中。分销商需要建立完善的销售网络和物流体系,以便将产品快速、准确地送达消费者。同时,分销商还需要根据市场需求和反馈,及时调整销售策略,以满足消费者的需求。

在供应链的各个环节中,信息流、物流和资金流都是必不可少的要素。信息流确保了供应链各环节之间的有效沟通,使得各环节能够根据实际情况做出及时调整。物流则保证了产品从供应商到最终消费者的顺畅流动。而资金流则是供应链运转的经济基础,确保了各环节的正常运作和利润实现。

此外,供应链管理还涉及对整个供应链的风险管理和优化。这包括对潜在风险的识别和评估,以及制定相应的应对措施。同时,通过对供应链的优化,可以进一步提高供应链的效率和灵活性,降低成本,提高企业的竞争力。

(二)动态性

供应链随着市场环境和客户需求的变化而不断调整和优化,以适应不断变化的市场需求。这种不断地调整和优化是供应链保持活力和竞争力的关键。在市场环境日新月异的今天,供应链必须具备高度的灵活性和快速响应能力,才能紧跟市场的步伐,满足客户多变且日益增长的需求。

市场环境的变化可能包括新的竞争对手的出现、政策法规的调整、技术进步带来的新机遇等。这些变化都会给供应链管理带来不同程度的挑战。例如,新的竞争对手可能通过更高效的供应链管理来降低成本,从而提升市场竞争力。因此,企业需要密切关注市场动态,及时调整自己的供应链策略,以保持竞争优势。

客户需求的变化也是供应链调整的重要驱动力。随着消费者行为的转变和升级,他们对产品品质、交付速度、个性化需求等方面的要求都在不断提高。这就要求供应链能够快速调整以满足这些新的需求。例如,对于快速消费品行业,消费者可能更看重产品的更新速度和个性化选择,这就要求供应链能够快速响应,提供多样化的产品选择。

为了适应这些变化,供应链需要在多个方面进行调整和优化。例如改进物流网络以提高配送效率,引入新的技术以降低运营成本,加强与供应商和客户的沟通以提高供应链的透明度和协同性,以及优化库存管理以减少资金占用等。

同时,企业还需要培养一支具备供应链专业知识和技能的团队,以便更好地应对市场环境和客户需求的变化。这支团队需要具备敏锐的市场洞察力、强大的数据分析能力和高效的执行力,以确保供应链在任何时候都能够保持最佳状态。

(三)协同性

供应链中的各个成员需要协同合作,共同应对市场变化,实现整体效益最大化。这种协同合作是供应链成功的关键要素之一。在供应链中,各个环节的成员都是相互依赖的,任何一个环节的失误都可能导致整个供应链的效率下降,甚至中断。因此,供应链成员之间建立紧密的合作关系,实现各环节的无缝衔接,对于提升供应链整体性能和应对市场变化具有重要意义。

为了实现协同合作,供应链成员之间需要建立有效的信息共享机制。通过实时共享订单、库存、生产等信息,各成员可以更好地预测市场需求,调整生产和分销计划,从而减少"牛鞭"效应,提高供应链的响应速度和灵活性。此外,信息共享还有助于提高供应链的透明度,使各成员能够更清晰地了解彼此的需求和期望,从而更好地协同工作。

除了信息共享外,供应链成员还需要在战略目标、业务流程和资源配置等方面进行协同。这意味着各成员需要共同制定供应链战略,明确各自的角色和责任,以确保供应链的整体效益最大化。在业务流程方面,各成员需要相互协调,优化流程设计,减少不必要的浪费和延误。在资源配置方面,各成员需要合理分配资源,确保供应链的顺畅运转。

为了实现这些协同目标,供应链成员之间需要建立长期的、互信互惠的合作关系。这要求各成员不仅要关注自身的利益,还要考虑整个供应链的利益。通过共同努力,各成员可以共同应对市场变化,降低运营风险,提高客户满意度,从而实现整体利益的最大化。

此外,随着技术的发展,供应链协同合作也面临着新的机遇和挑战。例如,物联网、大数据、人工智能等技术的发展和应用为供应链协同提供了新的工具和手段。通过这些技术,供应链成员可以更精确地掌握市场动态和客户需求,更高效地进行协同合作。然而,这些技术的应用也带来了新的安全问题和挑战,需要各成员共同应对和解决。

（四）风险管理

供应链管理中需要识别和评估潜在风险,并制定相应的应对措施,以降低运营风险。风险管理在供应链管理中扮演着至关重要的角色。在全球化和网络化日益加强的今天,供应链的复杂性和不确定性也随之增加,这使得风险管理的难度加大,但同时也更加凸显了其重要性。

在供应链风险管理中,对潜在风险的识别和评估是第一步。这包括但不限于供应商的不稳定、运输延误、原材料价格波动、市场需求变化、政策法规调整以及自然灾害等多种风险。每一种风险都可能对供应链的稳定性和效率产生重大影响。

识别和评估风险后,接下来需要制定相应的风险应对措施。这包括多元化供应商选择以降低供应风险,建立安全库存以应对需求波动,制定灵活的运输和物流策略以应对可能的运输延误,以及进行定期的风险评估和审计等。

此外,建立风险应对机制也是关键。当风险事件发生时,应有一套完善的应对机制,能够快速响应并尽可能降低风险带来的影响。例如紧急采购策略、替代供应商以及快速恢复计划等。

值得一提的是,随着数字化和智能化技术的发展,供应链风险管理也可以借助大数据、人工智能等技术手段进行更精准地预测和决策,从而提高风险管理的效率和准确性。

供应链风险管理是一个持续的过程,需要定期评估、灵活调整,并确保所有相关方都明白在风险事件发生时应该如何应对。只有这样,才能在不断变化和充满不确定性的市场环境中,确保供应链的稳定性和持续运营,从而保持企业的核心竞争力和维护企业的市场地位。

（五）降本增效

在典型制造商的成本结构中,供应链涉及的成本占 60% ~ 80%,高效的供应链管理可以使总成本下降 10%,相当于销售额提高 3% ~ 6%,而且显著提高了客户需求预测和管理水平。美国某调查公司的调查分析结果也表明,企业实施供应链管理可以获得如下益处:

供应链管理的实施使总成本下降 10% ;供应链成员的按时交货率提高了 15% 以上;订货—生产的周期缩短了 25% ~35% ;供应链成员的生产率提高了 10% 以上;供应链核心企业的资产增长了 15% ~20% 。

如今,供应链管理已经成为企业参与全球竞争的重要战略。因此,任何一个希望成功的企业都应该站在供应链管理的高度,综合考虑整个企业的生产经营活动,努力创造自己的核心竞争力,使企业成为整个社会价值链中的一个重要环节。

二、供应链的发展阶段

(一)物流管理阶段

早期的观点认为,供应链是指将采购的原材料和收到的零部件,通过生产和销售等活动传递到用户的一个过程。因此,供应链仅仅被视为企业内部的一个物流过程,它所涉及的主要是物料采购、库存、生产和分销的职能协调问题,最终目的是优化企业内部的业务流程、降低物流成本,从而提高经营效率。

(二)价值增值阶段

进入 20 世纪 90 年代,人们对供应链的理解发生了新的变化。由于需求环境的变化,原来被排斥在供应链之外的最终用户、消费者的地位得到了前所未有的提高,从而被纳入供应链的范围。供应链不再只是一条生产链,而是涵盖了整个产品运动过程的增值链。

(三)网链阶段

随着信息技术的发展和产业不确定性的增强,在全球化的今天,企业之间的关系正在呈现日益明显的网络化趋势。与此同时,人们对供应链的认识也正在从线性的单链转向非线性的网链,供应链的概念更加注重围绕核心企业的网链关系,即核心企业与供应商、供应商的供应商及一切向前的关系,与用户、用户的用户及一切向后的关系。供应链的概念已经不同于传统的销售链,它跨越了企业的界限,从扩展企业的新思维出发,并从全局和整体的角度考虑企业的竞争力,使供应链从一种运作工具上升为一种管理方法体系、一种运营管理思维和模式。供应链的网链结构如图 1-1 所示。

三、供应链的分类

根据不同的划分标准,可以将供应链分为以下几种类型。

(一)根据范围不同划分

根据供应链的范围,可以将供应链分为内部供应链和外部供应链。内部供应链是指企业内部产品生产和流通过程中所涉及的采购部门、生产部门、仓储部门和销售部门等组成的供需网络。外部供应链则是指企业外部的、与企业相关的产品生产和流通过程中涉及的原材料供应商、生产厂商、储运商、零售商和最终消费者组成的供需网络。内部供应链和外

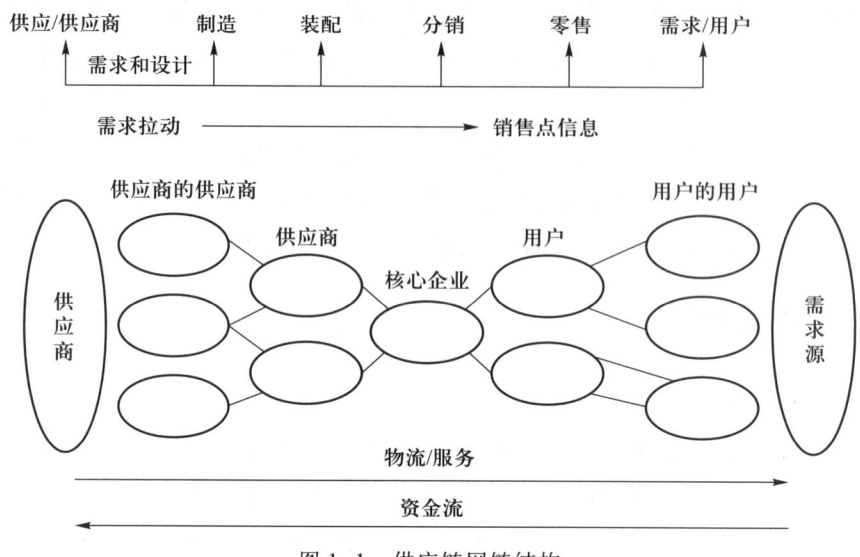

图 1-1　供应链网链结构

部供应链存在着紧密的联系：二者共同组成了企业产品从原材料到成品到消费者的供应链。可以说，内部供应链是外部供应链的缩小版。如对于制造厂商，其采购部门就可看作外部供应链中的供应商。它们的区别在于外部供应链范围大，涉及企业众多，企业间的协调更困难。

（二）根据稳定性不同划分

根据供应链存在的稳定性，可以将供应链分为稳定的供应链和动态的供应链。基于相对稳定、单一的市场需求而组成的供应链稳定性较强，基于相对频繁变化、复杂的需求而组成的供应链动态性较高。在实际管理运作中，需要根据不断变化的需求，相应地改变供应链的组成。

（三）根据功能不同划分

根据供应链的功能模式（如物理功能、市场中介功能、客户需求功能）可以把供应链划分为有效性供应链和反应性供应链。有效性供应链主要体现供应链的物理功能，即以最低的成本将原材料转化成零部件、半成品、产品，以及在供应链中的运输等；反应性供应链主要体现供应链的市场中介功能，即把产品分配到满足用户需求的市场，或对未预知的需求做出快速反应等。

（四）根据供应链驱动力来源划分

根据供应链驱动力来源可以把供应链划分为推式供应链和拉式供应链。推式供应链是以生产商为核心出发点，推动供应链中的信息流、产品流向最终用户，并在某种程度上协调与供应商、运输商的物流、信息流和资金流。推动式供应链是以生产为中心，制造商以提高生产率、降低单件产品的成本获利为驱动源进行生产决策，产品生产出来后从分销商逐级推向用户的供应链。分销商和零售商处于比较被动的地位,各个企业之间的集成度较低。推式供应链模式的核心是通过提高生产的规模和效率,达到降低成本的目的。商品、服务和信息在供应链上是从上游到下游推进的,与供应链的上游供应商的关系本质上是为库存而采购,与下游分销商的关系是降低库存。拉式供应链的驱动力产生于最终用户,整个供应链的集成度较高,信息交换迅速,可以根据市场需求实现定制化服务。销售时点是触发产品开发流程的时点,而且开发流程是在销售时点触发的,完全以市场需求为导向。

第二节　供应链管理概述

最早人们对供应链管理的重点放在库存管理上,把它作为平衡有限的生产能力和适应用户需求变化的缓冲手段,通过各种协调手段,寻求把产品迅速、可靠地送到用户手中所需的费用与生产、库存管理费用之间的平衡点,从而确定最佳的库存投资额。因此当时供应链管理的主要工作任务是管理库存和运输。现在的供应链管理则把供应链上的各个企业作为一个不可分割的整体,使供应链上各企业的采购、生产、分销和销售的职能成为一个协调发展的有机体。它的核心目标是以最小的成本和最高的效率,实现消费者需求的满足。

一、供应链管理的概念发展

供应链管理(Supply Chain Management,SCM)是一种集成的管理理念和方法,它涉及从原材料采购到最终产品或服务交付给消费者的整个过程。这个过程包括计划、采购、生产、配送和退货等多个环节,目的是以最低的成本和最高的效率满足不同消费者的需求。关于供应链管理的各种比较典型的定义如下:

(1)Monczka,Trent 和 Handfiel(1998)认为供应链管理要求传统上分离的物料职能汇报到一个负责的经理人员那里,由他协调整个物流过程,并且还要求与横贯整个流程各个层次上的供应商形成伙伴关系;认为供应链管理的主要目标是以系统的观点,对多个职能和多层供应商进行整合和管理,对外购、业务流程和物料进行控制。

(2)Stevens(1989)认为管理供应链就是使来自供应商的物流与满足消费者需求协同运作,以协调高消费者服务水平和低库存、低成本的相互冲突。

(3)Houlihan(1988)认为:①供应链被看成是一个统一的过程。链上的各个环节不能分割成诸如制造、采购、分销、销售等职能部门。②供应链管理强调战略决策。“供应”是链上每一个职能的共同目标并具有特别的战略意义,因为它影响着整个链的成本及市场份额。③供应链管理强调以不同的观点看待库存,将其看成新的平衡机制。④一种新的系统方法——整合而不是接口连接。

(4)Cooper(1997)认为供应链管理是一种管理从供应商到最终客户的整个渠道的总体流程的集成哲学。

（5）Mentzer（2001）认为供应链管理是对传统的企业内部各业务部门间及企业之间的职能从整个供应链角度进行系统的、战略性的协调，目的是提高供应链及每个企业的长期绩效。

2021年，我国实施的《中华人民共和国国家标准：物流术语》（GB/T 18354—2021）对供应链管理的定义是：从供应链整体目标出发，对供应链中采购、生产、销售各环节的商流、物流、信息流及资金流进行统一计划、组织、协调、控制的活动和过程。

二、供应链管理的基本特点

（一）供应链管理是一种基于流程的集成化管理模式

供应链管理是一种纵横的、一体化经营的集成管理模式。它以流程为基础，以价值链的优化为核心，强调供应链整体的集成与协调，通过信息共享、技术扩散（交流与合作）、资源优化配置和有效的价值链激励机制等方法来实现经营一体化。主要表现在以下几个方面：

（1）环节整合。供应链管理将采购、生产、物流、销售等多个环节紧密地连接在一起。这种整合不仅涉及企业内部的各个部门，还扩展到外部供应商、分销商、零售商等合作伙伴，形成了一个协同工作的网络。通过信息技术和先进的供应链管理理念，实现资源的高效利用和流程的优化。

（2）信息共享与协同决策。供应链管理的核心在于信息共享和协同决策。通过建立信息化平台，供应链上的各个环节可以实时共享数据，包括库存、生产进度、销售情况等。这种信息共享使得各环节能够更加精准地进行需求预测和计划安排，实现协同决策，减少不必要的浪费和延误。

（3）全流程管理。供应链管理是从供应商到最终用户的整个流程的管理。它不仅关注生产环节，还涉及产品的设计、采购、生产、销售以及服务等环节。这种全流程的管理方式有助于企业更好地把握市场需求，提高生产和销售效率，降低成本。

（4）优化资源配置。通过集成化的供应链管理，企业可以更加合理地配置资源，包括原材料、生产设备、人力资源等。这种优化配置有助于提高资源利用效率，减少浪费，从而降低成本。

（5）风险管理。供应链管理还体现在对风险的管理和控制。通过建立风险预警机制和应急预案，企业可以及时发现并解决潜在问题，确保供应链的稳定运行。这种风险管理机制也是集成化管理模式的重要组成部分。

（二）供应链管理是全过程的战略管理

供应链中各环节不是彼此分割的，而是环环相扣的。供应链管理作为全过程的战略管理，要求企业从全局和长远的角度出发，对供应链的每一个环节进行深入规划和管理。通过优化流程、降低风险、建立合作伙伴关系、持续创新和引入新技术,企业可以打造一个高效、灵活且具备竞争力的供应链体系。主要表现在以下几个方面:

(1)全过程的战略管理意味着供应链管理需要从源头到终端进行全面规划。这包括从原材料的采购、生产过程的控制,到最终产品的分销和售后服务。每一个环节都需要细致的战略规划,以确保整个供应链的流畅、高效和灵活。

(2)战略管理还涉及对供应链中的风险进行识别、评估和控制。这包括供应商风险、运输风险、市场需求风险等。通过制定相应的风险管理策略,企业可以更好地应对不确定性,确保供应链的稳定运行。

(3)全过程的战略管理强调与供应链合作伙伴的长期合作关系。通过建立互信共赢的合作机制,企业可以与供应商、分销商等建立稳定的战略联盟,共同应对市场变化,提高整体竞争力。

(4)全过程的战略管理还包括对供应链持续优化的追求。通过不断分析供应链中的数据,发现瓶颈和改进点,企业可以持续提升供应链的效率和响应速度,从而降低成本、提高客户满意度。

(5)全过程的战略管理还要求企业具备前瞻性的视野。随着科技的发展,新的供应链技术和工具不断涌现,如物联网、大数据、人工智能等。企业需要密切关注这些技术的发展,并将其融入供应链管理中,以保持企业处于领先地位并实现可持续的竞争优势。

(三)供应链管理提出了新的库存观

传统的库存管理往往以单个企业为中心,追求的是库存成本最小化。然而,在供应链管理的视角下,库存不再仅仅是企业内部的存货问题,而是整个供应链上各节点之间协同合作的关键要素。供应链管理中新的库存观是一种全局性、协同性和战略性的管理理念。它要求企业摒弃传统的以自我为中心的库存管理方式,转向与供应链合作伙伴共同协作、共享资源的新型库存管理模式。这将有助于企业降低库存成本、提高运营效率和市场竞争力,并最终实现供应链的整体优化和共赢。

此外,新的库存观还引入了先进的信息化技术,如物联网、大数据等,以实现库存数据的实时监控和分析。这使得企业能够更准确地预测市场需求,及时调整库存策略,避免库存积压和缺货现象的发生。

新的库存观还注重风险管理和应对市场变化的能力。在供应链中,市场需求、供应商状况、物流运输等因素都可能影响库存的稳定性和安全性。因此,企业需要从战略高度出发,制定合理的库存策略,以应对各种不确定性和风险因素。

(四)供应链管理是以最终客户为中心的

供应链管理是以最终客户为中心的,这一核心理念贯穿整个供应链运作的始终。以满足最终客户的需求为出发点和归宿,供应链管理的每一个环节、每一项决策都紧密围绕这个中心展开。

以最终客户为中心意味着,供应链中的各个参与方需要深入了解和洞察客户的需求与偏好。这不仅是客户对产品功能和外观的喜好,还包括客户对交货时间、售后服务、价格等多个方面的期望。只有深入把握这些需求,供应链才能做出更为精准的响应。

为了满足客户的多样化需求,供应链管理强调灵活性和快速响应能力。无论是原材料的采购、生产计划的安排,还是物流配送的时效,都需要以客户的实际需求为导向,确保在正确的时间、正确的地点,以正确的数量和价格提供正确的产品。

同时,以最终客户为中心也要求供应链中的企业建立紧密的合作关系。这种合作不仅体现在信息共享和协同决策上,还包括共同面对市场风险、共同研发新产品、共同提升服务质量等多个方面。通过深度合作,供应链可以更加高效地响应客户需求,提升客户满意度。

此外,以最终客户为中心还要求供应链不断进行自我优化和创新。随着市场环境的变化和客户需求的升级,供应链需要不断调整自身策略,引入新技术、新方法,以提升整体运作效率和客户满意度。

三、供应链管理的目标

供应链管理的目标是确保供应链的高效运作,以满足客户需求为核心,降低成本,提高效率,管理风险,并推动供应链伙伴之间的紧密合作与持续创新。具体来说,这些目标可以细分为以下几个方面:

(一)提高客户满意度

这是供应链管理的终极目标,确保产品或服务能够在正确的时间、按照正确的数量和质量送到正确的地点,以满足客户的需求和期望。为了实现这一目标,供应链管理者需要精心策划并确保每一个细节都得到完美执行。

首先,确保产品或服务在正确的时间送达是至关重要的。这意味着供应链必须对市场趋势有敏锐的洞察力,能够准确预测并调整生产和配送的时间,以满足客户对于交货期的严格要求。为了实现这一点,供应链可能需要采用先进的预测模型,结合历史销售数据和市场需求信息,来优化生产和配送计划。

其次,按照正确的数量提供产品也同样重要。过多或过少的库存都会对客户满意度造成负面影响。过多的库存可能导致资金占用和浪费,而过少的库存则可能会导致缺货现象的发生,影响企业的正常生产和经营活动,同时也会给客户带来不良的购物体验。因此,供应链管理需要运用精确的库存管理策略,如实时库存监控和补货系统,来确保库存水平与客户需求相匹配。

再次,产品和服务的质量是客户满意度的另一关键因素。供应链中的质量控制机制必须严格,从原材料的采购到最终产品的检验,每一个环节都需要有明确的质量标准和监控程序。此外,定期的质量审核和供应商评估也是确保产品质量的重要手段。

最后,将产品送达正确的地点也是提高客户满意度的关键环节。现代的物流管理系统利用先进的技术,如北斗卫星导航系统(BDS)和全球定位系统(GPS),来确保货物能够准确、及时地送达目的地。同时,高效的配送网络和灵活的运输方式选择也是实现这一目标的重要手段。

总体来讲,提高客户满意度是一个综合性的任务,需要供应链在多个方面进行精细化管理和优化。

(二)降低成本

通过优化供应链的各个环节,降低采购、生产、运输、仓储等方面的成本,从而提高整体盈利水平,如减少库存、降低缺货成本、节省管理费用等。通过优化供应链的各个环节来降低成本,是企业提升竞争力、提高整体盈利水平的重要途径。

在采购环节,通过与供应商建立良好的合作关系,实施集中采购和长期协议,可以获得优惠的价格和稳定的供应,从而降低采购成本。同时,对供应商进行有效管理,确保其提供的产品质量可靠,可以减少因质量问题导致的退货现象和降低维修成本。

在生产环节,通过精细化管理和技术创新,可以提高生产效率,减少生产过程中的浪费。例如,引入自动化设备和智能制造技术,可以降低人工成本,提高生产速度和产品质量。此外,合理安排生产计划,避免过度生产造成库存积压,也可以减少资金占用和降低仓储成本。

在运输环节,通过优化运输路线、选择合适的运输方式和提高装载率,可以降低运输成本。例如,利用先进的物流管理系统,可以实时追踪货物的运输状态,减少运输过程中的延误和损失。同时,与物流公司建立长期合作关系,可以获得优惠的运输价格和可靠的服务。

在仓储环节,通过合理规划仓库布局、提高仓储设备的利用率和引入先进的仓储管理系统,可以降低仓储成本。例如,利用货架和自动化设备可以提高存储和取货效率,减少人工搬运成本。同时,定期对仓库进行盘点和清理,可以避免库存积压和过期物资的产生。

此外,减少库存也是降低成本的重要手段。通过实施精益库存管理和实时库存监控,可以确保库存水平与市场需求相匹配,避免库存积压和缺货现象的发生。这不仅可以降低库存成本,还可以提高客户满意度和忠诚度。

总体来说,通过优化供应链的各个环节来降低成本是一个系统性的工程,需要企业在采购、生产、运输和仓储等方面进行全面考虑和持续改进。

(三)实现高效率与高效益

供应链管理致力于优化整个供应链的物流运作,以确保流程更加顺畅高效。这不仅能显著减少时间延误和材料浪费,还能加速现金流和信息流的周转速度。这些改进对于提高企业的市场响应速度和客户服务水平具有深远影响,最终将转化为企业的实际效益。

　　为了实现这一目标,供应链管理者需要密切关注供应链的每一个环节,从原材料的采购到最终产品的分销,确保每一个环节都能高效运作。通过采用先进的供应链管理技术和方法,如物联网技术和大数据分析,企业可以实时监控物流动态,准确预测市场需求,从而及时调整生产和配送计划。

　　此外,供应链管理的优化还能带来诸多经济效益。减少时间延误和材料浪费意味着降低了运营成本,提高了资源利用效率。加快现金流和信息流的周转速度则有助于企业更快地回收投资,提高资金利用效率。这些改进不仅有助于提升企业的盈利能力,还能为企业的长期发展奠定坚实的基础。

　　同时,提高市场响应速度和客户服务水平是供应链管理的另一重要成果。在竞争激烈的市场环境中,能够快速响应市场需求并提供优质服务的企业往往更容易赢得客户的信任和忠诚。通过优化供应链管理,企业可以更加迅速地调整产品策略,满足客户的个性化需求,从而提升市场竞争力。

　　总体来讲,供应链管理在优化物流运作、提高市场响应速度和客户服务水平等方面发挥着关键作用。这些改进不仅有助于提升企业的短期盈利能力,还能为企业的长期发展和品牌建设奠定坚实的基础。因此,企业应高度重视供应链管理的持续优化和创新,以适应不断变化的市场环境并在竞争中取得优势。

　　(四)促进供应链伙伴之间的合作

　　通过建立长期、互信、共赢的合作伙伴关系,供应链中的各个环节能够实现无缝对接,这不仅提升了供应链的协同效率,还显著提升了供应链的整体竞争力。这种紧密的合作关系允许供应链各方共同应对市场变化,快速调整策略,以满足客户需求并保持竞争优势。

　　长期合作关系的建立,为供应链中的企业提供了稳定的合作基础。这意味着企业可以更加专注于自身的核心业务,而不用担心供应链中的不确定性和风险。同时,长期合作也有助于企业深入了解彼此的业务模式和运营特点,从而更好地协同工作,提高整个供应链的效率。

　　互信是这种合作伙伴关系的核心。在供应链中,各个环节都需要共享敏感信息和资源,这就要求各方必须建立深厚的信任基础。通过保持透明的沟通和开放的态度,供应链中的企业可以共同解决问题,减少误解和冲突,从而确保供应链的顺畅运作。

　　共赢是这种合作关系的最终目标。在供应链中,每个环节的成功都与其他环节紧密相连。因此,通过建立共赢的合作关系,各方可以共同分享成功的喜悦,共同承担风险和挑战。这种紧密的合作关系不仅有助于提升供应链的整体竞争力,还能够为供应链中的每个企业带来更多的商业机会和发展空间。

　　为了实现这些目标,供应链中的企业需要积极投入资源和精力来维护和发展这种合作伙伴关系。这包括定期进行沟通会议,分享业务信息和市场洞察,以及共同制定供应链策略和计划。通过这些努力,供应链可以更加灵活、高效和创新,从而更好地满足客户需求,提升市场竞争力,并实现持续的成功。

（五）创新与持续改进

供应链管理鼓励不断引入新技术、新理念,这不仅是为了保持与时俱进,更是为了适应不断变化的市场环境和满足客户日益多样化的需求。通过对供应链流程的持续改进和优化,企业能够确保自身始终保持在行业前沿,为客户提供卓越的产品和服务。

新技术在供应链管理中的应用是多种多样的。例如,物联网技术的引入使得企业能够实时监控货物的运输状态和仓储条件,大大提高了物流的透明度和效率。大数据和人工智能技术则帮助企业更好地分析市场需求,预测销售趋势,从而优化库存管理和生产计划。这些技术的融合应用,不仅提升了供应链管理的智能化水平,也为企业带来了前所未有的运营效率和成本优势。

除了技术层面的创新,新理念也在供应链管理中发挥着重要作用。例如,循环经济和绿色供应链的概念日益受到重视。企业开始关注如何在满足客户需求的同时,降低对环境的影响。这包括采用环保材料、优化运输方式以减少碳排放,以及实施废弃物回收和再利用策略。这些新理念不仅有助于提升企业的社会形象,还可能为企业带来新的商业机会。

持续改进和优化是供应链管理的核心原则之一。面对市场的快速变化和客户需求的不断升级,企业必须保持敏锐的洞察力和灵活的应变能力。这要求供应链管理团队要不断学习和探索,勇于尝试新的方法和技术,以实现高效、灵活、可持续的供应链管理。

总体来说,供应链管理通过不断引入新技术、新理念,对流程进行持续改进和优化,旨在打造一条高效、智能、绿色的供应链。这不仅有助于企业应对市场风险和挑战,还能为其发展提供有力的支持,满足客户需求,为企业的长期发展注入新的活力。

四、供应链管理涉及的主要问题

供应链管理涉及的并不仅是物料实体在供应链中的流动,还注重以下几个问题。

（一）随机性问题

这包括供应商可靠性、运输渠道可靠性、需求不确定性、价格波动影响、汇率变动影响、随机固定成本、提前期的确定、顾客满意度的确定等问题。

（二）供应链结构性问题

这包括规模经济性、选址决策、生产技术选择、产品决策、联盟网络等问题。

（三）供应链全球化问题

这包括贸易壁垒、关税、政治环境、各国产品差异性等问题。

（四）协调机制问题

这包括供应—生产协调、生产—销售协调、库存—销售协调等问题。

（五）其他问题

（1）战略性供应商和用户伙伴关系管理；

（2）供应链产品需求预测与计划；

（3）全球节点企业的定位，设备和生产的集成化计划、跟踪和控制；

（4）企业内部与企业之间物料供应与需求管理；

（5）基于供应链管理的产品设计与制造管理；

（6）基于供应链的用户服务和产品运输、库存、包装等管理；

（7）企业间资金流管理（汇率、成本等问题）；

（8）基于 Internet/Intranet 的供应链交互信息管理。

第三节　供应链管理的发展趋势

供应链管理发展正面临着数字化与智能化、可持续性与环境责任、灵活性与定制化、全球化与协同合作以及风险管理与安全性等方面的趋势。为了适应这些变化并保持竞争优势，企业需要不断学习和创新，引入先进的技术和管理理念来优化自身的供应链管理流程。展望未来，随着技术的不断进步和市场的不断变化，供应链管理将继续朝着更高效、更智能、更可持续的方向发展。

一、数字化与智能化

（一）物联网技术

供应链管理中物联网（Internet of Things，简称 IoT）技术的广泛应用正在引领一场新的行业变革。物联网技术通过连接各种设备和传感器，实现了对货物、设备和环境的实时监控，为供应链管理带来了前所未有的便利和效益。例如，冷藏货物在运输过程中需要特定的温度和湿度条件，物联网设备可以确保这些条件得到满足，并在出现偏差时立即发出警报。

第一，物联网技术提高了供应链的透明度和可追溯性。通过给货物贴上条码标签或使用 GPS 追踪技术，企业可以实时追踪货物的位置和状态，从生产源头到最终消费者，每一个环节都清晰可见。这不仅有助于企业更好地掌握物流情况，降低物流延误和货物丢失的风险，还能在出现问题时迅速定位并解决，大大提高了客户的满意度。

第二，物联网技术有助于优化库存管理。通过实时监控仓库的货物存储情况，企业可以及时调整库存策略，避免货物过剩或缺货的情况发生。此外，物联网技术还能提供关于货物状态的信息，如温度、湿度等，从而确保货物在存储过程中保持最佳状态。

第三，物联网技术在运输过程中也发挥着重要作用。通过实时监控运输车辆的位置和状态,企业可以确保货物按时送达,并可及时调整运输计划以应对突发情况。此外,物联网技术还能帮助企业优化运输路线,降低运输成本,提高运输效率。

除了以上几点,物联网技术还为供应链管理带来了许多其他好处。例如,它可以帮助企业实现自动化和智能化管理,减少人为错误并提高工作效率。同时,通过分析物联网设备收集的大量数据,企业可以更好地了解市场需求和客户行为,为决策提供有力支持。

然而,物联网技术在供应链管理中的应用也面临一些挑战。其中,数据安全性和隐私保护是需要重点关注的问题。企业需要采取有效的安全措施来保护数据不被泄露或滥用。此外,物联网设备的兼容性和标准化也是一个亟待解决的问题。为了充分发挥物联网技术的优势,企业需要与供应链合作伙伴共同制定统一的标准和规范。

(二)人工智能与机器学习

人工智能(Artificial Intelligence,简称 AI)和机器学习技术在供应链管理中发挥着越来越重要的作用。这些技术可以用于预测需求、优化库存、规划运输路线等。AI 算法可以分析历史销售数据、市场趋势和消费者行为,相对人来说可以更准确地预测未来需求。这有助于企业制定更有效的生产计划和采购策略,降低库存过剩或缺货的风险。这些先进技术不仅提升了供应链管理的智能化水平,还为企业带来了更为精准和高效的决策支持。

第一,人工智能和机器学习技术在需求预测方面展现出了强大的能力。传统的需求预测方法往往基于历史销售数据和人的经验,而 AI 和机器学习可以通过分析海量的历史数据,结合市场趋势、季节性变化、消费者行为等多个因素,构建更为精准的预测模型。这不仅有助于企业提前做好生产计划和库存管理,还能在一定程度上降低库存过剩或缺货的风险。

第二,在库存管理方面,AI 和机器学习也发挥着重要作用。通过对历史销售数据的深入学习,这些技术可以帮助企业制定更为合理的库存策略,确保库存量既不会过高导致资金占用和浪费,也不会过低影响生产和销售。此外,AI 还可以根据实时销售数据及时进行库存调整,使得库存管理更为动态和灵活。

第三,在供应链优化方面,AI 和机器学习同样展现出了其独特的优势。这些技术可以通过分析供应链中的各个环节,找出可能存在的瓶颈和风险点,从而提出优化建议。例如,在物流路径规划上,AI 可以计算出最为高效和经济的运输路线,降低运输成本;在供应商选择上,机器学习可以帮助企业评估供应商的信誉和性能,确保供应链的稳定性。

第四,AI 和机器学习还在风险管理方面发挥着重要作用。通过对供应链中的历史风险事件进行学习和分析,这些技术可以帮助企业识别和预测潜在的风险点,从而提前制定应对措施。这不仅有助于企业降低运营风险,还能在一定程度上提升供应链的韧性和可持续性。

总的来说,AI 和机器学习在供应链管理中的应用正逐步深入,为企业带来了前所未有的智能化和自动化。然而,值得注意的是,这些技术的应用也伴随着一定程度的挑战和风险。例如,数据安全和隐私保护问题、技术更新和维护成本等都需要企业在实际应用中加以考虑和解决。但无论如何,随着技术的不断进步和应用场景的不断拓展,AI 和机器学习必将在供应链管理中发挥更为重要的作用。

(三)区块链技术

区块链技术为供应链管理带来了新的可能性。其去中心化、透明和不可篡改的特性,使得供应链中的每一笔交易都可以被可靠地记录和追踪。这有助于降低欺诈和假冒产品的风险,并提高供应链的整体可信度。此外,区块链还可以简化支付和结算过程,降低交易成本。

第一,区块链技术能够确保供应链数据的真实性和完整性。在传统的供应链管理中,数据记录通常是分散的,且容易受到人为篡改或误操作的影响。而区块链技术通过将数据存储在分布式账本上,使得每个数据块都被加密保护,并且每个数据块的更改都需要得到网络中节点共同确认,从而确保了数据的真实性和安全性。这为企业提供了可靠的数据支持,有助于企业做出更明智的决策。

第二,区块链技术提高了供应链的透明度和可追溯性。在区块链上,每一个交易和事件都会被永久记录,并且可以公开查看(在公有链的情况下)或通过权限控制进行查看(在私有链或联盟链的情况下)。这意味着企业可以追踪产品的全生命周期,从原材料采购到生产、运输、销售等每一个环节都清晰可见。这不仅有助于企业及时发现并解决问题,还能提高消费者对产品的信任度。

第三,区块链技术有助于简化供应链的支付和结算过程。在传统的供应链管理中,支付和结算通常涉及多个中介机构和复杂的流程,这不仅增加了成本,还降低了效率。而区块链技术可以实现点对点的交易,去除中间环节,降低交易成本,并提高交易速度。此外,区块链中智能合约的应用还可以实现自动化支付和结算,进一步提高供应链的运作效率。

第四,区块链技术还可以帮助供应链中的各方建立信任机制。在传统的供应链中,各方之间往往存在信息不对称和信任缺失的问题。而区块链技术的去中心化和透明性特性有助于建立一种信任的环境,使得各方可以在没有第三方干预的情况下进行合作和交易。这有助于降低合作风险,提高供应链的稳定性。

然而,虽然区块链技术在供应链管理中具有巨大的潜力,但其应用也面临着一些问题。例如,技术的成熟度、数据的安全性和隐私保护、法规和政策的不确定性等都是需要关注的问题。因此,企业在引入区块链技术时需要进行全面的评估和规划,确保技术的有效实施并降低潜在的风险。

总的来说,区块链技术的引入为供应链管理带来了创新性的解决方案和巨大的商业价值。随着技术的不断发展和应用场景的不断拓宽,我们有理由相信区块链技术将在供应链管理中发挥更为重要的作用,并推动行业的持续进步和发展。

二、可持续性与环境责任

(一)绿色供应链管理

随着消费者对环保问题的日益关注,绿色供应链管理正迅速成为企业可持续发展的关键因素。企业逐渐认识到,环保不仅是一个社会责任问题,更是一个商业机会。通过实施绿色供应链管理,企业不仅能够回应公众对环保的期待,更可以在激烈的市场竞争中获得差异化优势。

在包装材料方面,企业正在积极探索可再生、可降解的材料,以替代传统的塑料包装。例如,使用纸质包装、玉米淀粉基生物降解塑料等,这些材料不仅对环境友好,还能在垃圾处理过程中更快地分解。此外,一些企业还尝试使用循环包装,通过回收和再利用包装材料,进一步减少资源浪费。

在运输方式上,企业也在努力寻求更环保的解决方案。例如,使用电动车或氢能源车进行货物配送,以减少碳排放。同时,通过优化物流路线和降低空驶率,也能有效降低运输过程中的能源消耗和污染排放。

生产流程的绿色化同样是企业关注的重点。许多企业开始引入清洁生产技术,减少生产过程中的废弃物和污染物。此外,通过提高能源利用效率和采用可再生能源,不仅能够降低对环境的影响,还能节约企业的运营成本。

值得一提的是,绿色供应链管理不仅有助于提升企业社会责任形象,还可能带来实实在在的经济效益。环保材料和技术的使用往往能降低企业的运营成本,例如通过减少能源消耗降低废弃物处理费用。同时,越来越多的消费者倾向于选择环保产品和服务,因此绿色供应链管理也有助于企业吸引更多客户并提高客户满意度。

然而,实施绿色供应链管理并非易事。企业需要克服技术、成本和市场等方面的挑战。但从长远来看,这些投入将为企业带来可持续的竞争优势,并推动整个供应链向更加环保、高效的方向发展。在这个过程中,政府的政策支持和市场的激励机制也将发挥重要作用,共同推动绿色供应链管理的普及和发展。

(二)循环经济

循环经济强调资源的最大化利用和废物的最小化产生。在供应链管理中,这意味着企业需要更加关注产品的生命周期管理,包括回收、再利用和再制造等环节。通过实现循环经济,企业不仅可以减少对有限资源的依赖,还可以降低废物处理成本并创造新的商业机会。

在产品的生命周期管理中,回收、再利用和再制造等环节成了关键。通过回收废旧产品或其零部件,企业可以重新利用这些有价值的资源,减少对原生资源的开采,从而降低对环境的破坏。再利用过程则可以将废旧产品或零部件进行修复或翻新,使其重新获得使用价值,延长产品的使用寿命。而再制造则是对废旧产品进行拆解、清洗、检测、修复和重新组装,使其性能和质量达到或超过新品,从而实现资源的高效利用。

循环经济不仅有助于企业减少对有限资源的依赖,还能为企业带来诸多经济和环境方面的益处。首先,通过回收和再利用废旧产品,企业可以降低原材料的采购成本,提高资源利用效率。其次,废物处理成本的降低也是实践循环经济的重要收益之一。通过减少废物的产生和排放,企业可以节省废物处理费用,并降低因废物处理不当而引发的环境风险。

更为重要的是,循环经济为企业创造了新的商业机会。随着消费者对环保和可持续发展的日益关注,市场对环保产品和服务的需求也在不断增长。通过开发环保产品、提供回收和再利用服务,企业可以拓展新的业务领域,增加收入来源。同时,企业还可以与供应链合作伙伴共同探索循环经济的商业模式,建立共赢的合作关系,共同推动供应链的绿色转型。

循环经济也面临一些挑战,如技术难题、市场接受度、法规政策等。因此,企业需要不断创新,提高自身的技术水平和管理能力,以适应循环经济发展的要求。同时,政府也应加大对循环经济的支持力度,制定相关政策和标准,推动供应链的绿色化和可持续发展。

三、灵活性与定制化

(一) 敏捷供应链管理

在快速变化的市场环境中,敏捷供应链管理的重要性日益凸显。这种管理方式强调灵活性、快速响应和决策能力,使企业能够在面临市场波动时,迅速且有效地调整战略,以满足客户需求并保持竞争优势。

为了实现敏捷供应链管理,企业需要借助先进的供应链管理软件和技术。这些不仅可以帮助企业实时跟踪货物的流动状态,包括原材料采购、生产加工、物流配送等,还能提供精准的数据分析,助力企业洞察市场动态和客户需求。

当市场发生变化时,比如出现新的消费趋势或竞争对手的策略调整,敏捷供应链管理允许企业根据实际情况,迅速调整生产计划和采购策略。例如,如果某一产品突然受到市场追捧,企业可以迅速增加该产品的生产量,同时调整采购计划以确保原材料供应充足。反之,如果市场需求下降,企业也可以及时调整策略,避免库存积压和资源浪费。

此外,敏捷供应链管理还强调企业内外部的协同合作。通过与供应商、分销商、零售商等供应链伙伴紧密合作,企业可以更好地整合资源,提高整体运营效率。这种合作模式要求企业建立透明的信息共享机制,确保各方能够及时获取准确的市场信息和供应链动态,从而共同应对市场变化。

在实施敏捷供应链管理的过程中,企业需要注重培养员工的相关技能和素质。通过定期的培训和知识更新,员工可以更好地理解和运用敏捷供应链管理的理念和工具,为企业的快速发展提供有力支持。

在快速变化的市场环境中,敏捷供应链管理是企业保持竞争优势的关键。通过采用先进的供应链管理软件和技术,加强内外部协同合作,以及不断提升员工素质,企业可以更加灵活地应对市场挑战,实现可持续发展。

（二）个性化定制与按需生产

1. 个性化定制

客户对个性化产品的需求不断增加,确实对企业提出了更高的要求,特别是定制化生产能力。为了满足这一市场需求,企业不仅需要引入先进的生产技术,更需要优化管理方法,确保从设计到生产的每一个环节都能紧密衔接,高效运作。

在定制化生产过程中,与客户的深度沟通是关键。企业需要建立完善的客户反馈机制,准确捕捉客户的个性化需求,并将这些需求转化为具体的产品设计。通过引入先进的生产技术,如3D打印、柔性生产线等,企业可以更加灵活地调整生产流程,实现小批量生产甚至单件生产,同时保证产品质量和效率。

此外,引入现代化的生产管理系统也是必不可少的。这类系统能够实时跟踪生产进度,确保各个生产环节之间的顺畅衔接。同时,通过数据分析,企业可以更加精准地预测市场需求,从而合理安排生产计划,降低库存积压和过剩产能的风险。

2. 按需生产

按需生产模式不仅降低了企业的库存压力,还提高了资金周转率。更重要的是,它能够让企业更加贴近市场,快速响应客户的需求变化。这种灵活性不仅可以提高企业的市场竞争力,还有助于提升客户满意度和忠诚度。

然而,定制化生产也带来了一定的挑战,如生产成本高、生产周期长等。因此,企业需要在满足客户个性化需求的同时,不断探索降低成本、提高效率的方法。例如,通过模块化设计、标准化生产等方式,企业可以在保持产品个性化的同时,实现规模化生产,从而降低成本。

客户对个性化产品的需求推动了企业定制化生产能力的发展。通过引入先进的生产技术和管理方法,企业可以更好地满足市场需求,实现按需生产,从而在激烈的市场竞争中脱颖而出。

四、全球化供应链与协同合作

（一）全球供应链管理

随着全球化的不断深入,企业所面临的商业环境也日益复杂多变。为了更好地适应这一趋势,越来越多的企业开始将目光投向国际市场,积极在全球范围内寻找供应商和合作伙伴。这一战略转变不仅有助于企业获取更优质、更廉价的资源,还能为其开辟更广阔的市场空间。然而,全球化运营并非易事。企业在享受全球资源与市场的同时,也面临着跨文化沟通和国际物流管理的挑战。不同国家和地区有着各自独特的文化背景和商业习惯,这就要求企业必须具备强大的跨文化沟通能力,才能有效消除误解,建立互信,进而促成合作。同样,国际物流管理也是一项极具挑战性的任务。由于涉及海关、税收、运输等多个环节,国际物流的复杂程度远高于国内物流。为了确保货物及时到达和安全交付,企业需要建立一套完善的国际物流管理体系,并具备处理各种突发事件的能力。

为了应对这些挑战,企业需要积极构建全球供应链管理网络。通过这一网络,企业可以更有效地协调全球各地的资源和生产能力,确保供应链的顺畅运行。例如,当某个地区的供应出现问题时,企业可以迅速从其他地区调集资源,以确保生产的连续性和市场的稳定供应。

此外,全球供应链管理网络还能帮助企业更好地把握全球市场动态。通过对各地市场信息的收集和分析,企业可以及时发现新的商机,调整市场策略,以满足不同国家和地区客户的需求。

全球化运营是企业发展的必然趋势。通过建立全球供应链管理网络,提升跨文化沟通能力和国际物流管理能力,企业可以更好地适应全球化的商业环境,实现资源的优化配置,满足全球市场的需求,进而在激烈的国际竞争中立于不败之地。

(二)供应链协同与信息共享

供应链协同是提高整个供应链效率的关键所在。在现代商业环境中,供应链往往涉及多个环节和众多参与者,从原材料供应商到生产商,再到分销商和最终消费者,每一个环节都紧密相连,共同构成了一个复杂的生态系统。而加强各环节之间的沟通和合作,就是确保这个生态系统高效运转的基石。

第一,供应链协同有助于打破信息孤岛。在传统的供应链管理中,各个环节往往各自为政,信息流通不畅,导致很多重复劳动和资源浪费。而通过协同合作,各环节之间可以实时共享信息,从而减少重复工作和提高工作效率。例如,生产商可以及时了解分销商的库存情况,以便调整生产计划,避免生产过剩或库存不足等现象。

第二,供应链协同能提升供应链的灵活性和快速响应能力。面对市场的快速变化,供应链需要能够快速调整以满足需求。通过协同合作,各环节可以更加灵活地调整自己的计划和策略,以应对突发事件。这种灵活性对于供应链来说至关重要,特别是在应对自然灾害、政策变化等不可预测事件时。

第三,信息共享作为供应链协同的核心,不仅提高了供应链的透明度,还增强了可追溯性。客户越来越关注产品的来源和质量,他们希望了解产品从原材料到成品的整个生产过程。通过信息共享,供应链各环节可以提供更详细的产品信息,从而提高消费者对产品的信任度。这种透明度不仅有助于建立品牌形象，还能在出现问题时迅速定位和解决，减少潜在的损失。

在实施供应链协同的过程中，技术扮演了关键角色。例如，物联网技术可以帮助企业实时监控货物的状态和位置；大数据分析则能够提供更精确的预测和决策支持；而区块链技术则能确保信息的真实性和不可篡改性。这些技术的应用进一步推动了供应链协同的发展。

供应链协同通过加强各环节之间的沟通和合作，减少了信息孤岛和重复劳动的现象，提高了整体运营效率。同时，信息共享提升了供应链的透明度和可追溯性，有助于赢得客户更多的信任。随着技术的不断进步和市场的不断变化，供应链协同的重要性将愈发凸显，成为企业持续竞争优势的关键。

五、风险管理与安全性、合规性

（一）供应链风险管理

供应链中的风险包括供应商风险、运输风险、市场需求风险等。企业需要建立完善的风险管理机制，以识别和应对这些风险。通过定期评估供应商的性能和信誉、建立应急响应计划等方式，企业可以降低供应链中断和延误的风险。

第一，对于供应商风险，企业需要定期进行供应商的性能评估和信誉调查。这包括对供应商的产品质量、交货时间、服务水平等方面的全面考核。通过这种方式，企业可以及时发现供应商可能存在的问题，并采取相应的措施进行防范和应对。例如，如果发现某个供应商的产品质量不稳定，企业可以考虑增加质量检测环节，或者寻找替代供应商来分散风险。

第二，针对运输风险，企业需要建立完善的物流管理体系。这包括对运输过程进行实时监控，确保货物能够按时、安全地到达目的地。同时，企业还需要建立应急响应计划，以应对可能出现的突发事件，如交通事故、天气灾害等。通过这些措施，企业可以最大限度地减少运输风险对供应链产生的影响。

第三，市场需求风险也是供应链中不可忽视的风险因素。为了应对这一风险，企业需要密切关注市场动态，及时调整生产和销售策略。同时，通过建立灵活的生产计划和库存管理体系，企业可以更好地应对市场需求的快速变化。例如，当市场需求增加时，企业可以迅速增加生产量以满足市场需求；而当市场需求减少时，企业则可以适当减少生产量以避免库存积压。

除了以上提到的几种风险外，供应链中还可能存在其他潜在威胁，如汇率波动、政策变化等。因此，企业需要不断完善风险管理机制，提高对各种风险的识别和应对能力。

综上所述，建立完善的风险管理机制是确保供应链稳定运行的关键。通过定期评估供应商性能、建立应急响应计划以及灵活应对市场需求等措施,企业可以降低供应链中断和延误的风险,从而确保企业的正常运营和持续发展。

（二）供应链安全性与合规性

近年来,随着国际贸易的不断增加,供应链安全性问题也日益突出。企业需要确保供应链的各个环节都符合国际法规和标准的要求,以避免潜在的法律风险和罚款。此外,企业还需要加强供应链中的货物追踪和身份验证工作,以防止假冒和非法产品的流入。

首先,企业必须确保供应链的每个环节——从原材料采购到最终产品销售——都严格遵守国际法规和标准的要求。这包括但不限于贸易法规、产品安全标准、环保规定和劳工权益保障等。任何环节的疏忽都可能导致企业面临法律诉讼、罚款甚至严重损害品牌形象。为了避免这些潜在的法律风险,企业需要建立一套完善的合规管理体系。这包括定期对供应链进行审查,确保所有供应商和合作伙伴都遵循相关法律法规,并对违反规定的行为进行及时纠正。

其次,为了应对假冒和非法产品的威胁,企业必须加强货物追踪和身份验证工作。现代技术,如物联网和区块链,为企业提供了强大的工具来追踪货物的来源和去向。通过这些技术,企业可以确保每一件产品都能追溯到其原始来源,从而大大降低了假冒和非法产品流入市场的风险。身份验证同样重要。企业应采用先进的防伪技术,如条码标签等,以确保消费者能够轻松验证产品的真实性。这不仅能保护消费者的权益,也有助于维护企业的品牌形象和市场信誉。

最后,企业需要与供应链中所有的参与者建立紧密的合作关系,共同应对供应链安全挑战。这包括与供应商、物流公司、海关当局等进行有效沟通,确保供应链的透明度和可追溯性。同时,企业还应积极参与国际和行业内的合作倡议,共同推动全球供应链的安全和可持续发展。

随着国际贸易的增加,供应链安全性已成为企业不可忽视的重要问题。通过加强合规管理、货物追踪和身份验证工作,企业可以有效降低潜在的法律风险和假冒产品的威胁,从而确保供应链的稳定和安全。

 复习思考题

1. 何谓供应链?
2. 供应链的分类有哪些?
3. 何谓供应链管理?
4. 简述供应链管理的目标。

 **即测即评**

请扫描右侧二维码,进行即测即评。

第二章　供应链绩效与驱动

❖ **本章导读**

　　在现代商业环境中,供应链成为企业获得竞争优势的关键因素之一。本章旨在深入探讨供应链绩效,以及影响供应链效率的核心驱动要素。首先,本章将介绍供应链绩效管理的基本情况、指标体系、评价方法和激励机制。随后,系统探讨供应链管理的驱动要素:需求与供应侧驱动;生产、制造与库存驱动;运输与配送驱动;信息与金融驱动;风险与可持续性驱动;外部环境与人力资源驱动。这些要素都对供应链的性能有着直接的影响,并且它们之间存在错综复杂、相互交织的动态联系。通过本章的学习,读者将能够掌握供应链绩效的相关理论和方法,识别并利用供应链驱动要素来优化供应链策略,实现供应链成本效率与服务水平之间的最佳平衡。

❖ **本章关键术语**

　　供应链绩效;评价体系;需求与供应侧驱动;生产、制造与库存驱动;运输与配送驱动;信息与金融驱动;风险与可持续性驱动;外部环境和人力资源驱动

第一节　供应链绩效

一、供应链绩效评价概述

　　进行任何工作,都需要对工作的效果进行评价。供应链管理作为一项综合性和复杂性很强的管理活动,更需要一个特定的绩效评价系统,以使供应链企业能够判断既定的目标能否实现,并从发展的、科学的、全面的角度分析和评价供应链的运营绩效。

　　供应链绩效评价指围绕供应链的目标,对供应链整体、各环节(尤其是核心企业运营状况以及各环节之间的运营关系等)所进行的事前、事中和事后的分析评价。或者说,供应链的绩效评价是对整个供应链的整体运行绩效、供应链节点企业、供应链节点企业之间的合作关系所做出的评价。因此,供应链绩效评价指标是基于业务流程的绩效评价指标。

　　(一)供应链绩效评价的内涵

　　从语言学的角度来讲,绩效是进行的某种活动或者已经完成的某种活动取得的成绩与

效益,既可以将其看作一个过程,也可以看作是该过程产生的结果。但若把它引入科学评价范畴,还必须规定具体的科学内涵,以反映其本质属性。从这个角度讲,绩效指人们从事实践活动过程中所产生的、与劳动耗费有对比关系的、可以度量的、对人类有益的结果,它包括如下内涵。

(1)客观性。绩效必须是客观存在的、人们实践活动的结果。

(2)效果性。绩效必须是产生了实际作用的结果。

(3)主、客体关联性。绩效必须体现一定的主体与客体的关系,是主体作用于客体所表现出来的结果。

(4)可对比性。绩效必须体现投入与产出的对比关系。

(5)可度量性。绩效的度量是比较复杂的,它虽然不像长度、重量那样可以度量得非常精确,但它必须是可以度量、可以用量值表示的,否则,对绩效的评价也就失去了意义。

从价值角度考察供应链绩效,其含义为供应链各成员通过信息协调和共享,在供应链基础设施、人力资源和技术开发等内、外部资源的支持下,通过物流管理、生产操作、市场营销、客户服务、信息开发等活动增加和创造的价值。

从着眼点来看,供应链的绩效评价应服务于供应链的目标;从客体来看,应包括供应链整体及各组成成员;从空间来看,涉及内部绩效、外部绩效和供应链综合绩效;从内容来看,涉及反映运营状况和运营关系的各种指标;从时间来看,包括事前、事中和事后评价。

(二)供应链绩效评价的作用

大型供应链企业,如戴尔、联合利华等,都非常重视供应链的绩效评价。这些公司的管理者一致认为卓越的合作和竞争优势都依赖于恰当的绩效评价。供应链绩效评价在管理中具有以下5个方面的作用。

(1)供应链绩效评价提供了对增值流程属性的洞察和认识,管理者在没有认真和正确地进行绩效评价前,是不能充分理解一个流程的。

(2)供应链绩效评价塑造了行为,引导了结果。对员工和供应链成员来说,绩效评价比沟通、培训或其他管理行为更为重要。

(3)供应链绩效评价还为供应链在市场中生存、组建、运行的相关决策提供了必要的依据。

(4)供应链绩效评价用于对供应链上的成员企业做出评价,激励优秀企业、剔除不良企业、吸引新的合作伙伴;用于对供应链内企业与企业之间的合作关系做出评价。

(5)供应链绩效评价用于对整条供应链的运行效果做出评价。目的是通过绩效评价而获得对整条供应链运行状况的了解,找出供应链运作方面的不足,及时采取措施予以纠正。

(三)供应链绩效评价的基本思路

供应链绩效评价是一项较为复杂的系统工程,是一个涉及范围广、技术含量要求高、考虑因素复杂的系统,要建立一套科学规范的供应链绩效评价体系应该遵循如下思路:必须明确供应链绩效评价的目的;评价贯穿供应链运营的整个生命周期,而不是仅仅对运营结果进行评价;根据评价需求尽量选用成熟的参考框架;选择合适的评价技术和方法,注重定量和定性评价相结合;将过程评价和管理控制结合起来,注重动态监控和管理;注意区分主体,不同的主体关系供应链绩效的不同层面,应该有不同的指标体系。

二、供应链绩效评价指标体系

(一)供应链绩效评价指标及其特点

根据供应链管理运行机制的基本特征和目标,供应链绩效评价指标应该能够恰当地反映供应链整体运营状况以及上下节点企业之间的运营关系,而不是孤立地评价某一供应商的运营情况。例如,对于供应链来说,其供应商所提供的某种原材料价格很低,如果孤立地对这一供应商进行评价,就会认为该供应商的运行绩效较好。若其下游节点企业仅仅考虑原材料价格这一指标,而不考虑原材料的加工性能,就会选择该供应商所提供的原材料,而该供应商提供的这种价格较低的原材料,其加工性能若不能满足该节点企业生产工艺的要求,势必会增加生产成本,从而使这种低价格原材料所节约的成本被增加的生产成本所抵消。所以,评价供应链运行绩效的指标,不仅要评价该节点企业(或供应商)的运营绩效,而且还要考虑该节点企业(或供应商)的运营绩效对其上层节点企业或整个供应链的影响。现行的企业绩效评价指标主要是基于部门职能的绩效评价指标,适用于对本企业运营绩效的评价,而供应链绩效评价指标是基于业务流程的绩效评价指标。

供应链绩效评价的具体指标在评价工作中,被评价对象往往是一种由多种因素构成的系统,因此评价指标也是多种多样的、相互关联的,这些相互关联的评价指标所构成的指标系统就是评价指标体系。评价指标体系中,指标的联系是由系统本身各要素间的关系和评价目的所决定的。按不同的标准,评价指标可以分为多种类型(如数量指标、质量指标等),由于各类指标的具体含义不同,其应用范围也不同,在形成指标体系时应注意不同类型指标的综合应用,以便全面、客观地反映被评价对象。

反映整条供应链绩效的评价指标,应综合考虑指标评价的客观性和实际可操作性,常用的有以下 7 个评价指标,各指标具体含义如下。

(1)产销率指标。产销率指在一定时间内已销售出去的产品数量与已生产的产品数量的比值。

(2)平均产销绝对偏差指标。平均产销绝对偏差指在一定时间内,所有节点企业已生产的产品数量与其已销售出去的产品数量之差的绝对值之和的平均值。

(3)产需率指标。产需率指在一定时间内,节点企业已生产的产品数量与其上层节点企业(或客户)对该产品的需求量的比值。

(4)供应链产品出产循环期或节拍指标。当供应链节点企业生产的产品为单一品种时,供应链产品出产(或投产)循环期指产品的出产节拍;当供应链节点企业生产的产品品种较多时,供应链产品出产循环期指混流生产线上同一种产品的出产间隔。由于供应链管理是在市场需求多样化经营环境中产生的一种新的管理模式,其节点企业(包括核心企业)生产的产品品种较多,因此,供应链产品出产循环期一般指节点企业混流生产线上同一种产品的出产间隔期。它可分为以下两个具体的指标。①供应链节点企业(或供应商)零部件出产循环期。该循环期指标反映了节点企业库存水平以及对其上层节点企业需求的响应程度。该循环期越短,说明该节点企业对其上层节点企业需求的快速响应性越好。②供应链核心企业产品出产循环期。该循环期指标反映了整条供应链的在制品库存水平和成品库存水平,同时反映了整条供应链对市场或客户需求的快速响应能力。核心企业产品出产循环期决定着各节点企业产品出产循环期,即各节点企业产品出产循环期必须与核心企业产品出产循环期合拍。该循环期越短,一方面说明整条供应链的在制品库存量和成品库存量都比较少,总的库存费用都比较低;另一方面也说明供应链管理水平比较高,能快速响应市场需求,并具有较强的市场竞争能力。

(5)供应链总运营成本指标。供应链总运营成本包括供应链通信成本、供应链总库存费用及各节点企业外部运输总费用,反映供应链运营的效率。具体含义如下。

①供应链通信成本。供应链通信成本包括各节点企业之间的通信费用,如 EDI、因特网的建设和使用费用,供应链信息系统开发和维护费等。

②供应链总库存费用。供应链总库存费用包括各节点企业在制品库存和成品库存费用、各节点之间的在途库存费用。

③各节点企业外部运输总费用。各节点企业外部运输总费用等于供应链所有节点企业之间运输费用的总和。

(6)供应链核心企业产品成本指标。供应链核心企业的产品成本是供应链管理水平的综合体现。根据核心企业产品在市场上的价格确定该产品的目标成本,再向上游追溯到各供应商,确定相应的原材料、配套件的目标成本。只有当目标成本小于市场价格时,各个企业才能获得利润,供应链才能得到发展。

(7)供应链产品质量指标。供应链产品质量指标指供应链各节点企业(包括核心企业)生产的产品或零部件的质量指标,主要包括合格率、废品率、退货率、破损率、破损物价值等。

(二)供应链绩效评价指标的分类

从供应、过程管理、交货运送和需求管理 4 个方面来划分:包括供应的可靠性、提前期、过程的可靠性、所需时间以及计划完成、完好订单完成率、补给提前期、运输天数、SC 总库存成本、总周转时间。

从定性和定量两个方面来划分:定性绩效评价指标包括顾客满意度、柔性、信息流与物流整合度、有效风险管理和供应商绩效。定量绩效评价指标又分为两类,一类是基于成本的指标,另一类是基于顾客响应的指标。

从影响供应链战略、战术和运作层次绩效的关键绩效指标来划分:供应链绩效指标要涉及供应商、递送绩效、顾客服务和库存与物流成本。

根据综合因素划分:供应链咨询机构在供应链管理模型中提出了度量供应链绩效的 11 项指标,它们是:交货情况、订货满足情况(包括满足率和满足订货的提前期)、完好的订货满足情况、响应时间、生产柔性、物流管理总成本、附加价值生产率、担保成本、现金流周转时间、供应周转的库存天数和资产周转率。

三、供应链绩效评价方法

建立在绩效评价指标基础上的体系模型,对于精确地进行绩效评价和控制尤为重要。供应链绩效评价是一项比企业绩效评价更加复杂的系统工程,简单的指标组合不能正确反映企业的绩效水平,单一企业的绩效评价不能反映供应链的绩效水平,必须采用合理的体系构架。在供应链绩效评价体系研究方面,产生了大量的研究成果。为了更加清晰地描述供应链绩效评价方法,下面简要介绍其中 3 种评价方法。

(一)层次分析法

层次分析法(Analytic Hierarchy Process,AHP)是对一些较为复杂、较为模糊的问题做出决策的简易方法,它特别适用于那些难于完全定量分析的问题。它是一种简便、灵活而又实用的多准则决策方法。

由于供应链绩效评价是典型的多目标决策问题,所以层次分析法在绩效评价中被广泛地应用。层次分析法也有一定的局限性,主要表现在:

(1)它在很大程度上依赖于人们的经验,受主观因素的影响很大。它至多只能排除思维过程中的严重非一致性,却无法排除决策者个人可能存在的严重片面性。

(2)比较、判断过程较为粗糙,不能用于精度要求较高的决策问题。

(二)模糊决策评价法

针对 AHP 的缺点,许多学者进行了各种各样的改进和完善尝试,由此出现了模糊决策评价法,即层次分析法 AHP 在模糊条件下的扩展分别用于供应链绩效评价、战略伙伴的选择和供应商的选择。

(三)数据包络分析法

数据包络分析(Data Envelopment Analysis,DEA)是以相对效率概念为基础发展起来的一种效率评价方法。DEA 作为一种新的绩效评价方法,其优点主要表现在:

(1)适用于多投入多产出的复杂系统的有效性评价;

（2）具有很强的客观性；

（3）可用来估计多投入多产出系统的"生产函数"。

DEA 可用于对供应商的评价，也可用于供应商的选择。

四、供应链企业的激励机制

（一）供应链企业管理的委托-代理问题

20 世纪 30 年代，美国经济学家伯利和米恩斯因为洞悉企业所有者兼具经营者的做法存在着极大的弊端，于是提出"委托-代理理论"，倡导所有权和经营权分离，企业所有者保留剩余索取权，而将经营权利让渡。"委托-代理理论"早已成为现代公司治理的逻辑起点。委托-代理理论是由契约理论发展演化而来的。美国管理学家詹森和麦克林曾经指出，这种委托代理关系"存在于一切组织、一切合作性活动中，存在于企业的每一个管理层级上"。委托人和代理人所掌握的信息不对称，容易导致逆向选择和道德风险。

1. 信息的非对称性

委托-代理理论是建立在非对称信息博弈论的基础上的。非对称信息指的是某些参与人拥有但另一些参与人不拥有的信息。信息的非对称性可从以下两个角度进行划分：非对称发生的时间和非对称信息的内容。①从非对称发生的时间看，非对称性可能发生在当事人签约之前，也可能发生在签约之后，分别称为事前非对称和事后非对称。研究事前非对称信息博弈的模型称为逆向选择模型，研究事后非对称信息的模型称为道德风险模型。②从非对称信息的内容看，非对称信息可能是指某些参与人的行为，研究此类问题的模型称为隐藏行为模型；也可能指某些参与人隐藏的知识，研究此类问题的模型称为隐藏知识模型。

2. 委托-代理关系的表现

在实际情况中，委托-代理关系经常表现为以下 5 个方面的非均衡性。

①委托人的非完全理性。即委托人不可能仅订立一份契约，把代理人可能的机会主义全部规避。

②利益的非完全一致性。委托人的主要目标是实现其自身利益的最大化，包括资本保值和出资收益的最大化，但代理人的主要目标是实现代理利益的最大化，包括经营业绩和代理利益的最大化，双方存在着潜在的利益冲突。

③风险的非完全共同性。即委托人往往是"风险中性"者，代理人往往是"风险厌恶"者，双方对风险的态度不一致，代理人会因为回避风险而放弃有利于增加委托人利益的行动。

④信息的非均衡性。即委托人无法完全掌握代理人的"私人信息"，两者的信息不对称，这就为代理人的"逆向选择"提供了可能。

⑤环境的非确定性。企业面临的环境是复杂多变的,企业利润必然受到代理人无法控制的多种因素的影响,且委托人不能直接观测到代理人实际的努力水平,这就为代理人的"规避责任"提供了便利。

3. 委托-代理的激励问题

基于以上非均衡性的存在,委托人为实现其自身既定的目标,必须通过一系列激励和约束机制使代理人与其利益尽可能地趋于一致,促使代理人最大限度地增加委托人的利益。在供应链关系中,核心企业为委托人,外部的供应链企业为代理人。

核心企业追求自身利益的最大化(总成本最低、货物交付的及时性以及服务质量等),同时它知道外部供应链企业同样追求自身利益的最大化(利润最大化),显然,两者存在着潜在的利益冲突,可以说,两者本质上是一种既合作又竞争的关系。外部供应链企业为了建立与核心企业持久的合作关系,就有可能有意或无意地向核心企业传达失真甚至错误的信息,以表明其具备较高的能力水平;而核心企业对外部供应链企业的评价标准不仅包括容易观察的价格因素,还包括质量、服务、交货期等诸多核心企业无法甄别的要素。两者存在着信息不对称的风险。从以上两点我们可以看出,核心企业与外部在存在委托-代理关系的同时,也存在着委托-代理问题,即逆向选择和道德风险问题,两者都是由信息不对称引发的。

(1)逆向选择问题指在签订契约前,外部供应链企业其实不具备提供某种质量的产品或某种服务的能力,而做出错误的承诺,而核心企业又难以正确辨识其真正的能力,从而最终损害了核心企业的利益。解决逆向选择问题的关键就是要尽可能多地了解代理人,对代理人的评价体系要全面,不仅要包含战略方面的指标,还要包含微观运作方面的指标,如价格、质量、交货提前期、交货准时性、生产柔性、设计能力、管理能力、地理位置等。多要素的评价指标体系可以弥补委托人在获取代理人私有信息方面的劣势。

(2)道德风险问题指外部供应链企业可能在签约后采取欺骗核心企业的行为,最终直接影响供应链的整体利益。对于道德风险问题,则需要通过一定的激励措施,促使代理人采取有利于委托人的行动,以此来约束供应商的欺骗行为。正是因为供应链企业间是一种合作竞争的关系,而且存在委托-代理问题,所以居于支配地位的核心企业除了要订立严密的契约外,还必须设计出合理的激励机制,协调供应链企业之间的交易活动,节约交易费用,使供应链的运作更加顺畅,实现供应链企业的"多赢"。

(二)供应链企业激励的方式

在供应链企业间,核心企业为了维护供应链的高效运营,应采取一些合理的方式激励合作企业。一个好的激励方式应具有激励相容特征,激励相容特征指即使在没有外在强制力的条件下,合作企业也愿意自觉实施,因为它符合合作企业利益最大化的目标。常用的激励方式有以下几种。

1. 价格激励

在现阶段,价格激励是最有效的激励方式。在供应链环境下,供应链企业间的利益分配主要体现在价格上。高昂的价格能提高企业的积极性,反之,不合理的价格会抑制企业的积极性。

2. 合同激励

合同是用来详细说明并约束采购商的订购行为以及供应商满足其订购合同要求的法律文本。合理的合同将数量柔性作为一种商品在供应商和采购商之间进行交易,共享合作利润,共担风险,实现供应链总体利益最大化。目前,国内也有部分企业采用回购合同和弹性数量合同激励采购商,这两种合同都是针对分销商而言的,特别是对零售商予以激励,以提高它们的平均订货数量,从而提高供应链整体绩效,但同时应防止"牛鞭效应"的出现。

3. 商誉激励

商誉是企业的无形资产,代表了企业在市场上的良好声誉和品牌价值,能够帮助企业获得更多的客户,提高企业的知名度。委托-代理理论认为,代理人的代理量取决于其过去的代理质量和代理评价。即使没有显性激励合同,代理人也有努力工作的积极性,因为这样做可以提高自己在代理市场上的声誉,从而提高未来收入。现阶段,一些企业只看到眼前的利益,不顾长远商誉,这可能会对企业的长期发展产生不利的后果。供应链核心企业应该引导合作企业加强商誉意识,充分发挥商誉的激励作用。

4. 淘汰激励

为使供应链的整体竞争力保持在一个较高水平上,供应链管理必须建立对成员企业的淘汰机制。淘汰激励就是使合作企业产生危机感,这样绩效较差的企业为了避免被淘汰必然积极努力,从而使供应链获得整体竞争优势。

5. 新产品、新技术的共同开发与投资

新产品或新技术的开发按照团队方式在供应商、制造商、经销商之间开展全面合作。上下游企业通过共同开发与投资,不仅可以降低新产品、新技术的风险,也缩短了研发周期,增强了供应链企业的团队意识。因而,新产品、新技术的共同开发与投资就形成了对整条供应链的激励作用。

6. 信息共享激励

在信息时代,信息就意味着生存。信息流是供应链管理的重要环节,而信息共享是实现供应链管理的基础。信息共享不仅可以弱化供应链中因信息扭曲产生的"牛鞭效应",还可以改善因信息不对称引起的供应链失调。通过建立良好的供应链信息共享机制,以及有效的信息共享管理机制,可以提高供应链的柔性,实现供应链成员的"多赢"局面。供应链作为一种合作竞争的动态联盟,核心企业与成员企业之间是典型的委托-代理关系,而且由于信息不对称,也存在逆向选择和道德风险问题,通过构建合适的激励机制,可以使供应链企业间保持稳定的、长期的合作关系,从而保证供应链的整体利益。

第二节　需求与供应侧驱动

供应链管理的核心目标是确保产品和服务能够有效且及时地从原始供应商流向最终客户。需求是供应链的核心驱动力,了解和预测需求是供应链管理的关键任务,可以帮助企业制定策略、优化资源配置并满足客户需求。与需求驱动相对的供应侧驱动,主要关注的是供应链中的生产能力、供应资源、制造技术和供应商能力等因素,以及它们如何影响供应链的整体性能和效率。供应侧驱动强调的是控制和优化供应链中的生产、供应和制造活动,以实现成本效益、高效率和高质量的供应链。

一、需求驱动

(一)需求变化与预测

1. 需求变化

在供应链中,需求变化是指对产品或服务的需求量、需求特征或需求时间的变化。需求变化可由多种因素引起,例如市场趋势、季节性、促销活动、宏观经济条件等。准确描述和预测需求变化对于供应链的计划和操作至关重要。供应链中需求变化常使用表 2-1 中的几种描述方式。

表 2-1　供应链中需求变化常使用的描述方式

基本概念	描述
需求波动性	指度量需求在时间内的变动幅度。高波动性意味着需求可能突然增加或减少,而低波动性则表示需求相对稳定
需求趋势	指需求随时间持续增加或减少的长期模式。例如,某一产品在市场上逐渐受欢迎,其需求可能会显示出持续增长的趋势
季节性	指某些产品的需求受到季节性因素的影响,例如冬季的取暖设备或夏季的冷饮
需求不确定性	指需求预测的准确性。高不确定性意味着需求预测的难度大,而低不确定性则表示需求相对容易预测
需求持续性	指需求变化的时间长度。例如,由于某个活动或促销导致的需求激增可能只是短期的,而由于市场结构变化导致的需求变动可能是长期的
需求深度	指需求变化的幅度,描述需求增加或减少的程度
需求响应速度	指当需求发生变化时,供应链需要多长时间来适应这种变化
需求模式	指需求在一段时间内的典型变化模式,例如周期性、随机性或持续性变化
需求来源	指导致需求变化的外部或内部因素,例如市场竞争、客户偏好、技术创新或内部策略变化
需求影响	指需求变化对供应链各部分的影响,例如生产、库存、物流等

为了有效描述和预测需求变化,供应链管理者通常使用多种工具和技术,例如历史数据分析、时间序列分析、因果关系模型和市场调查。正确理解需求变化并做出适当的响应对于确保供应链效率、降低成本和满足客户需求至关重要。

2. 需求预测

供应链中的需求预测是指基于历史数据、市场趋势、宏观经济指标等因素,预测未来一段时间内对产品或服务的需求量。需求预测是供应链管理的核心组成部分,直接影响着生产计划、库存管理、物流和供应商关系等多个关键环节。在实际的需求预测中,首先需要明确预测目的,即预测的目标和应用场景,如短期生产计划、中期库存管理或长期策略规划。其次,需要选择合适的预测方法,当前主要有定性方法和定量方法。同时,在预测方法中还需要考虑预测输入、预测精度、预测修正、不确定性管理、预测的集成等,明确支持需求预测的技术和工具。最后,基于预测精度和实际表现,持续改进预测方法和过程。总的来说,需求预测是评估未来需求的系统化过程,涉及多种方法、技术和数据来源。在供应链管理中,准确的需求预测对于提高效率、降低成本和满足客户需求至关重要。

(二)产品生命周期的各阶段需求

产品生命周期是指产品从进入市场到退出市场的整个过程,通常可以划分为四个阶段,分别为引入、增长、成熟、衰退。每个阶段的需求和特点都有所不同,对供应链的策略和运营也产生着不同程度的影响。以下是产品生命周期中的各阶段及其相关的需求特点,如图 2-1 所示:

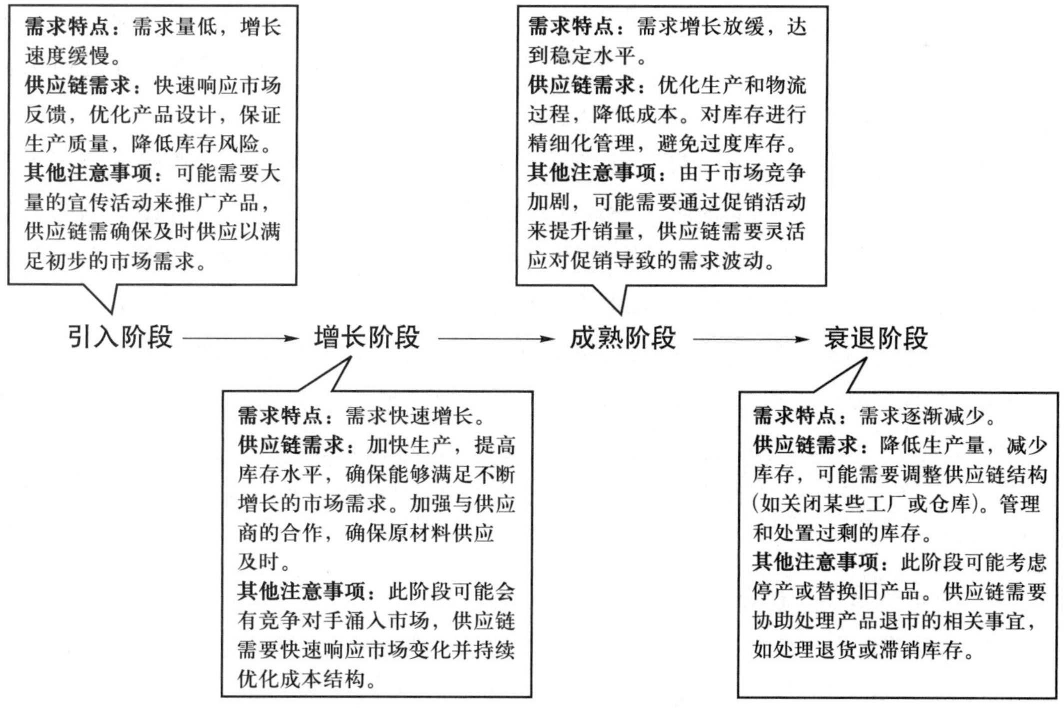

需求特点:需求量低,增长速度缓慢。
供应链需求:快速响应市场反馈,优化产品设计,保证生产质量,降低库存风险。
其他注意事项:可能需要大量的宣传活动来推广产品,供应链需确保及时供应以满足初步的市场需求。

需求特点:需求增长放缓,达到稳定水平。
供应链需求:优化生产和物流过程,降低成本。对库存进行精细化管理,避免过度库存。
其他注意事项:由于市场竞争加剧,可能需要通过促销活动来提升销量,供应链需要灵活应对促销导致的需求波动。

引入阶段 ──→ 增长阶段 ──→ 成熟阶段 ──→ 衰退阶段

需求特点:需求快速增长。
供应链需求:加快生产,提高库存水平,确保能够满足不断增长的市场需求。加强与供应商的合作,确保原材料供应及时。
其他注意事项:此阶段可能会有竞争对手涌入市场,供应链需要快速响应市场变化并持续优化成本结构。

需求特点:需求逐渐减少。
供应链需求:降低生产量,减少库存,可能需要调整供应链结构(如关闭某些工厂或仓库)。管理和处置过剩的库存。
其他注意事项:此阶段可能考虑停产或替换旧产品。供应链需要协助处理产品退市的相关事宜,如处理退货或滞销库存。

图 2-1　各阶段及其相关特点图

　　了解产品在其生命周期不同阶段的需求特点,可以帮助供应链管理者制定相应的策略和计划,确保供应链高效运作,满足市场需求,从而进行有效的成本控制和资源优化。

　　(三)需求预测方法和工具

　　需求预测是估计企业未来某一时期的产品或服务的需求量。预测的准确性对于生产计划、库存管理、采购和其他供应链活动至关重要。一般来说,需求预测的方法按照需求对象的性质和预测模式可以分为定性预测和定量预测两种。

　　1. 定性预测方法

　　定性预测方法主要依赖于非数值信息,通常用于缺乏可靠历史数据或面临新市场情况时。定性预测方法主要有专家预测法、德尔菲法和市场研究法。

　　(1)专家预测法。通过征询行业专家、销售人员或管理者的意见进行预测,是一种根据一组或多组专家的知识、经验和判断进行未来预测的方法。

　　(2)德尔菲法。通过多轮调查来汇集一组专家的意见,是一种迭代的多阶段过程,旨在将一组专家的独立意见汇聚成一个整体的共同意见或预测。

　　(3)市场研究法。通过直接与消费者或其他市场参与者互动来收集和分析市场信息,从而预测产品或服务的需求。其适用场景包括新产品或服务的推出、进入新的市场或地区、需要了解客户偏好或行为变化的情况、当其他数据不足或不可用时。

　　2. 定量预测方法

　　定量预测方法中主要有时间序列预测方法和因果预测方法。

　　(1)时间序列预测方法。指一种预测未来值的技术,基于历史数据的时间排序。这种方法尤其适用于随时间变化的数据,如股票价格、销售量或气温。它是基于已知的历史数据对未来某一时期的值进行预测的统计或机器学习方法。

　　(2)因果预测方法。是基于自变量与因变量之间的因果关系进行预测的一类定量方法,利用一组变量(或特征)来预测另一变量的技术,其中这组变量被认为是影响预测变量的因素。不同于时间序列预测仅仅基于历史数据进行预测,因果预测方法使用一系列独立变量(或称为解释变量)来预测一个或多个因变量。

　　定量分析方法还包括基于概率和随机抽样来预测多种可能的结果的蒙特卡洛模拟方法;使用大数据和高级算法进行预测的机器学习与深度学习方法,如支持向量机、随机森林、梯度增强树。选择合适的预测方法与工具取决于多种因素,包括可用的数据、预测的时间范围、市场的复杂性以及其他与供应链相关的变量,经常需要结合多种方法来获得最佳的预测效果。

　　(四)需求的季节性和周期性

　　需求的季节性和周期性是时间序列分析中的两个核心概念,都描述了数据随时间变化的模式,但关注的时间尺度和原因有所不同。

季节性描述了在固定的、已知的时间间隔(如每日、每月或每年)内重复出现的模式或趋势。特点包括:是固定和已知的周期,例如,零售业每年的假期购物季节、夏季冰激凌的销售高峰等;短期模式,通常在一年内重复,但也可能是每日、每周等短周期的重复模式;可以预测,由于季节性模式是固定和可预测的,它们可以用来改进需求预测。季节性的例子有零售业在冬季假期的销售上升;旅游业在夏季出现的旅行高峰;农产品在收获季节的供应增加。

周期性描述了数据随时间变化的波动模式,但这些波动不是固定的、已知的时间间隔。它通常与经济周期、技术周期或其他长期趋势有关。具有的特点包括:不固定的周期,周期性的波动不是固定的,可以从几年到几十年不等;长期模式,与季节性不同,周期性是长期的,可能持续数年;不易预测,由于周期长度和强度可能会变化,预测周期性模式可能比预测季节性模式更困难。周期性的例子包括经济衰退和繁荣的循环、房地产市场的上升和下跌、技术或产品的生命周期,例如新技术的出现、成熟和衰退。

季节性和周期性的区别在于时间尺度和可预测性。在时间尺度上,季节性通常在一年或更短的时间内发生,而周期性则可能持续数年甚至数十年。在可预测性上,季节性模式由于其固定的时间间隔通常更容易预测,而周期性由于其不确定的周期长度和强度则更难预测。理解需求的季节性和周期性对于有效的供应链管理和需求预测至关重要。这可以帮助企业制定更有效的生产、库存和销售策略,以满足市场需求并优化运营效率。

二、供应侧驱动

(一)供应商的选择、关系和性能

供应侧驱动主要关注如何优化和管理供应链中的供应活动。供应商的选择、关系和性能是供应侧驱动的关键组成部分,对于确保供应链的高效和稳定至关重要。

1. 供应商选择

如何选择合适的供应商,需要考虑以下几个方面的内容:①价格,供应商提供的价格是否具有竞争力;②质量,供应商产品的质量是否达到或超过所需标准;③交付时间,供应商的交付是否及时,是否能满足生产和市场需求;④服务水平,售后服务、技术支持和响应时间等方面的表现;⑤生产能力,供应商是否具备满足需求的生产和供应能力;⑥财务稳定性,供应商的财务状况是否稳健,能否持续提供服务;⑦技术和创新能力,供应商是否持续进行研发,能否提供先进的技术和产品;⑧文化和价值观,供应商的文化和价值观是否与买方公司相契合。步骤通常包括需求分析、市场调研、RFP(请求提案)发出、供应商评估、谈判、最终选择和合同签订等来选择供应商。

2. 供应商关系

供应商关系主要包括合作关系和战略伙伴关系。合作关系是基于互利和长期合作的伙伴关系,通常涉及资源共享、风险共担和共同创新。战略伙伴关系,对于关键供应商,企业可能会建立更为深入的合作关系,如共同研发、投资或其他战略活动。同时,需要考虑合同管理,确保合同条款得到执行,以及对于合同中的任何变更进行适当管理,还需要定期评估供应商的绩效,确保其能够满足合同要求和业务需求。

3. 供应商性能

考虑供应商性能时,一般较为关注交付准时率、质量合格率、响应时间、成本效益、服务满意度、成本效益等因素。对于供应商要定期进行供应商审核,确保其遵循合同要求和标准;提供绩效反馈给供应商,鼓励其改进;对于表现不佳的供应商,与其共同制订和实施改进计划。供应侧驱动中对供应商的管理和评估不仅可以确保供应链的稳定和效率,还可以促进供应商的持续改进,从而为整个供应链创造更大的价值。

(二)供应风险和供应连续性

供应链风险管理已成为现代企业关注的核心议题,特别是在经济全球化的背景下显得尤为重要。供应风险是供应链风险管理中的一个重要组成部分,它关注供应活动中可能出现的不确定性和潜在的威胁。供应风险指的是供应链中因供应侧因素导致的潜在中断、延误或成本增加的风险。供应风险可能会导致生产中断、成本上升、利润降低、客户满意度下降和公司声誉受损。对于高度依赖特定供应商或处于竞争激烈行业的公司来说,供应风险的影响可能更为严重。

供应连续性是指在供应链中采取的策略和措施,以确保供应链在面对各种风险和中断时,仍能持续、稳定地提供产品和服务。它在供应链管理中是一个关键概念,主要用于确保供应链在各种情况下都能保持稳定运行,特别是在面对潜在中断或干扰时。保障供应连续性的重要性在于其可以满足客户需求,保障企业的盈利能力,维护企业声誉,并提高供应链的韧性。

(三)采购策略与采购周期

1. 采购策略

采购策略是供应链管理中的核心组成部分,它关注如何优化采购活动,以达到降低成本、提高效率、保障供应连续性和满足业务需求的目标。采购策略的定义是一组有关如何获取必要的商品和服务的指导原则和行动计划,通常要考虑成本、质量、供应连续性和供应商关系等因素。主要的采购策略包括:

(1)单一采购和多源采购。单一采购是从单一供应商处购买某一商品或服务。这种策略可能会获得较好的价格和服务,但同时也存在供应中断的风险。多源采购是从多个供应商处购买同一商品或服务,这种策略可以降低供应风险,但可能导致管理复杂性增加。

(2)全球采购和本地采购。全球采购是从全球范围的供应商购买商品或服务。这可以获得更具竞争力的价格,但可能会涉及物流、关税和文化差异等一系列问题。本地采购是优先从本地或国内供应商购买商品或服务,可以简化物流和供应管理,同时助力于当地经济发展。

(3)战略采购。指与少数关键供应商建立长期、战略性的合作关系,侧重于共同创造价值,而非仅仅基于价格进行谈判。

(4)按需采购。根据实际需求进行采购,而不是基于预测或长期合同,这样做可以降低短期内的库存成本,但需要灵活、快速的供应链响应机制。

选择合适的采购策略需要考虑商品或服务的重要性、供应市场的结构、需求的可预测性和总体供应链策略。采购策略的成功不仅取决于策略的选择,还取决于其执行和监控。这可能包括供应商评估、合同管理、采购绩效指标的监控和持续的策略审查。通过综合考虑各种因素,企业可以制定和实施有效的采购策略,以支持其业务目标和供应链策略。

2. 采购周期

采购周期,也称采购处理周期或采购交货周期,是指从确定需求到接收商品或服务的整个过程所需的时间。它是衡量采购效率的关键指标,也对库存、生产计划和订单满足率有重要影响。了解采购周期可以帮助企业更有效地管理供应链并满足客户需求。采购周期的组成阶段包括需求识别、供应商选择和评估、订单制定与发出、订单确认、生产与准备、货物运输、收货与验收、入库与付款。为了优化采购周期,可以利用采购和供应链管理软件来自动化订单、跟踪和支付过程;与供应商建立紧密关系;定期评估供应商性能;简化内部审批流程,去除不必要的步骤和等待时间;采用合理的库存策略,例如考虑采用准时制或安全库存策略以应对采购延迟现象。

(四)供应合同的谈判与管理

供应合同的谈判与管理是供应链管理中的关键环节,涉及价格、交货、质量、服务等多个方面的协商和确认。良好的供应合同谈判与管理能够确保供应连续性、降低成本并提高供应链的整体效率。

供应合同谈判包括准备阶段、谈判阶段和后谈判阶段。在准备阶段,需要对市场进行研究,了解市场价格、供应情况等,分析和明确公司具体需求,确定谈判的目标。在谈判阶段,首先应与供应商建立良好的关系,寻求双赢策略,灵活地准备多种方案,明确双方的权利和义务。在后谈判阶段,基于谈判结果拟定合同文本,然后由法务部门或相关部门对合同进行审查,并进行必要的调整。供应合同谈判完成后进入后谈判阶段,进行供应合同的管理。在合同管理中,进行合同执行,考虑监控交货和支付管理;合同绩效评估,设置评估标准并定期评估;合同的修改与续签;风险管理,识别风险和制定应对策略;关系管理,维护关系和处理纠纷。

第三节　生产、制造与库存驱动

一、生产与制造驱动

（一）生产规模选择

在供应链中,生产规模是指在一定时间内,生产单位使用的生产要素(如劳动力、资本、技术等)的数量或规模。生产规模选择关乎企业如何分配其生产资源以满足市场需求,同时还要考虑成本、效率和灵活性的平衡。正确的生产规模选择可以帮助企业实现成本优化、提高生产效率和满足客户需求。

生产规模的选择因素包括市场需求、生产成本、技术和设备、供应链因素等。为了能够选择合适的生产规模,常使用固定生产规模策略、灵活生产规模策略和混合策略的方式。

1. 固定生产规模策略

企业根据预测的平均需求选择一个固定的生产规模,适用于需求稳定、市场成熟的情况。

2. 灵活生产规模策略

企业可以根据市场需求的波动调整生产规模。适用于需求不稳定、市场不确定性较高的情况。

3. 混合策略

结合了固定和灵活生产规模策略,例如,企业可以选择一个基本的固定生产规模,但在需求达到高峰时增加额外的生产能力。

（二）生产策略

生产策略决定了企业如何配置其生产资源以满足市场需求。它涉及制造、外包、按需生产等多个方面的策略。

1. 制造策略

指关于生产过程、技术和资源配置的决策。在制造策略中,有三种不同的策略,分别是产品焦点、市场焦点和过程焦点。产品焦点(也称大批量生产),专注于少量产品的大规模生产,通常采用高度自动化的生产线,以实现高生产效率和低单位成本,适用于市场需求稳定、产品生命周期长的情况。市场焦点(也称小批量生产),专注于生产定制或特定市场细分的产品,通常采用灵活的生产过程,以满足多样化的客户需求,适用于市场需求多样、产品生命周期短的情况。过程焦点(也称连续生产),专注于连续生产流程的产品,如化学品、石油产品等,通常采用高度专业化的设备和技术,适用于需求量大、产品规格固定的情况。

2. 外包策略

外包是将某些生产活动转交给第三方供应商完成的策略。之所以会选择外包，是因为能够降低成本，可以帮助企业减少在人力、物力、场地等方面的资源投入。对于这方面外部供应商可能更具成本优势，如低劳动力成本、规模经济等；提高灵活性，外包可以使企业更加灵活地应对市场需求的变化；提高专业能力，外部供应商可能具有特定的技术或生产能力。虽然使用外包策略具有诸多优势，但是依旧可能存在一定的风险，如供应中断，依赖外部供应商可能导致供应中断的风险；质量控制，控制外部供应商的产品质量可能是一个挑战；知识产权，外包可能增加企业知识产权泄露的风险。

3. 按需生产策略

按需生产是基于客户订单来启动生产的策略。具有的优点包括库存成本低，不需要维持大量的成品库存；高度定制，可以提供高度定制的产品。缺点是响应时间长，从接到订单到交付产品的时间可能较长；生产效率低，缺乏经济规模的优势。

（三）生产设备的选择与布局

生产设备的选择与布局是制造业中的关键决策，涉及大量的投资，并对生产效率、成本、质量和生产灵活性产生长期影响。

生产设备的选择过程中，需要进行需求分析。这包括生产量、产品种类、技术规格和未来的生产计划；技术评估，研究可用技术的最新进展，评估其适应性、稳定性和长期可行性；成本效益分析，评估设备的全生命周期成本，包括购买、安装、运行、维护和淘汰成本，并与预期的效益进行对比；供应商评估，研究供应商的技术能力、信誉、服务和长期合作潜力；灵活性考虑，选择能够适应市场需求变化、新产品开发和技术更新的设备。

生产布局决定了工作站、设备和存储区域在生产场地中的位置。主要有以下几种常见的布局策略：

（1）产品布局，也称流水线布局。设备和工作站按产品的生产顺序排列。适用于高产量、少品种的生产环境。

（2）过程布局，也称为功能布局，相似的操作或产品放在一起，适用于低产量、多品种的生产环境。

（3）固定位置布局，产品因其大小或重量而不能移动的布局。工人、材料和设备都到产品所在的位置进行操作，例如，造船、飞机制造等。

（4）组合布局，结合了产品和过程的布局。在一条生产线上生产多种产品，适用于中等产量和品种的生产环境。

（5）单元生产布局，产品按小批量或单件进行生产的布局。每个工作单元可以生产一个完整的产品或子组件。

布局的设计过程中需要遵守最小化物料搬运、灵活性、安全性、有效的空间利用、提高工作满意度等原则。

（四）制造质量控制和持续改进

制造质量控制和持续改进是保障产品满足顾客需求和提高竞争力的关键要素。

1. 制造质量控制

制造质量控制旨在确保制造过程中的产品或服务满足既定的质量标准。在制造质量控制过程中，主要分为五点：

（1）统计过程控制，采用统计方法对生产过程中的数据进行分析，用于监测和控制生产过程。例如，使用控制图来识别生产过程中的异常。

（2）接受抽样，从生产的产品中随机抽取样品进行检测，确定批次是否符合质量标准。

（3）标准化，定义清晰、明确的操作程序和工作标准，确保所有员工都遵循相同的指南和要求。

（4）预防措施，识别可能的质量问题和风险，实施预防措施，减少质量问题的发生。

（5）反馈和纠正，收集和分析质量问题的数据，快速采取纠正措施，防止问题恶化或再次发生。

2. 持续改进

持续改进是一个不断寻求提高效率、质量和顾客满意度的过程。在持续改进中，常用策略如表 2-2 所示。

表 2-2　持续改进策略

持续改进策略	定义
PDCA 循环（Plan-Do-Check-Act）	计划（Plan）：确定目标和方法。 执行（Do）：实施计划。 检查（Check）：比较实际结果与预期目标。 行动（Act）：根据比较结果，采取必要的纠正措施
六西格玛（Six Sigma）	一个以数据为驱动，旨在减少过程中的缺陷和提高质量的方法。使用特定的统计工具和技术，如 DMAIC（Define，Measure，Analyze，Improve，Control）
整理、整顿、清扫、清洁、素养（5S）	一种旨在创建和维护有组织、清洁和高效的工作环境的方法
8D 报告	一种针对质量问题的结构化、系统化的解决方法。包括 8 个步骤，从问题识别到纠正措施
价值流映射	一个图形化的工具，用于分析现有过程，并识别改进的机会
亲手实践	通过员工的参与和直接观察，发现并解决问题

二、库存驱动

(一)库存管理策略

库存管理是供应链和生产运营中的关键组成部分,旨在确保适量的库存以满足客户需求,同时最大化成本效益和运营效率。在库存管理中,有以下常用术语,如表2-3所示。

表2-3　库存管理术语

术语	原理	操作
ABC分析	基于帕累托原则,认为不同的库存项目对库存价值的贡献不同	将库存项目分类为A、B和C三类,其中A类商品贡献了大部分的库存价值,但数量最少,而C类商品相反
经济订购量(EOQ)	计算在一定的需求、订单成本和持有成本下,总成本最低的订单量	用于确定每次订购的最佳库存数量
最大最小库存系统	为每种库存项目设置一个最小和最大库存水平	当库存降至最小水平时,订购到最大水平的库存
安全库存	为了应对需求或供应的不确定性,维持一定的额外库存	基于历史数据和统计分析确定
JIT(即时制造)	减少库存,仅在需要时将物料拉到生产线上	需要紧密的供应商关系和高效的生产流程
VMI(供应商管理库存)	供应商负责管理买方的库存,根据需求信息自行决定补货时间和数量	通常要求供应商和买方之间有高度的信任,可实现信息共享
循环盘点	定期盘点库存,而不是年终一次性盘点	可以及时发现和纠正库存偏差,提高准确性
服务水平和库存对应	确定客户接受的订单填充率或服务水平,然后基于此确定库存水平	为实现特定的服务水平而持有更多或更少的库存
需求预测	预测未来的需求来更好地管理库存	使用历史销售数据、市场趋势、季节性等因素来预测未来需求
产品生命周期管理	不同生命周期阶段的产品可能需要不同的库存策略	新产品可能需要更大的安全库存,而即将淘汰的产品可能需要减少库存

综上所述,库存管理策略要考虑成本、服务水平、供应链结构和市场动态。正确的策略可以帮助企业减少库存成本,提高客户满意度和企业的竞争力。

(二)库存成本与风险

库存管理的核心目标之一是平衡成本和风险,以确保满足客户需求的同时实现经济效益。

1. 库存成本

库存成本中主要包含订购成本、持有成本、缺货成本和设置成本。订购成本是与商品订购和补货相关的费用。持有成本是与库存存储相关的费用,如资本成本、存储成本、服务成本、损耗成本。缺货成本是当库存不足以满足需求时,可能会发生的费用。这可能包括紧急订购的额外费用、销售损失、降低的客户满意度和可能的长期客户流失。设置成本是在生产环境中,更改生产线以生产不同成本的产品。这可能包括机器的调整、员工培训和生产中断。

2. 库存风险

库存风险主要包括过量库存风险、缺货风险、供应风险、需求波动风险、政策或法规风险。在过量库存风险中,常出现贬值、过期、资金占用等问题。缺货风险会导致销售损失、客户满意度下降、品牌影响等。供应风险中会出现供应中断和价格波动等问题。需求波动风险是指市场需求可能会突然发生变化,直接导致库存过剩或缺货。政策或法规风险是指政策或法规的变化可能影响库存管理,如关税变化等。

(三) 产品的存储策略

产品的存储策略关乎如何有效、经济和安全地储存商品,以满足客户需求并保持高效的仓库运营管理。以下是关于产品存储策略的详细介绍。

1. 分类存储

原理:根据产品的特性、需求频率或其他相关标准对产品进行分类。操作:例如,根据ABC分析,A类商品(高周转率)可以存放在仓库的前部,以方便快速拣选。

2. 高周转存储

原理:将高销售频率的商品放在容易访问的地方。操作:例如,将它们存放在地面层或靠近装卸区。

3. 批量存储

原理:将相同商品集中存储。操作:适用于批量购买或销售的商品。

4. 随机存储

原理:不按固定位置存放商品,而是根据空闲空间存放。操作:需要一个高效的仓储管理系统(WMS)来追踪商品位置。

5. 专用存储

原理:为特定商品分配固定的存储区域。操作:适用于有特殊存储需求的商品,如需要恒温存储的商品。

6. 多深度存储

原理:将商品储存在多个深度的货架上,通常用于大批量相同的商品。操作:可能需要特殊的叉车或设备来取货。

7. 动态重新配位

原理:根据需求的变化,定期调整商品的存储位置。操作:例如,在促销活动前,将促销商品移到客户容易访问的位置。

8. 跨越式存储

原理:商品在仓库中的存储位置可以根据其在拣选路径上的位置进行调整。操作:这有助于减少拣选员的走动时间和提高效率。

9. 保温和冷藏存储

原理:为需要特定温度存储的商品提供恒温环境。操作:如,食品、医药品可能需要冷藏或冷冻存储。

10. 危险品存储

原理:为易燃、易爆、有毒或其他危险商品提供专门的、安全的存储区域。操作:这些区域可能需要特殊的通风、隔离和消防措施。

选择合适的存储策略要考虑多方面的因素,包括商品的性质、销售速度、仓库空间和成本。有效的存储策略可以提高仓库工作效率、减少损耗和降低错误率,并提高客户满意度。

第四节　运输与配送驱动

一、运输模式与策略

运输在供应链中起到了承上启下的关键作用,它连接生产、分销和最终消费者。根据不同的需求,可以选择不同的运输模式和策略。

1. 运输模式

常用的运输模式和各自的优缺点如表 2-4 所示。

表 2-4　常用的运输模式和优缺点

运输模式	优点	缺点
公路运输	灵活,适合短距离或"门到门"服务,快速	受交通、天气等因素影响,长距离可能不经济
铁路运输	适合大量、重量大、长距离运输,成本较低	不如公路运输灵活,需要集装、卸设备
航空运输	速度快,适合紧急或高价值货物	成本高,容易受天气影响,对货物体积和重量有限制
海上运输	适合大容量、长距离的国际运输,成本较低	速度慢,受天气、港口等因素影响
管道运输	适合液体、气体,如石油、天然气,连续运输,安全	初期建设投资大,适用范围有限

2. 运输策略

在运输过程中常用的运输策略包括直达运输、集中配送、多模式运输、专用运输、按时运输和环保运输。

（1）直达运输是指货物直接从发货点运输到接收点，中途无中转，适用于运输时间短或需要快速到达的货物。

（2）集中配送是指货物首先被运送到一个集中的配送中心，然后再分散到各个目的地，适用于大规模运输，可以实现运输的经济化，但可能需要更长的运输时间。

（3）多模式运输是指在一个运输过程中使用多种运输方式，常用于跨国或跨大陆运输，如"门到门"服务。

（4）专用运输是指为特定客户或货物提供专门的运输服务，适用于具有特殊需求的场景，如冷链运输、危险品运输。

（5）按时运输是指承诺在特定的时间内完成货物的送达，常用于高价值或紧急货物，如电商产品、医疗设备等。

（6）环保运输指选择低碳排放或可再生能源的运输方式，适用场景为绿色供应链、可持续性目标。

选择运输模式和策略需要考虑多方面的因素，如货物的性质、运输距离、成本、时间要求等。选择正确的运输模式可以提高供应链的效率、降低成本并满足客户多样化的需求。

二、运输成本与服务水平

运输是供应链中的重要环节，其中的成本和服务水平是供应链管理者需要深入考虑的两个关键因素。理解这两个因素及其之间的关系有助于做出明智的决策，在满足客户需求的同时确保经济效益稳步提高。

1. 运输成本

运输成本通常包括以下几个部分：

（1）固定成本。指与运输活动量无关的成本。这包括车辆购买租赁、设备折旧、仓储费用、管理和行政费用等。

（2）变动成本。指与运输活动量直接相关的成本。这包括燃油、维护、工资、过路费等。

（3）时间成本。指与运输时间有关的成本，包括等待时间、装卸时间和运输时间。

（4）货物损耗与保险成本。指货物在运输过程中可能会损坏，而保险则是为了弥补这些潜在的损失。

（5）环境成本。指与环境污染、碳排放等有关的间接成本。

（6）其他费用。如关税、税收、中介费等。

2. 服务水平

服务水平是衡量运输效率和效果的标准，主要包括以下几个方面：

（1）准时性，货物是否按照预期的时间到达。这涉及货物是否能在承诺的时间内送达目的地。

（2）可靠性，运输服务是否始终如一、稳定。例如，是否每次都能按时送达，货物是否完好无损。

（3）灵活性，能够适应不同的运输需求和条件，如临时调整路线、时间或模式。货物的完整性和安全性，货物在运输过程中的损坏率、丢失率等。

（4）信息透明性，客户能否实时跟踪货物的位置，获取相关的运输信息。

（5）客户服务，对客户的响应速度和问题解决能力。

成本与服务水平之间具有权衡关系，提高服务水平往往意味着增加运输成本，例如，为了准时送达，可能需要选择更昂贵但更快速的运输方式；经济效益，选择合适的运输方式和策略，可以在满足一定服务水平的前提下，最大限度地降低成本；客户满意度，过分追求降低成本可能会牺牲服务水平，从而影响客户满意度。因此，找到成本和服务之间的平衡点至关重要。

三、跨境物流和关税管理

跨境物流和关税管理是国际供应链中的两个关键环节。随着跨境电商市场的蓬勃发展，跨境物流和关税管理的重要性日益凸显。

1. 跨境物流

跨境物流涉及从一个国家向另一个国家运输货物，涵盖多个物流环节，如跨境、仓储、退货管理、跟踪和追溯。跨境仓储是为了缩短配送时间和降低成本，许多公司会选择在目的地国家设立仓库进行货物存储和分发。退货管理是处理国际退货和换货，需要考虑成本和客户满意度。跟踪和追溯是提供货物实时追踪服务，提高透明度和可预测性。

2. 关税管理

关税是对进口和出口货物征收的税收，由目的地国家的海关机构收取。在关税中常用到以下术语。

（1）关税分类。每种商品根据其种类和用途被分类，并按照相应的税率征税。

（2）价值评估。关税通常是基于货物的到岸价值（CIF）或离岸价值（FOB）来计算的。

（3）原产地证明。为了享受某些关税优惠，如自由贸易协定，需要提供货物的原产地证明。

（4）关税减免。某些商品或特定情况下可能享有关税减免，如试样、展品、再出口商品等。

（5）关税支付。可以选择即时支付，也可以选择延期支付或使用担保支付。

（6）合规性。确保所有文件准确无误，以避免额外的罚款或货物被扣留。

（7）关税优化。利用不同国家之间的关税差异，选择最经济的进口路径和来源。

总之,跨境物流和关税管理在国际供应链中起到至关重要的作用。只有有效地管理这两个环节,才能确保货物准时、安全、经济地到达目的地,并满足客户的需求。

四、仓储和配送中心策略和布局

仓储和配送中心在供应链中起到桥梁作用,连接生产和消费两端,确保货物的快速、有效和经济地流动。对于仓储和配送中心的策略和布局的选择,需要考虑多种因素以满足业务需求、降低成本并提高效率。

仓储和配送中心策略包括中心化与分散化,中心化策略是设立少量的大型仓库,通常位于交通要道或主要市场附近,可以实现规模经济,但可能导致长距离配送;分散化策略是设立多个小型仓库分布在各个地区,缩短配送时间和距离,但管理和维护成本可能会增加。存储策略包括:固定位置存储,每个商品都有固定的位置和随机存储,根据货物流入流出的实际情况动态分配位置;跨境仓储,对于国际业务,可能需要设立跨境仓储以满足本地市场需求并降低关税;选择仓储类型,根据货物特性选择合适的仓储类型,如冷藏仓、危化品仓、普通仓库等。

配送中心布局需要考虑:

(1)地理位置,选择地理位置时要考虑交通便利性、客户分布、供应商位置、地产成本和劳动力供应等因素。

(2)内部布局包含接收区、存储区、拣选区、发货区。

(3)技术和自动化,考虑引入自动化设备和系统,如自动化货架、自动导引车(AGV)、仓库管理系统(WMS)等,提高效率和准确性。

(4)安全与合规性,确保仓库遵循所有安全和法规标准,如消防、通风、危化品存储等。

(5)可扩展性,预留扩展空间,考虑未来的业务增长和变化。

(6)环境和可持续性,考虑环境友好的设计和操作,如绿色建筑、节能设备、废物管理等。

第五节　信息与金融驱动

一、信息驱动

(一)供应链信息系统的选择与实施

供应链信息系统是供应链管理中的关键组件,用于支持、自动化和优化供应链各环节的操作和决策。选择和实施合适的供应链信息系统至关重要,能够降低成本提高效率和竞争力。如何选择合适的供应链信息系统,需要充分分析需求、评估功能、评估技术、评估供

应商、考虑成本、试用和测试。当选择一个合适的供应链信息系统后,需要的实施步骤主要包括:

(1)项目团队。建立一个跨职能的项目团队,包括业务用户、IT 专家和供应商代表。

(2)实施计划。制订一个详细的实施计划,包括时间表、资源分配、里程碑和风险管理。

(3)数据迁移。从旧系统中迁移数据到新系统,确保数据的准确性和完整性。

(4)系统配置。根据业务需求配置系统参数和设置。

(5)集成考虑。确保供应链信息系统与其他系统(如 ERP、CRM 等)的集成和数据交互。

(6)培训。为用户提供系统培训,确保他们能够有效地使用新系统。

(7)试运行。在正式启用之前,进行测试运行,确保所有功能都能正常工作。

(8)持续支持和优化。在系统上线后,确保有足够的技术支持,并根据业务发展进行持续优化。

选择和实施供应链信息系统是一个复杂的过程,需要多部门的合作和细致的计划。只有选择适当的系统并正确实施,才能充分发挥其价值,以保障供应链的顺畅运作。

(二)供应链可见性与数据分析

供应链可见性和数据分析是供应链管理中的两个关键组成部分。它们提供了对供应链操作的深入了解,并有助于更好地决策、风险管理和优化。

1. 供应链可见性

供应链可见性指的是在供应链的各个环节中,对物流、库存、生产、采购和销售等关键信息的透明度和实时访问能力。它的重要性在于:对突发事件(如供应中断或需求突增)作出迅速响应;更好地理解需求和供应情况,从而降低安全库存;提高客户满意度,准时交货并提供订单的实时状态。为了实现供应链的可见性,常使用多种技术,如物联网、RFID、GPS 追踪、云计算等。同时,需要供应链协同,供应商、物流服务提供者和其他合作伙伴的信息共享。

2. 数据分析

数据分析在供应链管理中的应用涉及从大量的数据中提取有价值的洞察,以指导策略和操作。数据分析中的关键指标包括订单准时率、库存周转率、供应链成本、供应中断率等。数据分析的方法包括描述性分析、诊断性分析、预测性分析和规范性分析。使用的工具和技术包括数据挖掘、机器学习、人工智能、模拟和优化算法等。能够应用于需求预测、库存优化、路线优化、供应风险管理等场景。

供应链可见性为组织提供了实时的供应链状态,而数据分析为组织提供了深入的洞察和指导。结合这两个组件,企业可以更好地理解其供应链,做出明智的决策,并不断提高其供应链性能。

（三）供应链的数字化与自动化

1. 数字化

供应链的数字化是利用数字技术和解决方案将供应链的各个环节进行集成、优化和创新的过程。随着技术的迅速发展，供应链数字化已成为提高效率、降低成本和提高竞争力的关键手段。

供应链数字化的主要组成部分：

（1）数据集成。目的：创建一个统一的、真实的数据源，确保数据在供应链的各个环节都是一致的。技术：云计算、ERP（企业资源规划）系统、数据湖和APIs。

（2）高级数据分析。目的：从海量数据中提取有价值的洞察和趋势，支持决策。技术：大数据分析、人工智能、机器学习、预测分析。

（3）实时监控与追踪。目的：实时了解供应链的状态，提高响应速度。技术：物联网、RFID、GPS和智能传感器。

（4）数字孪生。目的：模拟供应链的实际操作，以进行优化和预测。技术：3D建模、仿真和分析工具。

（5）自动化与优化。目的：减少手工操作，提高供应链的速度和效率。技术：RPA（机器人流程自动化）、AI驱动的优化工具。

（6）无纸化操作。目的：减少纸质文件，提高数据处理速度和准确性。技术：数字化文档、电子签名和区块链。

（7）供应链协作平台。目的：加强与供应商、客户和其他合作伙伴的沟通和协作。技术：供应链管理系统、协作工具和社交媒体平台。

利用供应链数字化的优势，可以提供更好的决策支持、提高效率和透明度、降低成本。当前，供应链数字化面临的挑战包括：技术投资，数字化可能需要昂贵的技术和工具；数据安全和隐私，集中和共享数据可能带来一系列安全和隐私问题；技术和文化转型，可能需要对员工进行培训，以适应新的数字化工作方式；数据质量问题，数字化只有在数据准确和高质量的情况下才能发挥最大效益。总的来说，供应链数字化为企业带来了无数的机会，但成功的转型需要深入的技术和策略规划以及持续的执行和优化。

2. 自动化

供应链的自动化涉及使用技术和软件解决方案来自动执行和管理供应链中的任务和流程。目的是减少人为干预，提高效率，降低错误率并提高整体供应链的可预测性和稳定性。供应链自动化的主要组成部分如下：

（1）订单处理自动化；

（2）仓储和物流自动化；

（3）运输管理自动化；

（4）采购和供应管理自动化；

（5）财务流程自动化；

（6）客户服务自动化。

供应链自动化可以促进效率提升、减少错误、降低成本、提高响应速度、数据驱动的决策。当前供应链自动化面临着诸多挑战，包括：技术投资，完整的供应链自动化可能需要昂贵的初步投资；技术依赖，过度依赖技术可能导致在技术故障时出现供应链中断；员工反抗，自动化可能导致工作流程的改变和岗位的减少，可能会遭到员工的反对；持续的维护和升级，技术和市场的变化要求企业不断地更新和维护自动化系统。总的来说，供应链自动化为企业提供了提高效率和准确性的机会，但也带来了投资和管理方面的挑战。为了充分发挥自动化的优势，企业需要进行深入的规划和持续的评估。

二、金融驱动

（一）供应链的总成本结构

供应链的总成本结构通常由多个部分组成。了解这些成本对于制定有效的供应链策略和实践至关重要。供应链的成本主要由以下几部分组成，如表 2-5 所示。

表 2-5　供应链成本的主要组成部分

成本种类	说明
采购成本（直接材料和服务的成本）	原材料、部件和组件的价格； 供应商的管理和交易成本； 质量保证和检验的成本
生产成本	直接劳动成本； 间接劳动成本（管理、维护、工程等）； 制造设备和工具的折旧； 能源和工厂设施的成本
库存成本	资金持有成本（资本成本、机会成本）； 存储空间、仓储设施和物料搬运设备的成本； 库存的损耗、损坏和过时的成本； 库存管理、追踪和重新订货的系统成本
运输和配送成本	货物运输的直接费用（如运费）； 保险、关税和税收； 载具的折旧和维护成本； 运输管理和运营的成本

续表

成本种类	说明
信息技术成本	供应链管理系统（如 ERP、WMS、TMS 等）的购买、实施和维护成本； IT 基础设施和网络的成本； 数据分析、报告和 KPI 跟踪的成本
客户服务成本	客户服务部门的运营成本； 售后支持和维修的成本； 退货和退款处理的成本
品质管理和合规成本	产品和流程质量检查的成本； 对不合格产品纠正措施的成本； 合规性检查和审计的成本
失效成本	由于供应中断、质量问题或其他失误导致的损失销售、额外费用或罚款； 争端解决和诉讼的成本

表 2-5 中这些成本都可以进一步细化，并可因不同的行业、企业和地区而异。理解和优化这些成本是供应链管理的核心部分，以实现更高的效率和更大的盈利。

（二）投资回报率

投资回报率（Return on Investment，ROI）是评估投资效益的常用指标，用于测量投资的盈利或损失与其原始成本之间的关系。在供应链环境中，ROI 用于衡量供应链相关投资的经济效益，帮助公司确定哪些投资是最有益的。如何计算供应链 ROI，公式如下所示：

$$ROI = 供应链投资成本（净利润-供应链投资成本）\times 100\%$$

其中，净利润是从供应链投资中获得的盈利（或节省）。供应链投资成本是为供应链项目或改进所投入的资金。

供应链中的 ROI 具有诸多重要性，例如可以优化资源分配、衡量绩效、提供决策依据、提高供应链价值。供应链中可能影响 ROI 的因素包括：技术投资，例如，引入新的供应链管理系统、自动化设备或物联网技术所需的投资；培训和教育，为员工提供新技能或知识，以更好地执行供应链任务；流程改进，如精益供应链、持续改进计划或其他运营卓越计划；供应链合作，与供应商或客户建立更紧密的合作关系，以优化供应链流程；市场变动，如需求波动、供应中断或外部经济因素；供应链风险管理，投资用于减少供应链中的风险，例如选择备用供应商、备用运输方式或其他冗余措施。

（三）现金流管理

现金流管理在供应链中是一个关键领域，因为它涉及企业如何有效、高效地管理资金流入和流出,以维持日常运营、满足财务承诺,并确保企业的长期生存和发展。供应链的现金流管理涉及从原材料的采购到产品的生产、存储和最终销售的整个过程。以下是供应链中现金流管理的关键方面:

(1)营运资本管理。确保企业有足够的现金来支持其日常运营。这包括管理应收账款(客户欠款)、应付账款(给供应商的欠款)和存货。

(2)供应链融资。使用供应链资产或交易作为抵押来获得融资。例如,通过应收账款融资或预付款来获得现金。

(3)支付条款的谈判。与供应商和客户进行支付条款谈判,以优化现金流,例如,延长付款期限或获得现金折扣。

(4)库存管理。通过减少库存或提高库存周转率来释放资金。

(5)现金流预测。预测短期和长期的现金流入和流出,以帮助企业做出投资、融资和运营决策。

(6)供应链风险管理。识别和缓解可能影响现金流的供应链风险,如供应中断、需求波动或汇率波动。

(7)技术和自动化。使用技术解决方案,如供应链管理系统、电子数据交换(EDI)和区块链,来实现自动化交易和支付流程,提高现金流的透明度和效率。

(8)供应链金融解决方案。如供应链金融平台和解决方案,可以帮助供应商提前获得应收账款,而买方则可以延长支付期限,从而优化整个供应链的现金流。

(9)供应商和客户的关系管理。建立与供应商和客户的强大合作关系,以支持更好的信用条款、更低的成本和更高的支付可靠性。

(10)优化税务和关税。确保合理、有效地管理税收和关税,以减少不必要的现金流出。

现金流是企业的生命线,对于企业的重要性不言而喻,特别是在经济不景气或竞争激烈的时期。供应链中的有效现金流管理可以提高企业的财务稳健性,提高其对外部风险的抵御能力,并为企业的增长和创新提供资金支持。

第六节　风险与可持续性驱动

一、风险管理驱动

(一)供应链的脆弱性和抗压能力

供应链的脆弱性和抗压能力是供应链管理中的两个关键概念,它们决定了一个供应链在面对各种风险和冲击时的稳定性和恢复能力。

1. 脆弱性

供应链脆弱性是指供应链在面对潜在风险和干扰时的易受伤害性或敏感性。某些供

应链因其设计、结构或操作特性而比其他供应链更容易受到外部或内部风险的影响。脆弱性的来源包括:

(1)单一供应来源。依赖单一供应商或地区可能导致供应中断。

(2)复杂的供应链结构。多级供应商和分布广泛的地理位置增加了管理复杂性和风险暴露。

(3)低存储量。为降低成本,采用精益库存策略可能导致在供应中断时缺乏足够的备用库存。

(4)不透明性。缺乏供应链的可视性会使识别和管理风险变得困难。

(5)缺乏灵活性。僵化的运营模式和长期的合同限制了供应链的适应性。

(6)外部风险。如自然灾害、政治不稳定、关税和经济变动等。

2. 抗压能力

供应链抗压能力是指供应链在面对风险和冲击时的能力,包括其防御、响应和恢复的能力。一个具有高度抗压能力的供应链可以快速适应变化、恢复正常运营并减少经济损失。提高供应链抗压能力的策略包括:

(1)多元化供应。不仅仅依赖于一个供应商或地区,而是分散风险。

(2)提高透明性。通过技术如供应链管理系统或物联网技术来提高供应链的可见性。

(3)灵活的合同条款。与供应商和客户谈判灵活的合同,以应对变化。

(4)备选计划。为可能的供应链中断制定备选方案和应急计划。

(5)持续的风险评估。定期评估供应链的风险并采取适当的缓解措施。

(6)培训和教育。确保团队了解风险管理的最佳做法,并为可能的干扰做好准备。

(二)风险识别、评估和缓解策略

风险管理是供应链中的一个关键组成部分,以确保供应链的顺畅运作和企业的成功。供应链风险管理主要包括风险识别、风险评估和缓解策略三个阶段。

1. 风险识别

识别是风险管理过程中的第一步。这涉及确定哪些事件可能对供应链产生不利影响。常见的供应链风险包括:

(1)供应风险。供应商可能因为各种原因无法按时交货。

(2)需求风险。客户需求可能发生突然变化,导致需求过多或过少。

(3)生产风险。生产过程中可能出现原料中断或质量问题。

(4)物流风险,运输中的延误、损失或损坏。

(5)环境风险。如自然灾害、政治不稳定、关税变化等。

(6)技术风险。信息系统的故障或攻击。

(7)宏观经济风险。经济衰退、通货膨胀、货币汇率波动等。

2. 风险评估

一旦风险被识别,下一步是评估这些风险的可能性和影响。在评估过程中,需要考虑可能性,即某事件发生的可能性是多少。还需要考虑影响,如果这一事件发生,对供应链和业务的影响会有多大。通常,风险可以使用二维矩阵进行评估,其中一个轴表示可能性,另一个轴表示影响。这有助于确定哪些风险是最需要关注和管理的。

3. 缓解策略

识别并评估风险后,组织应制定策略来降低或消除这些风险。常见的缓解策略包括:

(1)多元化供应。依赖多个供应商,避免因某一供应商出现问题而导致供应中断。

(2)备用计划。对关键组件或物料建立安全库存。

(3)合同管理。与供应商签订灵活的合同,以应对不确定性。

(4)提高供应链的透明性。使用技术来提供实时的供应链可见性,如供应链管理软件或物联网。

(5)应急计划。为可能的中断制订明确的应急计划。

(6)风险转移。通过合同条款或保险来转移某些风险。

(7)持续监控和评估。定期审查和更新风险评估,确保始终都能关注到最关键的风险。

(三)供应链中断的应急响应

供应链中断的应急响应是指当供应链发生中断或破裂时,企业如何快速、有效的应对,以恢复供应链的正常运作,确保继续满足客户需求并减少经济损失。应急响应主要包括8个方面的内容,分别是:

1. 预先规划

在发生中断之前,企业应建立应急响应计划。识别关键供应链节点和潜在的风险点;定义可能的中断场景及其影响;设计具体的响应策略和行动步骤。

2. 实时监控

通过使用先进的供应链管理系统、物联网设备和其他技术手段,企业可以实时监控供应链的运作,及时发现并响应任何中断。

3. 快速评估

一旦中断发生,首先要做的是评估其影响程度,包括影响的范围、预期的持续时间和可能对业务造成的损害。

4. 启动应急响应

基于预先规划的应急响应计划,迅速启动相应的行动步骤。这可能包括启用备用供应商、转移生产线、调整库存策略等。

5. 与关键利益相关者沟通

确保与所有关键利益相关者,如供应商、客户、员工和股东,进行及时的沟通。提供准确的信息,管理他们的期望,并寻求他们的支持和合作。

6. 恢复供应链的运作

采取所有必要的措施,如加班、临时雇佣工人、寻求第三方物流支持等,以尽快恢复供应链的正常运作。

7. 后续评估和修复

一旦应急响应完成,应对整个事件进行详细的回顾和分析,确定导致中断的原因,并采取措施防止未来再次发生类似事件。

8. 更新应急响应计划

基于最新的经验,不断更新和完善应急响应计划,确保其始终与当前的供应链环境和风险状况保持一致。

二、可持续性驱动

(一)环境责任和可持续供应链

环境责任和可持续供应链已成为现代企业战略的核心组成部分。面对全球气候变化、资源短缺和社会对企业环境责任的不断增长的期望,采纳可持续供应链不仅有助于保护地球环境,还可以为企业带来竞争优势、提升品牌形象和盈利能力。

环境责任是企业对其运营、产品和服务对环境产生的影响负有的责任。可持续供应链是确保供应链各环节的操作旨在减少对环境和社会的负面影响,同时实现经济效益。如何在实践过程中保证可持续供应链,需要供应商评估与选择、减少资源消耗、绿色采购、再生和循环利用等策略的支持。在其中所运用的技术与工具包括生命周期评估(LCA)、碳足迹计算、绿色物流等。

可持续供应链会带来提升品牌声誉和客户忠诚度、降低运营成本、减少环境风险、满足法规和标准要求等益处,但同时,也会出现需要前期投资、面临供应中断的风险、需要培训和文化冲突等风险。许多领先企业已经采纳了可持续供应链,并在此过程中获得了经济和品牌利益。

随着技术的发展,企业有更多的机会追踪和优化其供应链的可持续性。同时,政府和消费者的压力也将推动更多企业采纳可持续供应链实践。总之,环境责任和可持续供应链实践不仅是道德上的责任,也是企业长远成功的关键要素。

(二)社会责任和合规性

供应链的社会责任和合规性是近年来供应链管理中的热点议题。随着消费者对品牌和产品的透明度和道德标准的日益关注,企业越来越意识到其供应链的社会责任和合规性对于其声誉、运营和财务都至关重要。

社会责任指企业在其商业活动中,除了追求经济利益外,还应考虑其对社会和环境的影响,并采取相应措施确保其活动对社会和环境有益或至少不造成伤害。合规性是能确保企业及其供应链伙伴遵守所有相关的法律、法规和行业标准,主要领域包括劳工权益、反贪污和反腐败、健康与安全、环境保护等方面。在现实中事件运用,常用策略包括:

(1)供应商审计。定期评估供应商的社会责任和合规性表现。

(2)培训与教育。为员工和供应商提供有关社会责任和合规性的培训和教育。

(3)第三方认证。采用国际公认的社会责任和合规性标准,如 SA8000 或 ISO26000。

(4)持续改进。根据审计和评估的结果,制订并实施改进计划。

供应链的社会责任和合规性能够带来良好的社会责任和合规性表现,可以提升品牌形象、提高客户忠诚度、开拓新的市场机会并提高员工士气等,同时,也具有因未能遵循社会责任和合规性导致法律纠纷、罚款、品牌声誉受损和销售下降等风险。许多大公司,如阿里巴巴,已经实施了严格的供应链社会责任和合规性计划,并与其供应商紧密合作,以确保遵循最高的道德和合规标准。

随着技术的进步,如区块链和人工智能,企业有更多的机会追踪和监控其供应链的社会责任和合规性。同时,由于消费者、投资者和政府的日益关注,预计对供应链的社会责任和合规性的要求将进一步增加。

(三)企业声誉和品牌形象

企业声誉和品牌形象在供应链管理中起着至关重要的作用。这两者不仅影响消费者的购买决策,还可能影响合作伙伴的选择、投资者的决策、公司的股价以及其在全球市场中的竞争地位。

企业声誉是企业过去行为和绩效的总和,通常与企业的道德、社会责任、产品和服务的质量以及与各利益相关者的关系有关。

品牌形象是消费者心目中对某品牌的总体印象和感知,通常与广告、市场营销、产品设计和品牌识别有关。

两者在供应链中影响产品质量与安全、可持续供应链、供应链透明度、供应商行为。在现实实践中,常运用以下策略:

(1)供应商管理。确保供应商遵循公司的道德和社会责任准则,定期进行供应商审计和评估。

(2)危机管理。制定应对产品召回、供应链中断或其他危机情况的策略和流程。

(3)持续沟通。与消费者、合作伙伴和其他利益相关者保持开放和透明的沟通,及时分享有关供应链的信息。

(4)品牌建设。投资于品牌广告和市场营销,确保品牌信息的一致性和正面形象。

存在的风险包括供应链问题,如产品质量、环境影响或劳工问题,可能导致消费者的不信任,从而影响销售和市场份额。通过可持续、道德和社会责任的供应链实践,企业可以提升其声誉,吸引更多的消费者、合作伙伴和投资者。许多国际大公司已经认识到供应链管理对其声誉和品牌形象的重要性,并采取了相应的策略和实践。

第七节 外部环境与人力资源驱动

一、外部环境驱动

（一）宏观经济因素

供应链受到许多宏观经济因素的影响,这些因素可能会影响供应链的运营、成本、可用性和效率。企业应持续监测这些因素,以及其对供应链的潜在影响,并制定相应的策略来应对不确定性和风险。以下是一些主要的宏观经济因素及其对供应链的影响:

（1）经济增长率。一个国家的经济增长率可以影响其消费者的购买力,从而影响产品的需求和供应链的规模。

（2）汇率变动。汇率的变动会影响跨境交易的成本。对于全球供应链而言,汇率的波动可能导致进口产品的成本上升或下降。

（3）利率。利率的变动会影响企业的融资成本。高利率可能导致企业减少存货和投资,而低利率可能鼓励企业增加存货和扩大生产。

（4）通货膨胀。通货膨胀会导致货币的购买力下降,进而增加生产和物流的成本。

（5）政府政策和法规。税收、关税、环境法规、劳工法和其他政府政策都可能影响供应链的成本和运营。

（6）全球化与贸易协定。全球化和贸易协定可能导致供应链的再配置,以利用不同地区的成本优势。

（7）资源和能源价格。例如,油价的上涨可能会增加运输成本,而原材料价格的波动则可能影响生产成本。

（8）技术进步。新技术可能会改变生产和分销的方式,使供应链变得更加高效。

（9）劳动力市场。劳动力的供应和需求、工资水平和劳动技能都可能影响供应链的效率和成本。

（10）地缘政治风险。如战争、内乱或经济制裁,可能导致供应链中断。

（11）环境和气候变化。自然灾害、气候变化和环境政策都可能影响供应链的稳定性和成本。

（12）社会和文化因素。消费者偏好、文化习惯和社会价值观都可能影响产品的需求和供应链的设计。

（二）政策与法律法规

供应链在其运作中会受到多种政策和法律法规的影响。这些法规不仅来自供应链所在的国家,还可能来自供应链涉及的其他国家,特别是在全球化供应链中。供应链管理者需要对相关的政策和法规保持高度关注,并确保其供应链活动的合规性,违反这些法规可能会导致罚款、法律诉讼和品牌声誉的损失。以下是影响供应链的主要政策和法律法规因素。

1. 关税与贸易政策

关于进口和出口商品的税收。随着全球贸易协定的达成,许多商品的关税可能会降低或取消,但在某些情况下,如贸易战,关税可能会增加。

影响:关税变化会影响商品的进口和出口成本,从而可能导致供应链重新配置。

2. 环境法规

关于企业在生产过程中的排放、废物处理和资源使用的法规。

影响:可能导致生产成本上升,但也可能为企业提供绿色供应链和可持续性方面的机会。

3. 劳动法和工会法规

规定工资、工作时间、工作条件和工会权利的法规。

影响:这可能会增加劳动成本和影响员工生产率。

4. 产品标准和质量法规

规定商品必须符合的安全和质量标准。

影响:可能导致生产成本增加,并需要进行额外的质量检查和测试。

5. 知识产权法

关于专利、商标和版权的法规。

影响:可能影响产品的设计、生产和销售,以及与供应商和分销商的合同条款。

6. 交通和物流法规

规定货物运输的规则和标准。

影响:这可能会影响运输成本、时间和供应链的可靠性。

7. 食品和药物安全法规

规定食品和药物生产、存储和销售的标准和程序。

影响:可能导致生产和分销成本上升,以及更高的监管合规风险。

8. 数据保护和隐私法规

关于个人数据的收集、存储和使用的法规。

影响:可能影响供应链中的信息系统和客户关系管理。

9. 反垄断和竞争法

旨在避免市场上的不公平竞争和垄断行为。

影响:可能限制与供应商或分销商的合同条款和定价策略。

10. 国际合规法规

例如美国的《外国腐败行为法》(FCPA),规定在国外做生意时的行为规范。

影响:可能导致供应链中更多的监管合规和风险管理。

(三)社会和文化因素

供应链活动是在全球范围内进行的,因此会受到各种社会和文化因素的影响。这些因素可能会影响供应链的设计、操作和管理方式。供应链管理者需要对这些社会和文化因素有深入的了解,并在供应链策略和操作中考虑它们。只有这样,供应链才能有效地满足全球市场的需求并充分利用国际机会。以下是影响供应链活动的主要社会和文化因素:

1. 消费者价值观和期望

不同的文化背景下,消费者的价值观、信仰和期望都是不同的。例如,某些文化可能更重视产品的可持续性,而其他文化可能更看重品牌。

影响:供应链必须满足不同市场上的消费者需求,这可能需要定制产品、包装或市场策略。

2. 商业道德和礼仪

不同的文化有不同的商业道德和礼仪。例如,商务洽谈和合同签署的方式可能因国家而异。

影响:供应链经理需要了解和尊重与国际供应商和客户打交道时的这些差异,以建立并维护良好的商业关系。

3. 工作文化和习惯

各国的工作时间、假期、工作习惯和工作效率可能会有所不同。

影响:这可能会影响供应链的操作效率和响应时间。

4. 社会结构和角色

在某些文化中,如何与年长者、性别或社会阶层打交道可能会有特定的规范和期望。

影响:这可能会影响人员的招聘、培训和管理策略。

5. 语言和沟通方式

沟通方式、语言和解释可能会因文化而异。

影响:可能需要翻译和培训,以确保有效沟通。

6. 教育水平和专业技能

不同国家和地区的教育制度和培训机会可能会导致人才的质量和数量有所不同。

影响:这可能会影响供应链的人才招聘和发展策略。

7. 法律和政治环境

虽然这不是纯粹的社会和文化因素,但每个国家的法律和政治环境都是受其历史、文化和社会结构影响的。

影响:供应链可能需要应对不同的法律要求、税收制度和政治稳定性。

8. 节日和庆典

不同文化的节日和庆典可能会影响生产和消费模式。

影响:例如,中国的春节或印度的排灯节可能会导致供应中断或需求激增。

(四)技术和创新趋势

技术和创新持续地改变和塑造供应链管理。随着技术的不断进步,供应链管理者必须不断适应新的技术趋势,以保持竞争力并为客户提供最佳的服务和价值。以下是当前和预期的技术和创新趋势,它们对供应链有着重要影响。

1. 物联网(IoT)

IoT 指的是通过网络互相连接的物理设备,如传感器、智能手机和嵌入式系统。

影响:IoT 增加了对供应链中的实时数据和分析的访问,从而提高了可见性和效率。例如,温度传感器可以在整个运输过程中监控冷藏产品。

2. 人工智能和机器学习

这些技术使机器能够模拟人类思维过程,并从数据中学习。

影响:AI 和 ML 可以用于需求预测、库存优化、自动化客户服务等供应链领域,从而提高精确性和效率。

3. 区块链

一种分布式记账技术,可以创建一个不可篡改的交易记录。

影响:区块链可以提高供应链的透明度、安全性和可追溯性,尤其是在食品安全和产品真实性方面。

4. 自动化和机器人技术

使用自动化和机器人系统来执行重复或物理性工作。

影响:在仓库管理、拣选、包装和运输等领域大大提高了效率和准确性。

5. 增强现实(AR)和虚拟现实(VR)

这些技术为用户提供了增强或完全模拟的现实体验。

影响:AR 和 VR 可以用于培训、产品设计和远程协作,从而提高供应链的灵活性和效率。

6. 数字孪生

创建物理对象的数字副本或模型。

影响:数字孪生可以用于模拟、预测和优化供应链操作,从而降低风险和提高效率。

7. 无人驾驶车辆和无人机

这些技术使车辆和无人机能够在没有人类干预的情况下独立运作。

影响:无人驾驶技术可以在运输和配送领域提高效率和安全性,尤其是在"最后一公里"配送方面。

8. 3D 打印

一种制造技术,可以根据数字模型直接创建物体。

影响:3D 打印可以实现本地化生产、定制生产和降低库存成本。

9. 可持续性和循环经济

越来越多的公司正在寻求更环保的供应链解决方案。

影响:推动供应链转向可再生材料、减少浪费和降低碳排放。

10. 边缘计算

数据处理发生在数据来源地,而不是在中央数据中心。

影响:这种方法可以提高供应链决策的速度和响应时间。

二、人力资源驱动

(一) 供应链人才的培训与发展

供应链管理是一个复杂、跨学科的领域,需要广泛的知识和技能。随着经济全球化和科学技术的快速发展,供应链专业人员必须不断学习以适应变化。供应链人才的培训与发展要重点关注入门培训、持续教育、技能发展、领导力培训、交叉培训、实地培训、教育伙伴关系、绩效评估与反馈、职业规划与指导、文化与价值观培训。

供应链人才的培训和发展不仅有助于提高组织的能力和竞争力,还有助于提高员工的满意度和忠诚度。通过持续的学习和发展,供应链人员可以更好地应对未来的挑战,不断为企业创新和创造价值。

(二) 团队协作与沟通

供应链管理是一个涉及多个部门、供应商、客户和其他合作伙伴的综合过程。因此,团队协作与沟通在供应链中起着至关重要的作用,它能够提高效率和生产力、增强适应性和灵活性、降低风险、加强创新、建立信任的伙伴关系、提高客户满意度、资源优化、提升供应链的透明度、加强战略对接、整合文化与价值观。

团队协作与沟通是供应链管理的基石。无论是日常运营还是应对突发事件,有效的沟通都是重中之重的。组织应该提供适当的培训和工具,以促进团队之间的协作和沟通,从而实现高效、灵活和可靠的供应链。

(三) 供应链文化和领导力

供应链文化和领导力是供应链管理中的核心因素,对供应链的效率、稳定性和可持续性产生深远的影响。一个积极的文化和强有力的领导能够提高供应链的效率、降低风险,并培养出一支专业且有才干的团队。

1. 供应链文化影响

供应链文化的影响包括:

（1）定义价值观和行为准则。供应链文化为员工提供了明确的指导,帮助他们了解组织的价值观、目标和期望的行为模式。

（2）建立信任与合作。一个积极的供应链文化可以培育互信和合作的环境,从而促进供应商、客户和内部团队之间的紧密合作。

（3）鼓励创新与改进。开放和支持的文化环境能够鼓励员工提出新的思路和解决方案,从而持续优化供应链。

（4）提高适应性和灵活性。一个灵活且以学习为导向的文化有助于供应链在面对挑战和变化时迅速调整策略。

（5）提升员工满意度和留存率。当员工感到自己是组织文化的一部分时,他们更有可能对工作感到满足并长期留任。

2. 供应链领导力影响

供应链领导力的影响包括:

（1）提供战略方向。强有力的领导者可以为供应链团队提供清晰的战略方向和目标。

（2）增强团队协作。有效的领导者能够鼓励团队成员之间的沟通和协作,确保每个人都朝着共同的目标努力。

（3）决策与执行。在供应链中,迅速且明智的决策是关键。领导者必须具备在复杂环境中做出决策的能力,并确保这些决策得到有效执行。

（4）培养和发展人才。领导者不仅要关心现有的团队成员,还要注重发掘和培养未来的领导者。

（5）应对挑战和危机。在面对供应链中断或其他危机时,领导者的冷静、果断和策略性思考能力至关重要。

（6）传递和维护文化。领导者扮演着供应链文化的守护者和传递者的角色,他们的行为和决策对于塑造和维护正确的供应链文化至关重要。

 **复习思考题**

1. 在供应链绩效管理中,为什么需要持续改进和优化?

2. 供应链绩效评价指标体系的建立应该遵循哪些原则?

3. 举例说明一种定量评价方法和一种定性评价方法,并分析它们在评价供应链绩效方面的优缺点。

4. 在设计供应链企业激励机制时,应该考虑哪些因素?

5. 讨论需求预测对供应链管理的影响,并举例说明如何通过需求管理减少供应链中的不确定性。

6. 解释生产策略（如 JIT）如何影响库存成本和生产效率。

7. 分析运输模式（如陆运、海运、空运）对供应链总成本的影响。

8. 讨论信息技术在供应链透明度和效率中的作用。

9. 评价如何通过供应链的风险管理来提高企业的社会责任和经济效益。

10. 探讨全球化和政治因素如何影响供应链策略。

 即测即评

请扫描右侧二维码，进行即测即评。

第三章　供应链网络构建与协调

❖ **本章导读**

在全球化和数字化的商业环境中,供应链网络的有效构建与协调管理对于企业的成功至关重要。本章将引导读者深入理解供应链网络的复杂性及其在企业战略中的核心地位,探讨供应链网络设计的基本原理。本章还介绍一系列供应链构建策略,并讨论供应链构建的方法。最后,本章探讨供应链失调的影响与原因,介绍供应链协调方法和供应链常用契约。通过本章的学习,读者将能够掌握供应链网络设计的基本概念和设计原则;理解不同供应链构建策略的特点和适用场景;认识到供应链协调的重要性,并学会应用相关理论和方法进行供应链协调;综合运用所学知识,解决实际供应链网络构建和协调管理中的问题。

❖ **本章关键术语**

供应链网络;供应链网络弹性;供应链协调;网络结构设计;运输模式;构建策略;牛鞭效应;双重边际效应;信息共享;供应链契约

第一节　供应链网络

本节将探讨供应链网络的重要性和方法。读者将了解到灵活的供应链网络对企业应对市场挑战和机遇的重要性,以及实现供应链弹性的关键方法和工具。

一、供应链网络概述

（一）供应链网络定义及特点

供应链网络是一个复杂而相互关联的系统,涉及多个组织和过程,旨在高效地生产和分发产品。供应链网络是供应链系统中多个企业通过业务关系相互联系而形成的网络结构。它涵盖了从原材料采购、生产加工、产品分销到最终消费者的所有环节。供应链网络的关键组成部分包括供应商、生产商、分销商、零售商、物流服务提供商和信息技术系统。供应链网络的成功运作依赖于各个参与者之间的有效沟通和协调。

供应链网络是由与核心企业相连的成员组织构成的,这些组织直接或间接与他们的供应商或客户相连,从起始端到消费端。供应链网络是供应链管理的一种新型组织形式。它强调企业之间的合作与协同,以实现供应链整体的优化和效率提升。供应链网络的概念包括以下几个关键点:

(1)供应链网络是一个动态的、复杂的系统,需要不断调整和优化以适应市场和环境的变化。企业需要具备灵活性和敏捷性,以便在供应链网络中快速响应市场需求和变化。

(2)供应链网络中的各个企业需要建立长期的战略合作关系,以实现共同的目标和利益。这种合作关系不仅限于业务层面,还包括技术、管理、人力资源等多个方面。

(3)供应链网络的成功运作依赖信息技术的支持,如物联网、大数据和人工智能,以实现各个环节的实时监控和协调。这些先进技术有助于提高供应链的透明度、预测性和灵活性。

(4)供应链网络需要关注可持续性,包括环境、社会和经济三个方面。企业需要关注环境影响,提高资源利用率和降低废弃物的产生,同时实现经济效益和社会责任目标。可持续性管理有助于提高企业的品牌形象和市场竞争力。

(5)供应链网络中的各个企业都需要关注人力资源方面的管理和培训,以提高员工的工作效率和忠诚度。企业需要关注员工福利、工作满意度和职业发展,以建立高效的团队。

供应链网络在全球化背景下具有重要意义。企业需要关注地理位置、运输成本和贸易政策等因素,以建立最优的供应链布局。在实际应用中,企业可以采用多种策略来优化供应链网络,如供应商管理、库存优化、物流协同、需求预测等。根据自身情况和市场环境,选择合适的策略和方法,以实现供应链网络的高效运作。

(二)供应链网络组成

供应链网络是一个涉及多个企业通过业务关系相互联系而形成的网络结构。供应链网络的组成包括供应链成员、网络结构变量、供应链工序连接方式、供应链策略和供应链理论体系五个关键部分。

1. 供应链成员

供应链网络中的各个企业,如供应商、生产商、分销商、零售商、物流服务提供商等,共同构成了供应链成员。这些企业通过业务关系相互联系,形成了一种复杂而相互关联的系统。企业需要关注供应链成员之间的合作关系和协同效应,以实现供应链网络的高效运作。在实际应用中,企业可以采用长期战略合作、业务流程优化等方法,提高供应链成员之间的协同性和信任度。

2. 网络结构变量

供应链网络的结构变量包括企业之间的联系强度、合作程度、信任水平等。这些变量影响着供应链网络的稳定性和协同性,企业需要关注和优化这些变量,以实现供应链网络的高效运作。在实际应用中,企业可以采用网络分析、信息共享等方法,提高供应链网络的透明度和协同性。此外,企业还需要关注供应链网络的非线性关系和不确定性,采用先进的信息技术和管理方法,应对这些挑战。

在描述、分析和管理供应链时,有三种最重要的供应链网络结构,它们分别是水平结构、垂直结构和供应链范围内核心企业的水平位置,由此构成了供应链网络的三维结构。水平结构是指供应链范围内的层次数目。供应链可能很长,拥有很多层,或很短,层次很少。垂直结构是指每一层中供应商或顾客的数目。一个公司可能有很窄的垂直结构,也就是说每一层供应商或客户的数目很少。供应链范围内核心企业的水平位置是指核心企业能最终被定位在供应源附近、终端客户附近或供应链终端节点间的某个位置。

3. 供应链工序连接方式

供应链网络中的各个企业之间存在着不同的连接方式,如直线连接、环形连接、网状连接等。这些连接方式影响着供应链网络的灵活性和敏捷性,企业需要根据自身情况和市场环境选择合适的连接方式。在实际应用中,企业可以采用模块化设计、平台化战略等方法,提高供应链网络的灵活性和适应性。此外,企业还需要关注供应链网络的动态变化,采用实时监控和协调等方法,实现供应链的动态优化和高效运作。

4. 供应链策略

供应链网络中的各个企业需要制定和执行合适的供应链策略,如采购策略、生产策略、库存策略、分销策略等。这些策略影响着供应链网络的整体性能和竞争优势,企业需要根据市场环境和客户需求不断调整和优化这些策略。在实际应用中,企业可以采用需求预测、风险管理等方法,提高供应链策略的稳定性和有效性。此外,企业还需要关注供应链策略的可持续性,如环境影响、社会责任等,以实现企业的长远发展和社会责任目标。

5. 供应链理论体系

供应链网络的成功运作需要建立在一套完整的供应链理论体系之上,包括供应链管理的基本原理、方法和技术。企业需要学习和掌握这些理论,以提高供应链网络的运作效率和管理水平。在实际应用中,企业可以采用培训、研究和合作等方法,提高员工的供应链知识和技能。此外,企业还需要关注供应链理论体系的创新和发展,如新兴技术、管理理念等,以应对供应链网络的挑战和机遇。综上所述,供应链网络的组成要素和管理策略十分重要。在实际应用中,企业需要根据自身情况和市场环境,选择合适的组成要素和管理策略,以应对供应链网络的挑战和机遇。

(三)供应链网络特性

供应链网络特性是指构成供应链网络的各个节点企业所具有的特征和属性,这些特性对于供应链网络的整体运作和绩效具有重要影响。接下来从多个角度具体介绍供应链网络的特性。

1. 供应链网络具有复杂性

供应链网络是由多个节点企业通过业务关系相互连接而形成的一个复杂网络结构,每个节点企业都有自己的业务流程和决策系统。这种复杂性使得供应链网络的管理和优化变得困难,需要采用系统的思维和方法进行分析和设计。

2. 供应链网络具有动态性

供应链是一个动态的过程,涉及采购、生产、物流和销售等多个环节。市场环境和客户需求的变化使得供应链网络具有动态性,需要不断地调整和优化以适应变化的环境。

3. 供应链网络具有灵活性

灵活性是指供应链网络能够快速适应市场需求和变化,包括产品种类、数量和交付时间等方面的灵活性。

4. 供应链网络具有敏捷性

敏捷性则强调供应链网络的快速反应能力和决策能力,以应对市场的变化和不确定性。在当前快速变化的市场环境中,原材料价格和政策随时会调整,各种信息要素的改变随时会对库存和生产带来挑战。

5. 供应链网络具有层次性、多级性和交叉性

在供应链网络中,节点企业既是这个供应链的成员,同时又是另一个供应链的成员,众多的供应链形成交叉结构,增加了协调管理的难度。即供应链网络的层次性、多级性和交叉性。

6. 供应链网络存在核心企业

在供应链网络中,存在核心企业,核心企业是供应链中各个企业信息、资金、物流运转的核心。

7. 供应链网络具有响应性

供应链网络的形成、存在、重构都是基于一定的市场需求而发生的,并且在供应链的运作过程中,客户的需求拉动是供应链中信息流、产品(服务)流、资金流运作的驱动源。

8. 供应链网络具有协调与合作性

供应链网络中的各个组织之间需要进行紧密的合作和协调,以实现资源的共享、信息的流通和风险的共担。通过协同与合作,供应链网络可以实现资源的优化配置,提高生产效率和降低成本。同时,协同与合作还可以提高供应链网络的稳定性和抗风险能力,以应对外部环境的变化和挑战。

9. 供应链网络具有信息共享与可见性

供应链网络中的各个组织需要共享实时的信息和数据,以便更好地进行决策和协调。通过信息共享和可见性,供应链网络可以使信息更加透明和准确,减少信息的滞后和失真,提高决策的准确性和效率。同时,信息共享和可见性还可以加强供应链网络的协同作业和风险管理能力,提高整体的运作效率和竞争力。

10. 供应链网络具有创新与技术应用的特性

随着信息技术的快速发展和应用,供应链网络可以借助云计算、大数据、物联网等技术手段,实现供应链的数字化和智能化。通过创新和技术应用,供应链网络可以实现生产和

物流的精细化管理,提高运作效率和质量。同时,创新和技术应用还可以促进供应链网络的协同创新和合作创新,推动整个供应链网络的协同发展和共同进步。

(四)供应链网络类型

在现代企业运营中,企业的成功在很大程度上依赖于其供应链网络的高效管理。而供应链网络根据产品特性、市场需求、成本考量和企业战略目标大致可以分为直接配送网络、分销中心网络和混合网络等类型。这些网络类型的选择和优化是供应链网络管理中的核心内容,会直接影响企业的竞争力和市场响应能力。

1. 直接配送网络

直接配送网络是一种将产品直接从生产地运送到消费者或终端零售商的模式,它适合于需求大且分布范围广的产品。这种模式跳过了传统分销渠道的中间环节,带来物流成本的节约和交货速度的提升。此外,制造商还能更好地控制产品质量和运输过程。然而,要采用这一模式需要制造商具备足够的物流设施和运输管理能力来应对广泛的配送任务。比如,戴尔公司采取直接配送网络,允许消费者在线定制电脑并直接配送到消费者手中,这样既降低了库存持有成本,又提高了客户满意度。

2. 分销中心网络

分销中心网络适用于需要集中处理、大规模仓储和本地化分发的产品。在这种模式下,所有产品被运送到分销中心,然后再由分销中心向各个零售点或直接向客户分发。通过集中库存和批量运输,企业能够实现规模经济,降低单位产品的物流成本。同时,分销中心还可以提供额外的服务,如产品装配、定制化服务等。不过,建立和维护分销中心在初期需要较大的投资,也存在库存积压的风险。例如,沃尔玛利用其分销中心网络高效地管理商品流通,降低了成本并提高了配送速度。

3. 混合网络

混合网络结合了直接配送网络的快速高效和分销中心网络的规模经济优势。企业可以根据具体的市场状况和产品特性,灵活运用直接配送或分销中心存储与分发的组合方式。这种网络提供了高度的适应性和灵活性,使企业能够应对多变的市场环境和多样化的客户需求。然而,管理一个复杂的混合网络结构,需要先进的信息系统和综合的物流规划能力。亚马逊就采用了混合网络,结合大型分销中心和直接配送网络,实现了对不同产品的高效配送服务。

二、供应链网络设计

(一)影响供应链网络设计的因素

1. 战略因素

企业的竞争战略对供应链网络设计决策有着重要的影响。战略因素是指企业在进行供应链网络设计时所考虑的长期发展目标和业务策略。这些因素包括企业的市场定位、业务模式、成长策略以及合作伙伴关系。战略因素将影响供应链网络的布局、规模和运作方式,从而影响企业的竞争力和盈利能力。例如,关注成本领先的企业倾向于将制造设施选址在成本最低的地方,即使这意味着将远离其服务的市场。相反,专注于响应性的企业倾向于将设施选址在更靠近市场的地方,同样地,这些地方的成本也会更高。家电企业在制定供应链网络设计时,需要考虑其在全球市场的定位,是专注于高端市场还是追求市场份额;在业务模式方面,是采用自有品牌生产还是代工生产;在成长策略上,是通过并购还是自主研发来实现增长;在合作伙伴关系方面,是选择长期稳定的合作伙伴还是追求短期利益最大化。这些战略因素将直接影响供应链网络的效率和成本。

2. 技术因素

技术因素是指在供应链网络设计中所采用的各种先进技术。技术因素包括信息技术、制造技术、物流技术和供应链管理技术等。这些技术的发展将直接影响供应链网络的效率和成本,从而影响企业的竞争力和盈利能力。在信息技术方面,通过采用实时数据交换和云计算技术,企业可以实现供应链网络的实时监控和智能决策。在制造技术方面,通过采用自动化和智能化设备,企业可以提高生产效率和降低人工成本。在物流技术方面,通过采用物联网和无人驾驶技术,企业可以实现物流过程的实时追踪和优化。在供应链管理技术方面,通过采用先进的库存管理和风险管理技术,企业可以降低运营成本和风险。

3. 经济因素

经济因素是指在供应链网络设计中所面临的外部经济环境。这些因素包括经济增长、通货膨胀、利率、汇率等。经济因素将影响企业的市场需求、成本和利润,从而影响供应链网络的设计和运作。当经济增长放缓时,企业可能需要考虑降低库存水平和减少产能,以降低运营成本。而在通货膨胀较高的情况下,企业需要考虑如何通过优化供应链网络来降低原材料和物流成本。此外,利率和汇率的变化也将影响企业的融资成本和国际业务利润,从而影响供应链网络的设计。

4. 政治因素

政治因素是指在供应链网络设计中所面临的法律法规、国际贸易政策、税收政策等。政治因素将影响企业的供应链网络布局和运作方式,从而影响企业的竞争力和盈利能力。例如,某企业可能因为国际贸易政策的变化,需要重新考虑在哪个国家设立生产基地,以及如何设计物流路径。税收政策可能影响企业选择合作伙伴和物流服务商的标准。在法律法规方面,企业需要遵守环境保护和劳工权益等方面的法规,使其不影响供应链网络的设计和运作。

5. 基础设施因素

基础设施因素是指在供应链网络设计中所涉及的交通、通信、能源等基础设施的完善程度。基础设施的状况将影响供应链网络的运作效率和成本,从而影响企业的竞争力和盈利能力。在选择物流服务商时,企业需要考虑服务商的仓库和运输设备是否符合要求,以及其信息系统是否能够实现与企业内部系统的无缝对接。此外,在选择生产基地时,也需要考虑当地的交通和能源基础设施是否完善。基础设施因素还会影响企业的物流成本、生产效率和产品质量等方面。

6. 竞争因素

竞争因素是指在供应链网络设计中所面临的市场竞争环境。竞争因素包括竞争对手的策略、市场占有率等。竞争因素将影响企业在市场中的竞争地位和盈利能力,从而影响供应链网络的设计和运作。当竞争对手采用低价策略时,企业可能需要通过优化供应链网络降低成本,以保持竞争力。此外,当竞争对手在某个市场领域占据较大市场份额时,企业需要考虑如何通过创新供应链网络来突破竞争壁垒。竞争因素还会影响企业的市场定位、产品创新和客户服务等方面。

7. 物流和成本因素

物流和成本因素是指在供应链网络设计中所涉及的物流成本、运输成本、仓储成本、包装成本等。这些因素将直接影响企业的运营成本和利润,从而影响供应链网络的设计和运作。企业可以通过选择距离市场较近的供应商和物流服务商,以及优化包装设计,来降低运输成本。此外,通过选择高效率的物流服务商和优化仓库布局,可以降低企业的仓储成本。在成本控制方面,企业需要重点考虑如何通过供应链网络设计来降低生产和物流成本,从而提高盈利能力。

8. 对客户需求的响应时间

对客户需求的响应时间是指企业从接收到客户需求到满足需求所需的时间。这个时间越短,客户满意度就越高。因此,在设计供应链网络时,企业需要考虑如何缩短客户的需求响应时间。通过采用实时库存管理系统和快速反应的生产模式,企业可以在客户需求发生变化时迅速调整生产和物流计划,从而缩短客户需求响应时间。此外,通过优化物流路径和提高物流设备的运作效率,也可以缩短客户的需求响应时间。对客户需求的响应时间将直接影响企业的市场竞争力和盈利能力。

(二)供应链网络设计原则

1. 系统层面原则

在系统层面,供应链网络设计应当考虑包括权利分配在内的多层次因素,这些层次从上到下、从内到外涵盖了供应链的各个参与者。在内部,需要确保各部门之间的权责明晰,以促进有效的决策和执行。对外,则要管理与供应商、分销商、客户等各方的关系,使其在供应链中扮演的角色和所承担的权利清晰且协调一致。这种全方位的考量有助于形成一个整合的供应链体系,实现整体性能的最优化。

2. 设计复杂度原则

设计复杂度原则强调在确保供应链具有必要的复杂性以满足多样化需求的同时,也需避免过度复杂的设计。这可以通过简化流程、优化结构来实现,以减少不必要的步骤和降低成本。然而,设计时也应保留一定的灵活性,以便应对市场波动和不确定性。找到稳定性和适应性之间的平衡,是实现供应链设计成功的关键。

3. 协调互补原则

协调互补原则要求供应链中的各个环节和参与者的工作能够相互补充,形成一种强大的联动效应。每个环节不仅要做好自己的本职工作,还要能够弥补其他环节可能出现的短板。这种整体性的思维方式有助于提高供应链的整体效率和响应能力,同时还能够提高供应链面对外部冲击时的稳定性。

4. 创新原则

创新是推动供应链持续进步和适应市场变化的动力。鼓励企业和供应链成员不断探索新技术、新方法,以及新的商业模式。创新可以体现在产品、工艺、管理甚至是企业文化等多个方面。一个不断创新的供应链更能适应快速变化的市场环境,同时为客户提供更多的价值。从思维角度来看,创新原则要求企业持续培养开放、多元和前瞻性的思维模式,鼓励员工挑战现状,并积极寻求突破传统的方法。从视野角度来看,需要企业拓宽对市场动态和技术进步的观察视野,敏感地捕捉外部变化,并快速将其转化为内部创新的动力。从企业战略与目标角度来看,创新应与企业的长期发展规划相一致,确保每次创新都有助于实现企业的战略目标。从市场角度来看,创新不仅应满足现有市场需求,还应预见未来趋势,创造新的需求和市场机会。从企业员工角度来看,企业应建立一个鼓励创新的文化和机制,让员工有动力也有资源去实践创新的想法,同时为其提供必要的支持和奖励。

5. 信息透明原则

信息的透明度直接影响供应链的效率和效果。信息透明原则要求建立一个开放、共享的信息平台,确保关键数据如库存水平、物流状态和市场需求等信息能够及时准确地传递给所有相关方。通过提高信息流动的速度和质量,企业能够更快速地做出决策,同时有效规避错误和降低风险。

6. 战略性原则

供应链的设计必须与企业的长期战略目标紧密结合。这意味着供应链的结构应当能够支持企业的未来发展,包括市场扩张、产品开发和竞争策略等。战略性原则还意味着供应链设计不应仅仅聚焦于当前的操作效率,而应具备前瞻性,能够使企业在不断变化的市场中获得竞争优势。

(三)供应链网络设计内容

供应链网络设计是供应链管理的核心组成部分,它决定了供应链的配置、约束条件以及整体绩效。一个合理的供应链网络设计能够显著提高供应链的反应速度和成本效率,进而提升企业的竞争力。

1. 供应链网络设计的核心——设施决策

供应链网络设计的核心是设施决策,这涉及生产、储存或运输相关设施的区位及每种设备的容量和作用。设施决策是供应链网络设计的基础,它直接影响供应链的整体效率和竞争力。科学的设施决策需要明确网络设计的具体内容,包括设施的选址、功能、容量配置以及与其他设施的联动等。

2. 供应链的战略结构决策

供应链战略结构决策是在供应链内外驱动因素分析和 SWOT 现状评价的基础上进行的。这要求企业清晰定义自身的竞争战略与核心业务,明确供应链上创造利润大和小的功能模块。在此基础上,区分供应链的各个环节,并决定每个环节是由企业自身执行还是外包。这样可以在战略层面形成供应链的整体框架结构,为后续的设施决策提供指导。

3. 节点设施的功能设计

在供应链战略结构明确后,需要决策每个节点设施的功能。这涉及"每一设施具有什么样的作用"和"在每一设施中将进行哪些流程"的问题。节点设施的功能设计不仅决定了每个设施的具体功能与业务流程,还直接关系到供应链在满足客户需求时的灵活性和反应能力。因此,合理的节点设施功能设计对供应链的整体绩效和利润具有决定性的作用。

4. 节点设施的区位决策

节点设施的区位决策是解决"节点设施的选址"问题。这一决策对供应链的长期运营具有重要影响。在选择设施区位时,需要考虑土地成本、交通便利性、劳动力资源、与市场的距离等多个因素。合理的区位决策可以帮助企业在较低的成本下保证供应链的稳定运营,而错误的区位决策可能导致企业运营困难,甚至需要付出高昂的代价进行迁移或重建。

5. 节点的容量配置决策

节点的容量配置决策涉及"每一设施应配置的最大能力"的问题。尽管容量配置比区位决策更容易调整,但它在供应链运营中同样具有重要意义。合理的容量配置可以帮助企业平衡资源利用和成本控制,避免产能过剩或产能不足的问题。同时,容量配置决策也需要根据市场需求的变化进行动态调整,以保持供应链的稳定性和响应速度。

(四)供应链网络设计目标

1. 降低供应链运作的成本

供应链所产生的价值是产品对客户需求满足与所付出的供应链成本之间的差额,这就要求供应链网络的构建必须关注供应链运作的成本问题。供应链网络可以协调供应商、制造商、分销商等不同组织的资源和能力,从而实现生产成本、库存成本、运输成本等方面的降低。

2. 提高供应链运作的效率

供应链管理的最终目标是实现供应链整体价值的最大化,实现这一目标的基本条件是整条供应链具有较高的运作效率。供应链网络可以通过优化各个环节的协调和配合,提高整个供应链的效率和生产能力,从而更快地满足客户需求。

3. 提高客户满意度

供应链网络可以确保及时交货、准确的订单履约率、高品质的产品和优质的服务,从而提高客户满意度和忠诚度。

4. 提升供应链运作的整体性

供应链战略不是基于一个或部分成员企业就能实现,供应链系统功能也不是企业功能的简单加总,而是需要供应链合作伙伴间的相互协调和不断优化,因此实现供应链运作的整体性成为供应链网络构建的首要目标;要实现供应链运作的整体性,必须从结构上合理安排供应链参与主体网络的各节点企业,明确各节点企业之间的层级关系,在参与企业相互协调的基础上实现供应链网络的有序、顺畅运转。

(五)供应链网络设计步骤

1. 明确供应链战略

供应链网络设计的第一步是明确企业的供应链战略。这一阶段需要在竞争战略、竞争分析、规模经济及所有限制条件的基础上,明确定义供应链战略。同时,要明确供应链网络需要具备哪些能力来支持该战略,并对全球性竞争的变化趋势进行预测。此外,还需识别可利用资金的约束,以及增长是通过利用现有的设施、建立新的设施还是其他的方式来实现。

2. 分析市场需求与预测

在明确供应链战略后,需要分析市场需求并进行预测。这一阶段包括对需求规模的估计,以及对不同地区客户需求的一致性和多样性的判定。一致性的需求有利于设施的集中布局,而跨地区存在的需求差异则适合柔性的设施或较小、本地化的设施。此外,还需考虑汇率风险、政治风险等因素,以确保供应链网络的稳健性。

3. 确定设施配置与选址

设施配置与选址是供应链网络设计中的核心环节。在这一阶段,需要根据预测的市场需求,确定设施的选址区域、作用及产能。要综合考虑基础设施支持、硬件和软件要求、供应商的可获得性、运输服务、通信等因素。同时,还需评估竞争对手的位置,以及每个市场的理想响应时间和总物流成本。目标是选择一组理想的潜在地点,并为每个设施分配准确的位置和产能,以最大化供应链网络的总盈利。

4. 供应链组成分析

在确定了设施配置与选址后,需要对供应链的组成进行分析。这包括对供应商、制造商、分销商、零售商和客户的选择及定位,以及确定选择与评价的标准。同时,要分析供应链上的各类资源要素,如原材料、产品、市场、合作伙伴与竞争对手的作用、使用情况、发展趋势等。在这一过程中,要把握可能对供应链设计产生影响的主要因素,并提出风险规避方案。

5. 提出供应链设计框架

通过分析供应链的组成及确定主要业务流程和管理流程,可以描绘出供应链中物流、信息流、资金流、作业流和价值流的基本流向。在这一基础上,提出组成供应链的基本框架,并解决供应链中各组成成员的选择和定位问题。同时,完善选择标准和评价指标。

6. 评价供应链设计方案

在提出供应链设计框架后,需要对供应链设计方案进行可行性评价。这包括对技术可行性、功能可行性、运营可行性和管理可行性的分析。若分析表明解决方案可行,则可以继续开展下一步工作;若不可行,则需重新设计。这一步骤是决策过程的关键环节,确保供应链设计的合理性和可行性。

供应链网络设计决策评价指标主要包括柔性、稳定、协调、简洁和集成。其中,柔性能更好地适应激烈的市场竞争,提高服务水平及时响应用户需求;稳定是相对稳定的组织结构形式;协调是利益协调和管理协调;简洁是增加的每一个环节都必须是价值增值的过程;集成是信息集成、物资集成和管理集成。

7. 设计新供应链并检验

在确定了可行的供应链设计方案后,可以开始设计新供应链。这包括详细规划供应链的组成成员、生产运输计划与控制、原材料供应情况、销售和分销能力设计等方面。设计完成后,需要对新供应链进行检验。通过模拟运行环境、借助相关工具和技术进行测试和试运行,确保新供应链在实际运行中的稳定性和效率。

8. 新旧供应链比较与过渡

如果企业存在旧的供应链,需要对新旧供应链进行比较。通过比较新旧供应链之间的优势和劣势,结合它们的运行过程,制订过渡计划。在过渡过程中,要逐步采用新供应链上的规范流程来取代旧流程。同时,要注意新供应链的有效运行可能需要一定的时间和过程,需要持续关注和改进。

9. 新供应链的运行与维护

新供应链投入运行后,需要持续对其进行监控和维护。这包括定期评估供应链的性能、识别潜在风险和问题、采取相应措施进行改进和优化。同时,要关注市场环境和竞争态势的变化,及时调整供应链策略以适应新的挑战。通过不断运行和维护新供应链,确保企业供应链网络的持续稳定和高效运行。

三、供应链网络弹性概述

(一)供应链弹性

1. 供应链弹性定义

供应链弹性是指供应链在面对各种不确定性因素时,如需求波动、供应中断、成本变化等,能够快速适应并保持稳定供应的能力。这种能力反映了供应链的韧性和恢复力,是供应链管理中的重要概念。

2. 供应链弹性的重要性

在现代商业环境中,供应链的弹性对于企业的成功至关重要。供应链中断可能会对企业的运营产生重大影响,如导致生产停滞、延迟交货、增加成本等。因此,企业需要建立具有弹性的供应链,以应对各种不确定性因素。

3. 供应链弹性的构成要素

(1)供应弹性

指企业快速调整供应商的能力,以应对供应中断或需求波动。供应弹性的关键在于企业与供应商之间的关系管理以及供应商的多元化。

(2)库存弹性

指企业快速调整库存的能力,以应对需求波动。库存弹性的关键在于企业对于库存的管理以及与供应商之间的协调。

(3)运输弹性

指企业快速调整运输的能力,以应对运输中断或运输成本的变动。运输弹性的关键在于企业对于运输渠道的管理以及与物流服务提供商之间的合作。

(4)需求弹性

指企业快速调整生产和销售策略,以应对市场需求的变动。需求弹性的关键在于企业对于市场趋势的预测以及与客户的沟通。

4. 提升供应链弹性策略

在供应链弹性评估的基础上,制定了供应链弹性战略,并在供应链弹性塑造目标驱动下,实施供应链弹性增强策略。这包括从战略层面出发,追求供应链弹性的协调性、稳定性和均衡性;从供应链主体弹性塑造开始,尽管不能以提高每一个供应链成员的主体弹性为目标,但应该以具有一定水平的供应链主体弹性为基础,提高整个供应链弹性水平;从系统的观点来分析、解决供应链弹性塑造过程中遇到的问题,站在供应链全局寻找并消除约束,实现供应链弹性水平的整体提高。关键还在于要建立多元化的供应商关系:企业应与多个供应商建立合作关系,以便在供应中断时能够快速调整供应商。强化库存管理:企业应定期评估库存水平,并制定相应的库存调整策略,以便在出现需求波动时能够快速调整库存。优化运输渠道:企业应定期评估运输渠道,并制定相应的运输调整策略,以便在运输成本变动时能够快速调整运输策略。

(二)供应链网络弹性

1. 供应链网络弹性特征

在当今经济领域,供应链已经演变成一个复杂的动态网络,其节点呈现多样化和差异化,节点间相互联系呈现出非线性和多重选择性的特点。供应链的整体与外部环境存在强耦合与强互动性。面对这样的复杂性,供应链弹性成了一个关键概念。

供应链作为一个复杂的网络系统,由众多相互关联的主体组成。在当前经济环境下,供应链网络弹性的提升依赖于成员间的弹性塑造。企业作为供应链的基本单元,在关注自身发展的同时,还需关注供应链的整体、成员及发展选择,以融入供应链成员。供应链网络弹性与全球金融、物流和贸易体系密切相关,同时也受到成员间关系和合作程度的影响。它表现在成员遭受破坏后的恢复能力,体现了主体抵御不稳定性、应对风险的能力。具有弹性的组织能够协调效用和不稳定性,捕捉影响效用的不稳定因素,提高综合能力,塑造供应链网络弹性。供应链网络弹性是一个动态演化过程,且目前正逐步向网络化、透明化、协调化和多样化的方向发展。

供应链网络弹性的特征主要体现在成员间的广泛流动,以供应链主体弹性为单位进行"弹性整合"。供应链网络弹性整合了供应链主体弹性,以实现整体优化。衡量供应链网络弹性的标准是所有成员中最薄弱的主体弹性。在塑造供应链网络弹性时,需要关注成员间的协调性、稳定性和均衡性等方面的内容。在实际操作中,可以通过优化供应链布局、加强信息共享、提高应急响应能力等措施来提升供应链网络弹性。同时,还需要关注技术创新、风险管理、资源共享和合作伙伴关系等方面,以实现供应链的可持续发展和竞争优势。

2. 供应链网络弹性塑造

在经济全球化背景下,供应链已发展成了一个复杂的、动态变化的网络结构。这个网络由多样化的节点和非线性关系构成,与外部环境紧密耦合和互动。供应链网络弹性的重要性日益凸显,因为它直接关系到供应链在面对突发事件时能否保持稳定并迅速恢复到正常运作状态。供应链主体弹性塑造关注的是供应链中各个成员的弹性能力,这也是构建整个供应链网络弹性的基础。为了提高供应链主体的弹性,企业需要采取一系列的策略和措施。

从战略层面,企业需要制定适应市场变化和不确定性的供应链战略。这包括评估供应链的风险敞口、确定可能的不稳定因素,并制订相应的风险管理计划。企业需要在战略层面整合资源,优化供应链结构,以提高整体的适应性和响应能力。此外,企业还应关注市场趋势、技术创新和竞争对手动态,以调整和优化供应链战略。在这一层面,管理决策者更加关注供应链主体发展的前瞻性。

从管理层面,企业需要加强对供应链的协调和管控。这包括建立有效的沟通机制、提升供应链透明度、强化供应链成员之间的信任和协作。通过这些措施,企业可以提高供应链的稳定性和抗风险能力。在这一层面,管理决策者应该关注风险管理的系统性。

从操作层面,企业需要实施具体的风险管理措施,以提高供应链网络弹性。这包括增加冗余、提高灵活性、优化库存管理、提高运输效率和服务质量等。此外,企业还需要采用先进的信息技术,如物联网、大数据和人工智能等,以提高供应链的透明度和协调性。此外,企业还应关注环境可持续性和社会责任,以塑造具有韧性的供应链网络系统。在这一层面,管理决策者应该注重风险管理的延续性。

在实际操作中,提高供应链网络弹性可以通过多种方式实现。例如,建立多元化的供应基地,减少对单一供应商的依赖;采用先进的信息技术,提高供应链的透明度和协调性;建立紧密的合作伙伴关系,增强供应链成员之间的信任和协作。此外,企业还可以通过加强内部管理、优化流程、提高员工素质等方面来提升供应链网络弹性。

供应链网络弹性塑造是一个系统工程,它要求企业在战略、管理和操作等多个层面上进行综合考虑和实施。通过提高供应链主体的弹性,企业可以更好地应对市场的变化和不确定性,从而保障供应链的稳定性和持续性。在未来的竞争中,具有韧性的供应链网络将成为企业实现竞争优势的关键因素。

第二节　供应链构建策略与方法

本节将详细探讨在现代商业环境中构建有效供应链的策略与方法。供应链的设计和管理对于企业的运营效率、成本控制以及客户满意度都有着至关重要的影响。本节将从供应链的基础架构开始,逐步深入到具体的策略和实施方法中,包括供应链构建策略和方法。

一、供应链构建策略

供应链构建策略关乎企业如何设计、组织和管理其供应链活动,以实现成本效益、高效性、快速响应以及其他重要的业务目标。

(一)对齐供应链与业务策略

供应链与业务策略的对齐是确保供应链管理与公司总体业务策略和目标保持一致,从而在竞争激烈的市场环境中获得竞争优势。对齐供应链与业务策略可以确保企业资源、能力和供应链操作的优化使用。在对齐供应链与业务策略中主要内容有:理解业务策略,首先,需要明确了解企业的总体策略和长期目标,包括市场领导、成本领导、差异化、创新或其他策略。供应链定位,根据业务策略确定供应链的角色,例如,如果企业的策略是市场领导,供应链可能需要专注于提供宽广的产品种类、快速响应和高水平的客户服务。资源配置,确保供应链资源(如资金、技术、人力和供应商)与业务策略对齐,例如,对于以成本为导向的企业,供应链策略可能会集中在成本控制和效率提高上。流程优化,根据业务策略调整和优化供应链流程,如果公司注重创新,供应链流程可能需要更多的灵活性来应对不断变化的产品和市场需求。技术应用,采用恰当的技术解决方案来支持供应链和业务策略,例如,如果快速响应是关键,那么实时的数据分析和预测工具可能是必要的。供应链风险管理,根据业务策略识别和管理供应链风险,这可能涉及供应商管理、库存策略、物流选择等方面。绩效评估,建立和监控供应链绩效指标,确保它们与业务策略和目标对齐,包括交货准时率、库存周转率、成本效率等。持续改进,随着市场和业务环境的变化,持续评估和调整供应链策略以确保与业务策略的对齐。文化和沟通,确保整个组织理解供应链的作用和目标,以及它如何支持总体业务策略,强化内部沟通和培训以确保一致性。合作伙伴关系,与供应商和其他合作伙伴建立紧密的关系,确保他们了解并支持企业的业务策略和供应链目标。

(二)集成式供应链策略

集成式供应链策略主要关注如何更好地整合供应链的各个部分,从供应商到最终的客户,以提高整体的效率、效果和灵活性。集成式供应链的核心是跨部门、跨公司和跨地域的合作,确保信息、物料和财务的流动是顺畅和透明的。在集成式供应链策略中,主要需要考虑:

1. 信息整合

共享信息:集成的供应链要求参与各方共享关键信息,如需求预测、库存水平、生产计划等。信息系统:使用先进的信息系统,如 ERP、供应链管理(Supply Chain Management, SCM)和运输管理系统(Transportation Management System, TMS)来支持信息的实时流通和共享。

2. 流程整合

标准化流程:在供应链各环节采用统一的流程和标准,化解误解,提升效率。跨部门合作:鼓励跨部门之间的合作,例如销售部门和生产部门在需求计划上的协同。

3. 组织结构整合

跨职能团队:建立由来自不同部门和专业背景的人员组成的团队,共同解决供应链中的问题。供应链角色:明确供应链中各方的角色和职责,确保每个人都清楚自身在整个过程中的位置。

4. 技术整合

集成技术:采用如电子数据交换(EDI)、无线频率识别(RFID)等技术来支持供应链操作的自动化和实时性。云计算和大数据:利用这些先进技术进行数据分析和预测,支持更好的决策。

5. 关系整合

合作伙伴关系:与供应商、物流服务提供商和其他合作伙伴建立长期、合作的关系,共同努力优化供应链。合同管理:采用更为灵活和长期的合同形式,确保供应链的稳定性。

6. 性能测量

关键绩效指标:使用关键绩效指标(Key Performance Indicator, KPI)来监测供应链的性能。平衡计分卡:采用平衡计分卡方法来评估供应链从财务、客户、内部过程和学习与成长四个方面的性能。

集成式供应链策略的实施可以为公司带来许多好处,包括成本节约、响应时间缩短、客户满意度提高等。但在实施过程中也可能会遇到一些挑战,如跨公司的信任问题、信息系统的集成难题等。成功的集成需要强大的领导力、文化支持和适当的技术基础。

(三)敏捷供应链策略

敏捷供应链策略重视对变化的快速和灵活响应。在不确定、多变和竞争激烈的市场环境中,敏捷供应链可以帮助企业迅速适应变化,满足客户需求,并维持其竞争优势。

敏捷供应链策略旨在创建一个高度适应性、灵活和反应迅速的供应链,能够在短时间内响应市场变化。其关键特点是客户驱动、模块化设计、多功能团队、信息技术。所使用的核心策略包括:需求感知,通过实时销售数据、POS 系统和直接的客户反馈,敏捷供应链策略能够实时感知市场变化;快速响应,减少决策和生产周期,使得供应链可以快速响应市场变化;灵活的运营,采用如快速换线、短批次生产等策略,确保生产和供应链操作的灵活性。利用的技术和工具包括实时数据分析,采用大数据、AI 和机器学习工具进行需求预测和趋势分析;电子数据交换(EDI)和射频识别(RFID),这些技术可以追踪物料和产品,提供实时的库存和需求信息;云计算,提供灵活、可扩展的信息资源,支持敏捷供应链的变化和扩展。

敏捷供应链能够快速灵活响应需要有紧密的合作伙伴关系和共享信息的关系管理。虽然敏捷供应链策略带来了诸多好处,但也存在一定的风险,如过度的库存、高成本和合作伙伴的不信任等。

(四)精益供应链策略

精益供应链策略是从"精益生产"或"精益制造"中演变出来的,它强调消除浪费、提高效率和最大化客户价值。其核心目标是用最少的资源为客户创造最大的价值。

精益供应链策略旨在识别并消除供应链中的所有浪费行为,从原材料的采购到产品交付给最终客户的整个过程。其中的关键概念包括:

(1)浪费。在精益哲学中,有七大浪费,过度生产、等待、运输、过度加工、库存、运动和缺陷;

(2)流动性。精益供应链策略强调物料和信息的连续流动,减少等待和中断现象;

(3)拉动生产。基于实际需求而不是预测来驱动生产和配送;

(4)具有的核心策略。包括持续改进、"5S"方法、看板系统和即时生产(JIT)。

精益供应链策略常用的技术与工具是价值流图和节拍(Takt)时间。价值流图是一种工具,用于图形化地表示材料和信息在供应链中的流动,以识别浪费和制定改进措施,并持续优化。Takt 时间是基于客户需求计算的生产速率,用于平衡生产速度。精益供应链策略的实施可以帮助企业减少成本、提高效率和更好地满足客户需求。但是,成功的实施需要高层管理到基层员工的全员参与,以及与供应商的紧密合作。

(五)全球供应链策略

供应链的全球策略主要涉及跨国公司如何管理和优化其在多个国家和地区的供应链活动。全球供应链策略意味着企业需要考虑与国际业务相关的复杂性、文化差异、法律和政策环境、货币波动等多种因素。

全球供应链策略是一种在全球范围内优化和整合供应链资源和流程的策略,以满足全球市场需求和利用全球资源优势。影响全球策略的因素包括市场访问、生产决策、供应商管理、物流和分销。全球供应链策略具有成本、访问全球市场、风险分散、利用全球创新和技术等方面的优势。同时,也面临着文化和语言差异、供应链的复杂性、政策和法律风险、货币和税务问题、时间差异等挑战。

在全球供应链策略中一定要考虑合规性、可持续、文化和关系管理。遵循不同国家和地区的法律、规定和标准;考虑环境、社会和治理因素,如碳足迹、劳工权益和道德采购;了解和尊重各国的文化和商业习惯;建立和维护与全球合作伙伴之间的良好关系。全球供应链策略的实施要求企业在战略、战术和操作层面进行深入的思考和规划。在全球化日益加剧的今天,成功的全球供应链策略可以为企业带来竞争优势,但同时也需要面对更多的挑战和不确定性。

(六)客户驱动策略

客户驱动策略是一种将企业的所有决策和操作与客户的需求和期望对齐的方法。这种策略强调了从客户的角度出发,认识和满足他们的需求,从而建立和维持与客户的长期合作关系。

客户驱动策略是一种以客户为中心的商业策略,旨在了解、满足和超越客户的期望,从而提高客户的满意度和忠诚度。其中关键内容包括:客户洞察,使用市场研究、数据分析、客户反馈等手段深入了解客户的需求、偏好和行为;个性化体验,为客户提供个性化的产品、服务和沟通,确保与每个客户的特定需求和期望相匹配;高品质的服务,确保提供优质、一致和可靠的服务来满足客户的期望。为了能够合理实施客户驱动策略,需要收集数据、数据分析、制定策略、执行策略、持续改进。

实施客户驱动策略可以提高企业的销售业绩和收入、提高客户的忠诚度。同时,也为企业带来了以下挑战:

(1)数据管理。收集、存储和分析大量客户数据可能是一项挑战;

(2)快速变化的客户需求。随着技术的进步和市场环境的变化,客户的需求和期望也可能随之出现变化;

(3)跨部门合作。确保整个组织都与客户驱动策略对齐可能需要跨部门的合作和协调。

(七)服务差异化策略

供应链的服务差异化策略关注如何通过供应链管理为客户提供区别于竞争对手的独

特价值和服务。这种策略涉及根据不同客户或市场细分的需求来调整和优化供应链的操作和服务。

服务差异化策略是指在供应链管理中,根据不同客户群体或市场细分的独特需求,提供定制化的服务和解决方案。主要包括:客户细分,识别不同的客户群体,了解他们的需求和偏好;供应链配置,为每个客户细分设计和优化供应链;服务级别协议,为每个客户群体设定明确的服务标准和期望;为了更好地实施服务差异化策略,需要进行市场研究、供应链设计、执行和监控、持续改进;实施服务差异化策略,可以提高企业的竞争优势、满足客户需求、优化资源利用等。同时,也面临着复杂性管理、成本控制、技术需求等一系列挑战。

在现实中,快速响应、定制化产品、高级服务都是服务差异化策略。总的来说,供应链的服务差异化策略涉及对不同客户群体的需求进行深入了解,并据此提供定制化的供应链服务和解决方案。这种策略可以帮助企业提高其竞争力,更好地满足客户的需求,并实现更高的客户满意度。

(八)风险管理策略

供应链的风险管理策略关注识别、评估、监控和缓解供应链中的各种潜在风险。这些风险可能是由供应商、生产、物流、市场变化或其他外部因素导致的。正确地管理这些风险是确保供应链连续性和效率的关键。

供应链风险管理策略是一系列方法和工具,用于识别、评估、监控和减少供应链中的潜在风险,以确保供应链的稳定性和效率。包括了风险识别、风险评估、风险监控和风险缓解。常见的供应链风险有:供应风险,供应商可能因各种原因无法按时交付,例如金融困境、劳资纠纷或自然灾害;需求风险,客户需求的突然变化可能导致订单的波动;物流风险,运输延误、损坏或丢失可能影响交货时间;地理和政治风险,政治不稳定、经济危机或自然灾害可能影响供应链的某一部分;价格风险,原材料或货币价格的波动可能影响成本。

风险管理策略主要包括:多元化供应,与多个供应商合作,以减少对某一供应商的依赖。制订备用计划,为潜在的供应中断制定备用生产和物流方案;库存管理,建立合理的库存水平,作为需求变化或供应中断的缓冲;合同管理,在合同中包括风险管理条款,如罚款或服务级别协议;技术和信息共享,使用先进的技术和系统与供应链伙伴共享信息,以提高透明度和预警能力。企业使用风险管理,能够提高供应链稳定性、保护声誉、增加经济效益。同时,也面临着信息不对称、复杂性、成本等挑战。

(九)可持续供应链策略

可持续供应链策略关注如何确保供应链操作对社会、经济和环境都具有长期的积极影响。这种策略的实施旨在满足当前需求,同时确保未来的需求也得以满足,通过在供应链中采取环保、社会责任和经济可持续的措施来实现这一点。

可持续供应链策略是一种将环境、社会和经济因素纳入供应链决策和操作中的方法,以实现长期的利益和平衡。其中包括:环境责任,采取措施减少供应链中的废物排放和资源消耗;社会责任,确保供应链中的所有参与者,包括员工和社区,都受到公平对待;经济责任,确保供应链操作对公司的长期发展健康有益。

实施可持续供应链策略,可以提升企业的品牌形象,对于越来越多的消费者来说,可持续性是一个重要的购买因素;降低成本,通过资源管理和废物减少,长期可以节省成本;降低风险,遵循法规和确保供应链中的公平待遇可以降低潜在的法律和声誉风险;创新驱动,寻找可持续的解决方案可以推动新的产品和服务的创新;初期成本,可持续供应链解决方案可能需要初期投资;供应链复杂性,在全球供应链中实施可持续做法可能涉及复杂的协调和管理;文化和教育,需要确保供应链中的所有参与者了解并采纳可持续做法等挑战。

（十）多供应策略

多供应策略是供应链管理中的一种方法,涉及与多个供应商合作,以满足企业的需求,并降低风险。在多供应策略中,重点要考虑分散风险,与多个供应商合作可以降低由于某一供应商出现问题(如生产中断、金融问题或其他问题)而导致的供应链中断的风险;议价能力,与多个供应商合作可以提高企业的议价能力,从而可能获得更好的价格和条款;灵活性和响应速度,多供应策略可以提高供应链的灵活性,使其更容易适应市场变化;质量和创新,与多个供应商合作可能提升企业的竞争能力并提供更多的创新机会。

当前实施多供应策略需要与多个供应商合作会增加管理复杂性,需要更多的时间和资源来协调和管理供应商关系;信息不对称,需要确保所有供应商都拥有相同的信息,以避免信息不对称或误解;关系维护,需要投入更多的精力来维护与多个供应商的关系。

多供应策略虽存在诸多优势,然而,这种策略也给企业带来了管理上的挑战,需要正确实施和维护,以确保供应链的顺畅运作。采用多供应策略是许多大型企业和行业的常见做法,因为它给企业提供了一个来保护自己免受供应链中断风险的机会,并确保持续的供应安全。

（十一）供应链技术策略

供应链技术策略涉及使用技术工具和解决方案来优化和增强供应链的操作和管理。随着科学技术的不断进步,供应链技术策略已经成为提升供应链效率、透明度和竞争力的关键因素。

供应链技术策略是指使用技术手段来提高供应链的效率、透明度和响应速度的方法和计划。其中,关键技术组件包括:ERP系统,这些系统整合企业的各个部门和功能,确保数据流通顺畅;SCM软件,专为供应链设计的工具,用于计划、执行和跟踪供应链活动;IoT,通过传感器和设备收集实时数据,提高供应链的可见性和监控能力;AI和机器学习,用于数据分析、预测和自动化决策,使供应链更加智能和响应迅速;区块链,提供一个安全、透明的分布式账本,用于跟踪产品和交易,提高供应链的可信度;高级分析工具,如预测分析、优化算法等,用于更好地理解供应链的动态并做出更好的决策。

实施供应链技术策略,能够提高效率和透明度、降低风险、增强与外界的合作。但同时也面临着高昂的初始投资、技术集成、数据安全和隐私、技能和培训等挑战。正确的实施可以为企业带来显著的商业收益。

(十二)绩效评估策略

供应链绩效评估策略涉及对供应链各个部分进行系统性的监测、评估和反馈,以确保供应链能够满足既定的目标和标准。正确的绩效评估不仅可以帮助企业更加清晰地了解供应链目前的状况,还可以为未来的改进措施提供方向。

供应链绩效评估策略是一个系统性的过程,旨在监测、评估和改进供应链的操作和管理效果。其中的关键指标包含供应链周期时间、库存周转率、订单准确性、服务水平、总拥有成本、退货率。实施供应链绩效评估策略,可以提高企业的透明度、及时发现问题、支持决策、持续改进。但同时也面临着数据质量、选择合适的指标、跨部门合作、变革管理等挑战。

二、供应链构建方法

(一)供应链设计与网络优化

供应链设计与网络优化是确保供应链有效性和效率的关键组成部分。这涉及确定最佳的设施位置、分配资源、建立运输连接以及其他活动,以满足客户需求并降低总体成本。

供应链设计与网络优化涉及对供应链的结构和配置进行分析、设计和调整,以实现性能最大化和成本最小化。关键因素包括:客户需求,需求预测和市场分布;生产和存储能力,工厂、仓库和分销中心的位置、规模和能力;运输网络,运输方式、路线和成本;供应商网络,供应商位置、能力和成本;风险因素,如供应中断、需求波动、政策变化等;成本与服务水平,平衡运输、生产、存储和其他成本与提供的服务水平。

供应链设计与网络优化涉及的主要内容有:

(1)数据收集。收集与供应链相关的所有数据,如需求、成本、资源和约束。

(2)分析工具和模型。如线性规划、整数规划、网络流模型等,用于优化供应链网络。

(3)场景分析。使用模拟和其他工具模拟不同的供应链配置和情况,以了解其对绩效的影响。

(4)灵敏度分析。评估某些关键参数变化对供应链绩效的影响。

(5)多目标优化。同时考虑多个目标,如成本最小化和服务水平最大化。

(6)迭代过程。基于分析结果不断调整和优化供应链设计。为了能够更好地实施相关方法,按照定义目标、数据收集和验证、初步分析、建模和优化、效果验证、实施与执行、持续监控和调整等步骤进行。

实施供应链设计与网络优化方法,可以节省成本,通过优化运输、生产和存储配置,降低总体成本;可以提高服务水平,确保供应链结构满足客户需求和期望;更好的响应能力,优化的供应链可以更快、更灵活地响应市场变化;可以降低风险,考虑到多种风险因素,设计出更加稳健的供应链网络。同时,也面临数据的复杂性和不确定性、变化的市场条件、跨部门协作等挑战。

(二)需求预测

需求预测在供应链管理中起到至关重要的作用。准确的预测可以帮助企业制订生产、库存和分销计划,从而减少成本、提高服务水平并响应市场变化。需求预测是对未来产品或服务需求的预测,通常基于历史数据、市场趋势和其他相关因素。

一般来说,需求预测的方法按照需求对象的性质和预测模式可以分为定性预测和定量预测两种。

1. 定性预测法

定性预测法主要依赖于非数值信息,通常用于缺乏可靠历史数据或面临新市场情况时。定性预测法主要包括专家预测法、德尔菲法和市场研究法。

(1)专家预测法。专家预测法通过征询行业专家、销售人员或管理者的意见进行预测,是一种根据一组或多组专家的知识、经验和判断进行未来预测的方法。这种方法适用于新产品的市场推出、新技术的影响评估、当缺乏可靠的历史数据时、对长远未来或极端事件的预测等场景。该方法的实施主要分为五步:①选择专家。选择有经验、知识丰富且能够对问题提供有见地的判断的专家;②定义问题。明确地定义要预测的问题或情况,并提供必要的背景信息;③收集预测。让每位专家独立地提供他们的预测和理由;④反馈与迭代。将各位专家的预测和理由汇总,然后反馈给他们,让专家基于其他人的输入进行迭代和修正自己的预测;⑤汇总结果。将所有专家的最终预测汇总成一个整体预测。

专家预测法的优点有:能够使用专家的经验和专业知识;适用于没有历史数据或历史数据不适用的情况;可以用于长期或战略性预测。方法缺点包括可能受到某些偏见的影响、结果可能缺乏一致性和可靠性、可能难以验证和量化。因此,在使用专家预测法时,选择不同背景和观点的专家以增加多样性;尽量减少集体思维或随大流的趋势;考虑使用其他定性方法(如德尔菲法)结合专家预测以提高准确性;定期回顾并根据实际结果调整专家预测。总的来说,专家预测法是一种灵活且可定制的预测方法,但需要谨慎使用并结合其他信息和方法以提高预测准确性。

(2)德尔菲法。德尔菲法通过多轮调查来汇集一组专家的意见,是一种迭代的多阶段过程,旨在将一组专家的独立意见汇聚成一个整体的共同意见或预测。方法适用场景包括对未来趋势、事件或决策进行预测、当个别判断需要汇聚成群体共识时、在面对复杂问题,需要多方面专业知识的情况下。运用该方法,主要有七步:①问题定义。明确要预测或讨论的问题;②选择专家。邀请一组具有相关领域知识和经验的专家;③第一轮调查。向专家提出问题,并请他们独立给出预测或意见;④汇总反馈。将所有的意见和预测汇总并分析;⑤第二轮调查。将汇总的结果反馈给专家,让他们考虑其他专家的意见,并有机会调整自己的答案;⑥迭代过程。重复步骤 4 和 5,直到达到足够的共识或达到预定的轮数为止;⑦结果汇总。将最后的答案整合并呈现为共同意见或预测。

实际运用德尔菲法,优点有:通过匿名反馈避免了直接的面对面讨论中可能出现的社交压力,使专家能够自由表达意见;允许广泛的观点和专业知识的融合;逐轮的反馈和修正提高了预测的准确性。缺点是这一过程可能会相对耗时;结果的准确性依赖于所选专家的质量和多样性;某些情况下可能达不到完全的共识。因此,使用过程中需要注意确保专家组的多样性,以获取多角度的意见;提供清晰、具体的问题,避免歧义;保证参与专家的匿名性,使他们能够坦诚地表达意见;对反馈进行适当的汇总和编辑,确保它是有意义且不偏颇的。总体上,德尔菲法是一个强大的预测和决策工具,尤其适用于没有明确答案和需要多方知识和经验的复杂问题。

(3)市场研究法。市场研究法是通过直接与消费者或其他市场参与者互动来收集和分析市场信息,从而预测产品或服务的需求。其适用场景包括新产品或服务的推出、进入新的市场或地区、需要了解客户偏好或行为变化的情况、当其他数据不足或不可用时。使用市场研究法时,常利用问卷调查、深度访谈、焦点小组、观察法、实验或试点测试进行测试。

这个方法具有的典型优点:提供了与实际消费者直接互动的机会;可以收集到深入且具体的市场信息;适合捕捉复杂的消费者心理和行为模式。其缺点包括比较耗时和昂贵、样本偏见可能导致不准确的结果、需要专业的设计实施和解读。因此,在使用过程中需要注意,确保样本的代表性,避免偏见;清晰地定义研究目的和目标;确保收集的数据的质量和准确性;对数据进行深入的分析和解释,以获得有意义的洞察;在可能的情况下,结合其他预测方法或数据来源以提高结果的可靠性。总的来说,市场研究法是一种强大的定性预测工具,它给企业提供了深入了解市场和消费者的机会,正确地设计和实施市场研究法,可以为供应链决策提供宝贵的经验支持。

2. 定量预测法

定量预测法中主要介绍时间序列预测方法和因果预测方法。

(1)时间序列预测方法。时间序列预测方法是一种预测未来值的技术,基于历史数据的时间排序。这种方法尤其适用于随时间变化的数据,如股票价格、销售量或气温等。它是基于已知的过去数据点对未来某一时期的值进行预测的统计或机器学习的一种方法。此类方法的主要特点为数据点是按时间顺序排列的,通常关注数据的趋势、季节性和周期性模式。在使用过程中,常利用移动平均、指数平滑、自回归模型、移动平均模型、自回归移动平均模型、自回归整合移动平均模型等方法进行。

时间序列预测方法具有诸多优点,主要包括:对于稳定和具有明确模式的数据,预测准确度通常较高;方法多样,可以应对不同的数据特点。此外,该方法也存在一些缺点,包括对突然的变化或异常值可能不够敏感;基于历史数据,可能不适应根本的结构性变化;需要足够的历史数据。因此,使用过程中需要注意检查数据的平稳性,如果数据不够平稳,需要考虑使用差分或其他转换方法;考虑数据中的异常值和缺失值;对模型进行适当的验证和交叉验证,以确保其预测性能。总的来说,时间序列预测方法提供了一套丰富的工具来分析和预测随时间变化的数据,正确的模型选择和参数调整对于获得准确的预测至关重要。

(2)因果预测方法。因果预测方法是基于自变量与因变量之间的因果关系进行预测的一类定量方法,通俗来讲,就是利用一组变量(或特征)来预测另一变量的技术,其中这组变量被认为是影响预测变量的因素。不同于时间序列预测仅仅基于历史数据点进行预测,因果预测方法使用一系列独立变量(或称为解释变量)来预测一个或多个因变量。因果预测中主要使用的方法如下:

①简单线性回归。使用一个自变量来预测一个因变量。建模形式为 $Y = a + bX + e$,其中,Y 是因变量,X 是自变量,a 和 b 是回归系数,e 是误差项。

②多元回归。使用多个自变量来预测一个因变量。模型形式为 $Y = a + b_1 X_1 + b_2 X_2 + \cdots + e$。

③逻辑回归。当因变量是二分类的(如是/否)时使用。输出是事件发生的概率。

④广义线性模型(GLM)。是线性回归的扩展,可以处理各种分布的响应变量(如泊松分布、二项分布)。

⑤决策树和随机森林。使用树结构来表示因果关系,并进行预测。随机森林是决策树的集成方法。

⑥神经网络。复杂的非线性模型,可以捕捉复杂的因果关系。

⑦因子分析和主成分分析。用于识别大量变量中的潜在结构,可以作为其他模型的输入。

因果预测方法的优点包括:可以捕捉变量间的复杂关系;提供了对因果关系的洞察,帮助理解影响结果的因素;可以用于特征选择和优化。缺点包括:需要足够的数据支持;建模过程可能受到相关性、共线性等问题的影响;不正确的模型选择或过度拟合可能导致预测误差。在使用过程中,需要注意:在建立模型前,进行数据探索以了解数据的基本特征和变量之间的关系;避免共线性,即两个或多个自变量高度相关;使用交叉验证或分割数据集为训练集和测试集来验证模型的预测能力;考虑变量的转换或标准化,特别是当使用需要规模化的方法(如神经网络)时。总之,因果预测方法为理解和预测复杂系统提供了强大的工具。

当前,定量分析方法还包括基于概率和随机抽样来预测多种可能的结果的蒙特卡洛模拟方法、使用大数据和高级算法进行预测的机器学习与深度学习方法,如支持向量机、随机森林、梯度增强树。选择合适的预测方法与工具取决于多种因素,包括可用的数据、预测的时间范围、市场的复杂性以及其他与供应链相关的变量,经常需要结合多种方法来获得最佳的预测效果。

（三）库存管理

库存管理在供应链网络构建中占据重要位置。它涉及跟踪和控制存货，确保满足需求同时最小化持有成本。库存管理是通过计划、控制和监控库存，以满足客户需求，同时达到成本效益的目的。主要的库存类型包括原材料库存、在制品库存、成品库存和备件库存。库存管理常用方法如下：

（1）经济订购量。确定在不考虑缺货成本的情况下，最小化总库存成本的订单量。

（2）再订购点制。当库存达到某一特定水平时，触发新的订单。

（3）周期性审查制。在固定的时间间隔审查库存水平并下订单，使库存达到所需的水平。

（4）ABC 分析。根据产品的年度消耗量或价值对库存进行分类。A 类为高价值商品，B 类为中等，C 类为低价值。

（5）JIT（准时制）。降低库存水平，尽可能在需要时接收产品。

（6）安全库存。为预防不确定性而持有的额外库存，如需求波动或供应中断。

（7）服务水平策略。确定为满足特定的客户服务水平而需要持有的库存水平。

（8）多阶段库存模型。考虑多个供应链阶段的库存决策。

（9）供应链优化工具。利用软件和算法优化整个供应链的库存。

库存管理的重要性体现在能够满足生产和销售的需求、降低成本、提高服务水平和缓冲不确定性。同时，需要注意面对的挑战与注意事项，例如需求不确定性、供应不稳定、产品生命周期、持续监控和调整。库存管理是供应链成功的关键组成部分。通过使用适当的方法和工具，企业可以确保产品的可用性，满足客户需求，同时最大限度地降低成本。正确的库存策略和持续的监控与调整是成功的关键。

（四）运输和物流优化

运输和物流是供应链中的关键环节，涉及产品从供应商到终端客户的移动。为了降低成本、提高效率和满足客户的交货期要求，企业需要对运输和物流进行优化。运输和物流优化是指对运输和物流活动进行分析和改进，以提高效率、降低成本并满足客户需求。

在运输和物流优化中常使用的方法是：

（1）路线规划。使用软件工具和算法为送货车辆制订最优路线，从而缩短行驶里程、节省时间和降低成本。在使用时需考虑交通状况、驾驶时间限制和其他实际情况的约束。

（2）模式选择。根据货物的性质、交货时间、成本和其他因素，选择最合适的运输方式，如公路、铁路、空运或海运。组合多种运输方式进行多式联运。

（3）集装箱和单位化装载。使用标准集装箱和单位装载，简化装卸和处理，提高效率。充分利用集装箱的全部容量，以减少空间浪费。

（4）中心化分发。通过设置中央分发中心或交叉装载中心，集中处理货物，然后再分发到特定的目的地。

（5）实时追踪和可见性。使用 GPS、RFID 和其他技术，实时追踪货物的位置和状态。提供给所有供应链参与者实时的货物流动信息。

（6）库存和运输的整合。将库存和运输决策结合起来，以考虑存储、交货时间和运输成本。

（7）运输合并。将多个小订单合并为一个大订单，以提高运输效率和降低运输成本。

（8）考虑环境因素。选择绿色运输方式和技术，如低排放车辆、优化的路线和高效率的操作，来减少碳足迹。

同时，需要注意其中的挑战和注意事项，考虑外部因素，如天气、交通状况、政府法规和关税等；与供应链伙伴密切合作，如供应商、第三方物流服务提供商和客户；定期评估和更新运输和物流策略，以适应市场环境和业务需求的快速变化。

（五）供应链风险管理

供应链风险管理是识别、评估和优先处理供应链中可能出现的风险，以确保供应链的持续、稳定和高效运作。供应链风险管理旨在识别潜在的供应链中断，并制定预防和应对措施，以减少这些中断的影响。在供应链风险管理中，需要掌握以下知识：

（1）识别和评估风险。风险识别，通过与供应链伙伴合作，识别可能影响供应链稳定性的内部和外部风险。风险评估，确定风险发生的可能性和其对供应链性能的潜在影响。

（2）供应链风险分类。供应风险，涉及供应商的风险，如供应商破产、劳资纠纷或生产中断。需求风险，由于不可预测的需求变化或突发事件导致的需求波动。物流风险，与运输和物流相关的风险，如交通事故等问题。外部风险，如自然灾害、政治动荡、关税变化或其他因素。

（3）风险应对策略。风险避免，避免参与高风险的活动。风险减少，采取措施减少风险的可能性或影响，例如建立多个供应来源或增加库存。风险转移，通过合同或保险将风险转移到其他方。风险接受，明确接受某种风险并为可能的后果做好准备。

（4）创建供应链弹性。建立灵活和可适应变化的供应链结构，使其能够迅速恢复并应对各种中断。考虑建立冗余，如多个供应来源、额外的库存或多条物流路径。

（5）监控和报告。建立风险监控机制，如实时追踪系统、预警系统和风险报告。定期评估风险管理策略的效果，并根据变化的情况进行调整。

（6）风险管理的重要性。预防中断，通过有效的风险管理，降低供应链中断的可能性。保护声誉，通过预防和应对潜在的供应链问题，维护好公司的声誉和客户关系。降低成本，减少由于供应链中断导致的额外成本。

供应链风险管理是确保供应链持续、稳定和高效运作的关键。通过识别、评估和管理风险,企业可以防止潜在的供应链中断,减少不良影响,并提高整体的供应链性能。

第三节　供应链失调与协调

本节聚焦如何进行供应链协调,将讨论供应链失调会如何导致响应性水平的下降和成本的增加。首先,关注供应链失调的表现形式及其影响,探讨引起供应链失调的原因;然后,引入常用的供应链协调方法,并介绍供应链契约。

一、供应链失调

供应链各成员之间既有联系又相对独立,如果供应链各成员采取一致的、增加供应链系统总利润的行动,那么就说明供应链具备协调性。供应链协调要求每个成员都共享信息且考虑自身决策对其他成员决策和绩效的影响,进而采取使供应链系统总利润最大化的行动。若各供应链成员均以自身利益最大化来进行管理决策,出现了各成员的冲突,就会出现供应链失调。

(一)牛鞭效应

供应链失调的表现形式之一就是牛鞭效应。牛鞭效应指供应链中需求和供应的振荡。在供应链中,当需求不断波动时,就会发生牛鞭效应。例如,制造商会更倾向于按照接收的订单,而不是零售商的实际销售数据安排生产,而实际接收的订单往往是终端零售商实际销售数据放大后的结果。

宝洁公司在其旗下的帮宝适纸尿裤的供应链中就发现了牛鞭效应。宝洁发现其对供应商的原材料订单在长期内波动非常剧烈,在供应链末端,尽管零售商销售数据存在波动,但是波动幅度很小。可以合理假设,在供应链的最后一个环节,纸尿裤的消费者(婴儿)以匀速消耗产品。尽管终端产品的消费量很稳定,但对原材料的订单却极具波动性,从而增加了成本并使供给和需求的匹配变得十分困难。

惠普也发现了当订单从经销商沿供应链向上传递到打印机部门再到集成电路板部门时,其波动也急剧增加。同样,虽然产品需求显示出一定的波动,但是集成电路板部门接到订单的波动要大得多。这使得惠普很难按时完成订单,或需要增加成本才能完成。

对服装和杂货业的研究也发现了类似的现象,订单的波动沿着供应链从零售商到制造商处不断增大。意大利某公司发现,当地配送中心每周下达的订单在一年内的波动高达70倍,而此配送中心每周的销售量(即来自超市的订单)的波动不到3倍。因此,该公司所面临的来自配送中心的需求的波动远远大于顾客需求的波动,这直接导致库存增加,产品可获性降低,利润下降。

(二)双重边际效应

供应链失调的另一表现是双重边际效应。供应链中每个成员在做出决策时只考虑各自的边际效益,而不考虑其他成员的边际效益,只要供应链利益在不同成员之间分配时单方决策影响到市场需求,就会导致供应链整体效益的下降,我们把这种现象称为"双重边际效应",这是供应链成员不合作的结果。

双重边际效应由美国经济学家在对产业组织行为的研究中发现,当市场上的产业链存在单个上游卖家(如制造商)和单个下游买家(如分销商)时,二者均拥有一定的市场力量,如果二者缺乏协调时的定价决策,就会引起最终价格高于使制造商和分销商总利润水平最大化的价格。供应链上下成员为实现各自利益的最大化而使整个产业链经历两次加价(边际化)。双重边际效应其实是供应链上下游成员为追求各自收益的最大化,在独立决策的过程中确定的产品价格高于其生产边际成本的现象。例如,当供应链上游制造商以高于成本的批发价格将产品批发给供应链下游销售商时,销售商向制造商的订货量将低于使供应链整体最优的订货量,销售商向最终消费者提供的销售价格将高于使供应链整体最优的销售价格,这样一来,供应链的整体利润将不会达到可能存在的最优利润。换言之,就是产品从供应链上游制造商通过下游销售商流向终端消费者的过程中,制造商通过边际化方法对产品进行了一次加价批发给销售商;销售商之后又通过边际化方法对产品进行了一次加价销售给消费者。终端消费者买到的产品已是经过两次加价的,即出现双重边际效应。

供应链失调会增加需求的波动,损害供应链盈余。下面将讨论供应链失调带来的影响。

二、供应链失调的影响

供应链失调会对供应链成本、补货提前期、产品可获性水平以及供应链成员关系产生影响。

(一)成本影响

供应链失调会对生产成本、库存成本、运输成本等各项运营成本产生重要影响。

供应链失调增加生产成本。由于牛鞭效应,供应链上下游成员必须满足较顾客需求更具波动性的订单流。为了应对这种增大的波动性,制造商需要扩大产能或者是增加库存,而这两种做法都将增加单位产品的生产成本。

供应链失调增加库存成本。为了应对增大了的需求变动性,供应链上下游成员需持有超过供应链协调时所需的库存。这样一来,供应链的库存成本将上升。

供应链失调增加运输成本。长期内,供应链上下游成员的运输需求与要满足的订单数量相关。由于牛鞭效应,在长期内,运输需求的波动非常剧烈。为了满足高峰期的需求,需要保持过剩的运输能力,从而增加了运输成本。

供应链失调增加发货和收货的劳动力成本。供应链上下游成员发货所需的劳动力随订单的波动而波动。分销商和零售商收货所需的劳动力也会发生类似的波动。供应链各成员为了应对订单的波动,需持有过剩的劳动能力或是改变劳动能力。无论采取哪种做法,劳动力总成本都会增加。

(二)补货提前期影响

供应链失调延长补货提前期。牛鞭效应引起的需求波动使得与需求平稳时相比,制造商的生产活动更难计划,难免会出现当前生产能力和库存无法满足订单需求的情况,这将造成补货提前期延长。

(三)产品可获得性水平影响

供应链失调将降低产品的可获得性水平,导致供应链库存不足。订单的大幅波动使得供应商很难按时满足所有分销商和零售商的订单。这增大了零售商缺货的概率,进而引起供应链销售额的下降。

(四)供应链成员关系影响

供应链失调对供应链各成员绩效都有负面影响,有损供应链各成员之间的关系。由于供应链各成员都将损害整体利益的责任归咎于其他成员,供应链失调将导致供应链各成员之间的不信任,使得潜在的协调努力变得更加困难。

供应链失调将造成成本的增加和响应能力的下降,对供应链绩效产生巨大的负面影响。

三、供应链失调的原因

任何导致供应链成员只注重自身利益的最大化,或者是供应链信息延迟、扭曲和波动增加的因素都可能造成供应链失调。如果供应链管理者可以识别这些造成供应链失调的原因,那么就可采取合适的行动来应对失调。下面从激励、信息传递、运作、价格等角度分析供应链失调的原因。

(一)激励原因

给予供应链成员不同的激励可导致需求波动性增加和供应链利润降低,那么就发生了供应链失调。

1. 局部优化决策

只注重决策局部影响的激励措施将导致无法最大化供应链系统总盈余。如某个企业的运输经理的薪酬与单位平均运输成本挂钩,那么他很可能采取降低运输成本的措施,即使这么做会增加库存成本或降低客户服务水平。供应链参与者会很自然地采取一些优化其绩效评价指标的行动。例如,卖场经理制定的所有采购和库存决策都是为了使卖场的利润最大化,而不是使整条供应链的总利润最大化。基于供应链单个环节利润最大化的购买决策所导致的订货策略也无法实现供应链系统利润最大化。

2. 激励销售人员的方式不当

不当的销售人员激励措施也是引起供应链失调的原因之一。在许多企业中,销售人员激励基于销售人员在一个评估期内完成的销售量。制造商通常以销售给分销商或零售商的产品数量,而不是销售给最终顾客的销售量作为销售业绩的评估指标。基于购入来衡量销售业绩通常是因为制造商的销售人员无法控制实际售出。例如,某公司基于销售人员在4周的促销期内销售给分销商的产品数量来提供奖励。则销售人员为了最大化自己的奖金,会利用自己权限内的折扣来刺激期末销量激励分销商在评估期期末购买更多数量的产品,虽然分销商可能无法将这些产品全部出售给零售商。但这增加了订单的波动,在临近评估期的期末,订单数量突然上升,而在下一个评估期的期初,订单却大幅减少。分销商发给该公司的周订单量波动达到70倍。因此,基于购入的销售人员激励导致订单波动远大于实际顾客需求的波动,因为销售人员倾向于在评估期期末强推产品。

(二)信息传递原因

需求信息在供应链各成员间传递时出现扭曲,会导致供应链订单的波动增大,引起供应链失调。

1. 基于订单的预测

当供应链各成员根据自己收到的订单进行预测时,随着订单沿着供应链向上游传递到制造商和供应商,顾客需求中的任何变动都会被放大。当供应链各成员的基本沟通方式就是所下的订单时,信息在沿着供应链向上游传递的过程中将出现扭曲,每个成员都认为自己在供应链内的主要作用就是完成下游合作伙伴的订单。因此,每个成员都将接收到的一系列订单视为需求,并根据这一信息进行预测。在这种情况下,顾客需求的任何细微波动在以顾客订单形式沿着供应链向上游传递的过程中都会被放大。零售商可能将随机增长部分认定为需求出现了增长趋势,为了满足未来预期增长的需求会订购更多产品,同时,批发商所接到的订单增量就会超过零售商所观察到的需求增量。批发商向制造商所下的订单数量会进一步增加,沿着供应链逐级向上,订单规模会被不断放大。同理,假设需求随机增长期之后伴随而来的是需求随机减少期,零售商会预期出现需求下降趋势,并减少订单数量。订单在沿着供应链向上移动的过程中,需求预期会减少,这种减少会被逐级放大。

2. 缺乏信息共享

供应链各成员间缺乏信息共享会加重信息扭曲的程度。例如,当制造商对下游零售商的经营决策一无所知时,那么就有可能认为某笔订单数量的增加使需求出现了永久增长,从而向供应商发出更大的订单,可能造成制造商和供应商积压大量的库存。

(三)运作原因

下订单和履行订单的过程中所采取的运作决策可导致波动加剧,引起供应链失调。

1. 大批量订购决策

当企业所下订单的规模远远超出了需求的数量时,订单的波动将沿着供应链不断向上放大。企业大批量订货的原因可能是每笔订单的下单、运输或接收的固定成本非常高。如果供应商提供基于订货批量的数量折扣,那么企业也可能会大批量订货。供应链各成员基于从下游成员收到的订单流来预测需求导致了订单在沿着供应链向上从零售商到制造商传递的过程中出现大幅波动。

2. 补货提前期较长

如果供应链各成员间的补货提前期较长,那么信息扭曲将进一步加剧。如果零售商面临的补货提前期是 15 天,那么在下订单时会将 15 天的预期需求增长计算在内;如果零售商面临的补货提前期是 30 天,那么它在下订单时就会将 30 天的预期需求增长计算在内。当零售商将需求的一次随机减少错误地解释为出现了需求下降趋势时,其理亦然。

(四) 价格原因

产品的价格策略也会导致订单规模波动性加大,引起供应链失调。

1. 数量折扣

由于订货批量越大价格越优惠,基于订货批量的数量折扣会加大供应链内部的订货批量。正如前面所讨论的,增大的订货批量会加重牛鞭效应。

2. 价格波动

制造商发起的促销活动和其他短期降价活动会造成提前购买,即批发商或零售商在折扣期内大批量采购产品来满足未来需求。提前购买导致了促销期内订单增多和促销期后订单减少。

(五) 行为原因

行为原因指组织内部导致信息扭曲的认知问题。这些问题通常与供应链结构和各环节之间的沟通方式有关。常见行为原因包括:供应链的每个环节只是局部地看待自己的行为,无法看到其行为对其他环节的影响;供应链的不同环节只对当前的局部情况做出反应,而不是努力找出问题的根源;基于局部分析,对于造成波动的原因,供应链的不同环节相互指责,以至于供应链中的相邻环节成为敌人而不是合作伙伴;供应链的任何一个环节都不能从它的行为中吸取教训,因为它采取的行为所造成的严重后果通常发生在其他地方。结果就是一个恶性循环,各环节将自身行为所造成的问题归咎于其他环节,供应链伙伴之间缺乏信息导致它们经常做出牺牲整条供应链绩效为代价的机会主义行为。缺乏信任还会导致工作的大量重复,更重要的是,由于彼此缺乏信任,各环节之间的信息不能共享或者被忽略。

四、供应链协调方法

供应链管理过程中,经常面临信息不对称、信息扭曲、市场不确定以及政治、经济、法律等因素的变化,导致供应链失调。一旦供应链运作因风险的出现而遇到障碍,便很难实现既定目标。所以,供应链成员企业只有在共同价值观或制度约束指导下,建立有效的协调机制,才能确保供应链健康发展。因此,行之有效的供应链协调方法对供应链运营有重要的实践意义。下列管理决策可增加供应链系统总利润并缓解失调。

(一)保持目标与激励的一致性

设计激励措施,使这些措施与目标保持一致,进而改进供应链失调,使供应链活动的每一个参与者共同努力以最大化供应链总利润。

1. 协调整个供应链的目标

协调要求供应链的每一环节关注整个供应链盈余或者做大整个蛋糕,而不是仅仅关注自己所分配到的份额。协调的关键是提出能够创造双赢的机制,即供应链盈余随着所有供应链环节利润的增长而增长。这种机制的一个例子是,沃尔玛为售出的每台打印机向惠普付款,并赋予惠普制定补货的决策权,但同时明确说明店内要求达到的服务水平。这一安排改善了供应链的失调,因为如果店内的打印机供应与需求相匹配,双方都会获益。

2. 协调各职能之间的决策

在企业内部实现决策协调的关键是确保各个职能部门用于评估决策的目标与企业的总目标保持一致。所有设施、运输和库存决策都应根据其对供应链盈利能力或总成本的影响进行评估,而不是基于其对职能成本的影响来评估。这有助于避免类似运输经理的决策降低了运输成本却增加了供应链总成本情况的发生。

3. 协调价格决策

如果制造商的每一个生产批量的固定成本较高,那么它就可以使用基于订货批量的数量折扣来实现协调。如果企业对某种产品拥有市场控制力,那么管理者就可以使用两部收费制和数量折扣来帮助实现协调。由于需求存在不确定性,制造商可以利用回购、收入分享和数量柔性等契约,来激励零售商提供可以最大化供应链利润的产品可获得性水平。

4. 基于实际销售量的激励措施

如果能够改变销售人员将产品强行推销给零售商的激励机制,那么就可降低牛鞭效应。管理者应当将销售人员的激励与零售商实现的实际销售挂钩,而不是与给零售商的批发出货挂钩,这有助于消除销售人员可能持有的鼓励零售商提前购买的动机,强行推销产品的动机就会被减弱。

(二)共享信息

提高供应链各成员获得信息的透明度和准确性来实现协调。

1. 共享销售数据

在供应链各成员间共享销售数据有助于降低牛鞭效应和信息扭曲。信息扭曲的主要原因是供应链各成员都使用订单来预测未来需求。由于不同环节接收的订单各不相同,因此不同环节的预测也各不相同。实际上,供应链需要满足的唯一需求是来自最终顾客的需求,如果零售商与供应链其他成员共享销售数据,那么供应链各成员就都可以基于顾客需求进行预测。共享销售数据有助于降低牛鞭效应,这是因为供应链各成员都针对顾客需求中的相同变化做出反应。

2. 协同预测

实施协同预测和共享销售数据之后,要想实现完全协调,供应链各成员须共同进行预测和制订计划。没有协同计划,顾客需求数据共享就不能保证协调。例如,1 月开展促销活动,因此零售商会被观察到当月的需求剧增。如果在下一年的 1 月没有开展促销计划,零售商的预测就与制造商的预测不同,即使它们共享了过去的销售数据。要实现协调,制造商必须了解零售商的促销计划。关键是确保整条供应链基于共同的预测进行运作。

3. 设计补货的单循环控制

设计一条由单环节控制整条供应链补货决策的供应链有助于消除信息扭曲。正如前面提到的,信息扭曲的主要原因是供应链的每个环节都将下一环节的订单作为历史需求。因此,每个环节都认为自己的作用就是为下一环节补货。实际上,补货的关键发生在零售商处,因为那里是最终顾客购买成品的地方。当由单一环节控制整条供应链的补货决策时,就可以消除多头预测的问题,随之供应链失调就可以得到改善。

(三)改善运作绩效

1. 缩短补货提前期

缩短补货提前期可以降低提前期内的需求不确定性。对于季节性产品来说,缩短补货提前期的好处尤其明显,因为可以下多重订单,预测的精度可以得到极大提升。如果提前期足够短,则可以根据实际消耗量安排补货,从而无须进行预测。管理者可以在供应链的不同环节采取多种措施来缩短补货提前期。通过电子方式订货,无论是在线订货还是通过电子数据交换系统进行订货,都可以显著缩短与下单和信息传递相关的提前期。如果每个环节与供应商分享长期计划,那么潜在的订单可以提前安排生产计划,然后在更接近实际生产时再确定精确的数量。这会缩短计划时间,而计划时间通常是提前期的最大组成部分。在制造工厂,提高柔性和实行单元制造可以大幅缩短提前期。减少信息扭曲会进一步缩短提前期,因为它稳定了需求进而改善了生产计划。对于生产多种产品的制造企业来说尤其如此。企业可以利用提前发货通知来缩短提前期并简化收货工作,还可以利用越库作业来缩短在供应链不同环节之间运输产品的提前期。

2. 降低批量

批量的减少可以降低波动的幅度(这种波动在供应链相邻成员间会被放大),从而减少信息扭曲。为了减小批量,管理者须采取措施降低与每批产品的订购、运输和收货相关的固定成本。沃尔玛和日本 7-11 公司通过集中多种产品和多个供应商的发货,成功减少了补货批量。

计算机辅助订货是指用技术代替零售订货人员。在汽车行业,一些供应商是根据生产的汽车数量而不是一张张采购订单来获得货款的,这样就不需要单独采购的采购订单了,从而消除了与每次补货相关的订单处理成本。信息系统还有助于财务交易结算,消除了与每份采购订单相关的处理成本。

整车运输和零担运输的巨大价格差使得企业更多地采用整车运输。实际上,通过努力,企业订单处理成本已大幅降低。运输成本现在成为大多数供应链降低批量的主要障碍。通过小批量的多种产品集中在一辆卡车上,管理者可以降低批量而不增加运输成本。例如,宝洁公司要求零售商的所有订单都以整车运输,不过这一整车可以组合装运各种产品。因此,零售商可以小批量订购各种产品,只要种类多到可以装满一整车就行。日本 7-11 公司采用这一策略,其组合装运是基于运输的货物所需的温度,需要在某特定温度下运输的产品装在同一辆卡车上。这使得日本 7-11 公司可以减少零售网络的送货卡车数量,同时保证了产品多样化。食品杂货行业的一些企业使用带有多个隔间的卡车送货,每个隔间的温度不同,可装运不同运输需求的产品,从而有助于减少批量。

管理者还可以通过集货配送的方式将多个零售商的货物集中装到一辆卡车上来减少批量。在许多情况下,第三方承运人将运往相互竞争的零售网络点的货物组合装运在一辆卡车上。这降低了每个零售商的固定运输成本,使每个零售商能够以较小的批量订货。在日本,丰田使用来自供应商的同一辆卡车为多个组装厂送货,这使得管理人员能够减少各组装厂接收到的货物的批量。管理者也可以在一辆卡车上组合装运多家供应商的货物来减少批量。在美国,丰田公司就是使用这一方法来减少它所接受的、来自每一个供应商的货物批量的。

随着订货和发货批量的减小,收货的压力和成本都会显著增加。因此,管理者可使用技术来简化收货过程并降低收货相关成本。例如,提前发货通知以电子方式确认运输内容、数量和发货时间,从而有助于减少卸货时间,提高越库作业效率。提前发货通知还可以用电子方式更新库存记录,从而降低收货成本。

降低批量订货影响的另一种简单方法是,打破同时下单的情形。通常,每周订一次货的客户往往会在周一或周五订货,每月订一次货的客户往往会在月初或月末订货。在这种情况下,对于每周订一次货的客户,最好让他们平均分散在一周中的每一天进行订货;而对于每月订一次货的客户,最好让他们平均分散在一月中的每一天进行订货。事实上,可以事先安排每个客户的常规订货日,从而使到达制造商的订单更加均衡。

(四)设计价格策略

1. 基于总量的数量折扣

提供基于批量的数量折扣时,零售商为了获得折扣会增大订货批量。在基于订货批量的数量折扣下,零售商会为了获得折扣而增加订货批量。提供基于总量的数量折扣可以打消零售商增加某一次订货批量的动机,因为基于总量的数量折扣考虑的是某一段时间内的总购买量,而不是一次订货批量的大小。基于总量的数量折扣也可以减少订货批量,从而降低了供应链中的订单波动。当基于总量的数量折扣有一个固定的折扣评估截止日期时,在接近截止日期时可能会出现大批量订货,而基于滚动时期的销售量来提供折扣有助于减弱这种影响。

2. 稳定价格

管理者可以通过取消促销活动和实施每日低价策略来削弱牛鞭效应。取消促销可以杜绝零售商的提前购买行为,使订单更能反映顾客的实际需求。宝洁公司和其他一些制造商都通过实施每日低价策略来削弱牛鞭效应。管理者可以通过限制促销期间的采购数量来阻止零售商提前购买。这一限制应针对具体零售商,并与该零售商的售出量而不是购入量挂钩。因此,零售商从提前购买中无法获得任何好处。只有当它们能够卖出更多时,才会加大采购量。基于售出量的促销极大地减少了信息扭曲。

(五)构建战略伙伴关系和信任机制

当供应链内构建了信任和战略伙伴关系时,可以更容易地利用前面所讨论的管理方法实现协调。共享各环节都信任的准确信息可以使整条供应链的供给和需求更好地匹配。融洽的关系也有助于降低供应链各环节之间的交易成本。例如,如果供应商信任来自零售商的订单和预测信息,那么供应商就可以不必再进行预测了。同样,如果零售商信任供应商的质量和发货情况,零售商就可以减少清点和验收工作。一般来说,供应链各环节可以在增进信任和改善关系的基础上消除重复工作。交易成本的降低以及准确地共享信息,有助于增进双方之间的协调。沃尔玛和宝洁公司一直努力构建战略伙伴关系,以更好地协调它们的行动并实现双赢。

零售商越信任它们的供应商,它们越不可能去开发替代供应源,而是会大幅增加现有供应商产品的销售额。一般来说,高水平的信任可以让供应链以更低的成本实现更高的响应性。共享信息、改变激励、改进运作和稳定价格等行动通常有助于提高信任水平。要提高供应链中的合作和信任水平,需要明确界定各方的作用和决策权,需要建立有效的契约和良好的冲突解决机制。

实践中,为了建立信任关系,各方都必须相信,任何改善协调所带来的好处都会被公平分享。供应链关系中强势一方的管理者必须对这一事实保持敏感,并确保各方都认为利益分享的方式是公平的。

(六)供应链协调的实施条件

供应链协调需要得到企业不同部门的支持,这些支持包括:

1. 高层需要对供应链协调提供承诺

与供应链管理的任何其他方面相比,供应链协调更需要高层管理者的承诺,没有高层管理者的承诺不可能实现协调。协调要求供应链各个环节的管理者让自己的局部利益服从企业甚至供应链的更大利益。协调通常需要权衡取舍,这就要求供应链中的许多职能部门改变传统的做法。这些改变通常与每个职能部门只关注其局部目标时所采取的方法正好相反。如果没有高层管理者强有力的承诺,供应链中的这种变化就无法实施。高层管理者的承诺曾作为帮助沃尔玛与宝洁公司建立协同预测和补货团队的一个关键因素。

2. 供应链协调需要资源投入

没有有关各方为这项努力投入大量管理资源,就不可能实现协调。企业往往不会把资源用于协调上,因为它们要么认为失调是必须面对的事情,要么希望协调能够自行实现。这种问题的根源在于,所有管理者只负责他们所控制的领域,没有一个人指出一个管理者的行为对供应链其他部分的影响。解决协调问题的最佳方法之一是由来自供应链各个企业的员工组成协调团队。这个团队负责协调,并被赋予实施所需变革的权力。如果团队没有执行权力的话,那么建立团队将是徒劳的,因为团队很可能与只关注局部目标最大化的职能部门管理者发生冲突。只有在来自不同企业的成员之间建立起足够的信任,协调团队才能发挥作用。如果使用得当,协调团队可以带来巨大的效益,就像沃尔玛和宝洁成立的协同预测和补货团队那样。

3. 注重与其他环节的沟通

与供应链其他环节的良好沟通往往会使各方更重视协调的价值。企业通常不会与供应链的其他环节进行沟通,更不愿共享信息。但是,供应链中所有企业经常会因为缺乏沟通而遭受挫折。如果协调能帮助供应链更有效运作,各方会很高兴地来共享信息。相关各方之间的定期沟通有助于改变这种情况。例如,某大型计算机公司一直是一次批量订购几个星期生产所用的微处理器。该公司正试图转向按订单生产,这种情况下,它需要每天订购微处理器。计算机公司认为微处理器供应商不会愿意接受这一做法。但是,在与供应商进行沟通后,结果恰恰相反。供应商也希望减少订货批量,增加订货的频率。只不过此前供应商一直以为该计算机公司希望大批量订货,因此才从未要求做出改变。由此可见,定期沟通有助于供应链不同环节分享各自的想法,并确定共同的目标和互利的行动以改善协调。

4. 量化牛鞭效应

公司通常不知道牛鞭效应在它们的供应链中产生了重大影响。管理者应该首先比较他们从客户那里接受的订单波动与他们向供应商下的订单波动。这有助于公司量化自己对牛鞭效应的影响。一旦看到了自己的影响,公司就更容易接受这个事实,即供应链上所有环节共同促进了牛鞭效应导致了利润的显著减少。没有这个事实信息,公司总是对波动性做出反应,而不是消除波动性。这导致了公司在库存管理和生产系统上投入大量资源却看不到绩效或利润。牛鞭效应的量化证据能够非常有效地促使供应链各环节集中精力来实现协调,并消除供应链中产生的波动性。

5. 使用技术来提高供应链的紧密性

互联网和各种软件系统可以用来提高整个供应链中信息的可视化。到目前为止,大部分 IT 应用只实现了公司内部的信息可视化。多数情况下,实现整条供应链的可视化还需要付出更多的努力。只有当 IT 系统提高了整条供应链的可视性和协调性时,其带来的主要利益才能实现。如果公司想充分受益于它们对目前 IT 系统尤其是 ERP 系统的巨大投资,它们必须做出进一步努力,使用这些系统来协调整条供应链的预测和计划。互联网应该用来共享信息,提高供应链的紧密性。互联网交易的发展在这方面将起到越来越重要的作用。

6. 努力实现整个供应链网络的协调

只有整个供应链网络实现了协调,协调的全部利益才能实现。仅依靠供应链的两个环节实现协调还不够,应该努力实现整个网络的协调。例如,丰田公司已经在它的整个网络中实现了知识共享与协调。

五、供应链契约

在实际运作中,供应链契约的使用已经很普遍。供应链环境中,契约决策者进行决策时,不仅要考虑当期利益,还需考虑长期利益;不仅要考虑自身局部利益,而且要考虑整条供应链的利益,以确保在激烈的市场竞争中保持优势。供应链契约管理为交易双方提供了界定未来业绩和配置未来事件风险的方式。这种按照契约进行生产和采购的方式,有利于减少交易费用、分散风险,受到供应链成员欢迎。

供应链契约指由供应链成员达成的具有法律效力的文件,其中一方承诺在一定的条件下(如数量、质量、价格、交货期、采购时间和付款条件等)向另一方提供商品或服务,而另一方根据契约的规定(包括契约的激励和惩罚因素)向另一方支付一定数额的报酬或其他商品或服务。供应链契约的内涵可以理解为供应链上交易各方以价格、数量、付款条件以及售后服务等与各方利益相关的契约要素为决策变量,合理设计供应链契约条款,减少交易各方的机会行为,促进更紧密的合作,实现降低供应链成本、提高供应链绩效和客户满意度的目的。

供应链契约内容主要包括:定价、数量和折扣,采购的最小量和最大量,交货期,产品质量,产品退货政策等。

(一)供应链契约特征

供应链契约具有以下特征:

1. 双方共担风险

供应链中的不确定性因素包括市场需求、销售价格、成品率、交货期、兑换率等,契约是买卖双方共担由各种不确定性带来的风险的重要手段。例如,零售商将需求预测信息传送给处于供应链上游的制造商,帮助其进行产能决策和物料采购决策。如果零售商没有对需求预测进行承诺,那么,即使零售商夸大需求信息,当实际需求低于预测时也可能取消订货。然而,契约中的最低采购承诺和退回惩罚协议保证了零售商与制造商不但共享需求预测信息,而且还共担因信息不准确而带来的风险。

2. 追求总体绩效改善

供应链契约追求整条供应链的系统绩效最优,并以此为前提条件,界定各成员之间的权利和义务,保证物流、信息流和资金流的整体性。供应链契约对每个成员企业不一定是最优的,但对整体应是最优的。

3. 监督与激励的功能

供应链管理的本质是协作,但是涉及成员企业各自的利益,供应链在实施过程中会遇到很多障碍。供应链契约的特征之一就是能够激发和规范各参与企业的行为。供应链协调与否取决于激励与制约机制,解决执行协作行为的激励不足问题是供应链契约研究的主要内容。

4. 长期、动态、柔性契约

企业的竞争是它所在供应链与竞争企业供应链之间的竞争,供应链节点企业之间是一种动态联盟组织。通过共享信息实现交易双方之间长期、动态的合作关系,品种、数量和交期具有一定可变柔性,这是供应链契约的发展趋势之一。

(二)供应链契约的缔约环境

在全球化的竞争环境下,供应链契约的缔约环境呈现以下特点:

1. 供应商分布广且差异大

很多企业的产品经营范围较广,其供应商也非常分散,甚至遍布全球,导致供应商管理难度较大。供应商之间的规模、资金、技术的差距也很大,实力雄厚的供应商愿意采取现代化的管理手段和方法;相反,实力较弱的供应商对大规模的管理技术投资则比较谨慎。

2. 供应商数量多而关系杂

由于现代社会的分工越来越细,行业越来越多,导致一家企业可能有上千家供应商与之配合,涉及上万种零部件和半成品。供应商的庞大数量也导致供应链契约的缔约环境比较复杂,数量众多的供应商与零售商之间的相互依赖程度是不同的,对契约条款的要求也因实际情况而异。

3. 信息沟通高效但难甄别

现代计算机和互联网技术一方面使得企业之间的信息沟通更及时和便捷,另一方面也使市场的波动在全球化的信息时代下更加敏感,容易被放大。

4. 传统思维影响契约缔约

原有的不良关系或者效率低下的协调方式仍在发挥影响,比如单向退货、库存风险完全由供应商承担,这些传统思维定式严重影响着契约的制定与执行。

5. 矛盾处理机制尚不成熟

很多现实的原因造成供应商存在不满,物流供应链的运作没有带来供应链资金的相应配合,彼此不信任也是造成供应商不满的主要原因。

6. 契约执行监督体制不健全

上游供应商对于下游的零售商或者采购商契约的履行,难以做到完全监督,而且目前的监督成本太高,以至于如果强制实行监督,会加大供应链协调的成本。

(三)供应链契约分类

1. 按契约的协调对象分类

按照协调对象,可以分为供应商与制造商契约、制造商与经销商契约、经销商与零售商契约、零售商与最终客户契约等。

2. 按契约的物流的环节职能分类

按照企业物流的环节和职能,可以分为供应契约、运输契约与仓储契约。供应契约即订货/补货契约,属于购销契约,供方的基本义务是按时、按质、按量在约定的地点将产品交付需方。运输契约是指承运人将货物从起运地点运输到约定地点,托运人或者收货人支付运输费用的契约。仓储契约是保管人储存存货人交付的仓储物(交付保管的货物),存货人支付仓储费的合约。

3. 按契约的时效不同分类

按照契约时效不同,可以分为长期契约和短期契约。长期契约又可以根据价格是否可变,分为固定价格契约和变动价格契约。长期契约确立企业间的长期合作,所涉及的产品具有某种程度的专用性,签约期限较长。短期契约由供应链成员根据自己一段时期内的具体需求签订一次或较短时间的交易性契约。

4. 按契约的优化模式分类

按照契约制定模式与条款,可分为批发价契约、回购契约、收益共享契约、数量柔性契约,以及期权契约、备货契约、返利契约、价格折扣契约、最低购买量契约、产能预留契约等。

(四)供应链契约协调机制

供应链契约是进行成员关系协调最常用的手段之一,成员企业之间的合作和贸易关系多通过供应链契约形式进行约束和体现。供应链契约协调的内容主要涉及以下几个方面:

1. 决策权分配机制

供应链契约中的主要问题之一是供应链中的决策权由各成员分散控制,故通过重新分配实体的决策权可以调整实体的决策激励,从而提高系统性能。供应链契约可促使供应链成员合作,约束每个成员在保证系统最优结果的前提下,在自己的决策权范围内寻求自身利益最大化,据此对合作收益进行适当分配,提高成员积极性和凝聚力,同时满足一定的公平性条件。

2. 库存协调机制

供应链契约直接影响库存水平和生产决策。物品采购量过大,会造成过高的存货成本与资金占压,使资金周转速度减慢,而需求不确定又可能出现严重的缺货问题,影响企业的生产和销售。通过与供应商签订契约,实现小批量、多批次准时交货,根据产品特点实施不同类型的供应链契约,有利于降低库存积压和缺货的风险,提高服务水平。

3. 成本共担机制

供应链契约具有成本杠杆效应,通过与供应商长期合作,使成本在供应链成员间适当分配,从而提高整条供应链绩效,成为一个"利润之源"。反之,如果要通过提高销售额来达到同样的效果,则需要更大比例的销售增长。

4. 产品定价机制

影响定价决策的因素有很多,如生产成本、竞争者价格、交易量及信息通畅度等。当供应方和采购方都有一定的市场力量,而两者缺乏协调时,定价决策就会导致最终价格高于使双方总利润最大化的水平,即双重边际化问题。

双重边际化是引发渠道冲突、降低供应链效率的本质根源,是供应链成员各自追求利润最大化而导致的一种结果。改变双重边际化的手段之一就是根据产品特性制定符合实际情况的供应链契约,把协调运营所增加的盈利在各成员间进行再分配,这种利益分配的比例只有通过强制的形式才能得到确认。但由于很难区分各成员在协调管理中所付成本的大小,其确定比例较为困难,常用的办法是各成员采用妥协的供应链定价决策。

5. 信息共享机制

供应链要通过联合预测与规划实现协调,前提是信息共享,减少供应链上的波动,保证各阶段决策的基础数据,如销售量、需求量和库存量等的一致性,通过制定契约要求各成员把自己掌握的数据与其他成员共享。供应链契约为供应链信息畅通提供了保证,而信息畅通是供应链有效运作的前提条件。

(五)供应链契约的风险

1. 机会主义

在供应链契约实际履行过程中,各成员企业实施欺骗、不完全履约等机会主义行为的可能性是存在的,这种短期的、局部的利益行为会损害整条供应链的绩效,并导致合作关系的破裂。在信息不对称的情况下,信息弱势方的契约决策权更应该在契约中有所体现。如果契约决策权偏向信息优势的一方,将更容易产生机会主义行为,因为自私的行为可能难以被发现。

2. 资产专用性

资产专用性在契约执行中具有重要的意义,不同资产的性质影响契约执行的效率。当一种资产具有较高的转移成本且只能在特殊交易中才能产生效用时,这种资产就具有了某种专用性。

当资产不具有专用性时,交易各方都可以无代价地将资产转用于其他方面。而当资产对于交易具有专用性时,若它被转作另外的用途,生产效率就会降低,资产的价值会因此而减少。在这种情况下,交易各方就会产生维持其合约关系的共同利益,并建立起某种保障机制来规制其合约关系。所以资产专用性存在与否及专用性程度都会影响供应链契约的效果。

3. 免责条款

免责条款指当事人在契约中事先约定,旨在限制或免除当事人未来责任的条款。广义的免责条款不仅指责任的免除,还可以指债务免除。作为一种规避契约风险的手段,过多的免责条款可能会损害供应链各成员企业的信任感,从而使契约成为实效很差的"一纸空文"。另外,如果各方都追求利己的免责条款,将使契约执行的条件过于苛刻,监控成本也会增加,最终导致合作失败。

4. 契约成本

契约成本指为实现某项供应链契约而发生的相关费用,包括从契约签订开始至契约完成为止所发生的、与执行契约有关的所有直接费用和间接费用。在供应链环境下,各个企业对于执行与不执行契约所带来的成本差异都会进行核算,如果执行契约的成本小于其所带来的收益,企业才会愿意合作,否则供应链合作将会破裂。

六、供应链常用契约

协调供应链的常用契约包括批发价契约、回购契约、收益共享契约、数量柔性契约、期权契约和组合契约等。其中,批发价契约与回购契约是研究最早也是最为常见的契约类型,而收益共享契约涉及供应链合作中的核心内容——成员收益和产品数量。

(一)批发价契约

批发价契约,也称固定承诺契约,是供应链中存在最为广泛和最为简单的契约关系。批发价契约指供应商单位成本为 c,以一定的批发价 w 将产品量为 q 的产品分销给代理商,代理商再以零售价 p 销售给最终消费者。由于批发价契约执行简单、监管成本低、供应商可获得无风险利润而受到供应商的青睐。在备货式生产模式中,一般都是采用这种契约形式。为了激励零售商多订货,演变出价格折扣契约、销售返点契约等形式。批发价契约可以作为其他契约的一个比较基准:虽然批发价契约具有实施过程中监管成本低的优势,却达不到较好的供应链效果和无法体现较好的供应链管理理念。

(二)回购契约

随着需求不确定性加剧,零售商更加关注滞销损失(批发价契约下,对零售商而言,这是确定性的损失),而忽视机会损失(对零售商而言,这并非一定会是真实损失,因为零售商同时销售不同供应商的同类产品,消费者在某一品牌缺货时会转向购买同类替代品)。供应商为了减少其机会损失,就不得不分担零售商的部分滞销损失,实现对零售商的订货量激励。

回购契约指供应商在销售季节结束后,将销售商没有售完的货物按一定价格收购,回购价格通常高于该商品的市场残值,但低于采购方订货的价格。其目的是给予销售商一定的激励性保护,促使销售商增大采购量,将需求不确定性产生的风险由供应商和销售商共同承担,平衡它们的边际收益和边际成本,进而协调供应链运作。目前,回购契约广泛应用于短生命周期产品,在市场需求波动显著的外部环境中应用也较多,如电子产品、图书、服装等。

回购契约更适应市场的不确定性,而且提高了供应链的整体效益,一定程度上实现了供应链的协调。但仍存在一定的局限性:存在必须回收或处理的剩余库存,增加了供应链的成本。对此,制造商可以通过给予零售商减价补助,允许低价出售滞销产品,从而降低退货成本。例如,出版社可以不要求图书零售商退回未售出的图书,而是给予降价补贴,以大幅折扣销售滞销图书。回购契约条款可能致使销售商不像没有回购契约时那么努力地销售产品。对此,制造商可以在回购契约中限定回购数量来应对销售斗志的下降。回购契约导致供应链响应的是零售商的订单,而非真正的市场需求。例如,供应商向多个零售商供货,根据每个零售商所下的订单来进行生产,每个零售商又根据自己的销售成本来确定订货量。实际销售时,未售出库存分别从每个零售商退回到供应商,此时的回购契约放大了零售商处的分散库存而产生的信息扭曲。

(三)收益共享契约

新产品的需求不确定更加剧烈,零售商对产品市场不了解,可能不积极参与销售供应商新推出的产品。供应商为了增加销售机会,迅速占领市场,以减少机会损失,就不得不与零售商结盟,实现对零售商的订货量更大力度的激励。收益共享契约中,制造商给零售商一个较低的批发价格,并分享零售商销售收入的一部分。即使不回购退货,较低的批发价格也降低了零售商在未售出产品时的成本。因此,零售商会提高产品的可获得水平,从而提高制造商和零售商的利润。

与批发价契约相比,收益共享契约增大了零售商的订货量、增加了供应链的整体利润。同样也是因为零售商风险的一部分需要由供应商来承担,因此增加了其订货量,供应商承担的风险由零售商订货量的增加得到了补偿。收益共享契约通过降低零售商的单位进货成本来应对双重边际化,并有效降低了超储成本。收益共享契约优于回购契约的一个方面就是它不需要退回产品,因此减少了退货成本。收益共享契约适用于可变成本低和退货成本高的产品。

与回购契约一样,收益共享契约也加剧了信息扭曲,导致了零售商在库存超储时的懈怠。因为收益共享契约也会导致供应链根据零售商的订单而不是实际顾客需求来进行生产,信息扭曲导致了供应链中过多的库存以及供应和需求之间更大的不匹配。收益共享契约面临的市场不确定性增加,实施过程中需要建立支持供应商监控零售商销量的信息系统,契约实施的监控成本较大。因此,虽然收益共享契约能够更好地实现供应链的协调,却难以在现实中实现。

(四)数量柔性契约

对于一对多的渠道结构,某个市场需求下降(实际需求低于预测需求),而别的市场需求可能会增加(实际需求高于预测需求),不同市场需求并不独立或互补,在供应商存在产能柔性的情况下,允许零售商依据当前市场信息修正其预测订货量,对零售商将有更大的激励效果。数量柔性契约下,制造商允许零售商根据市场的最新反馈信息修正其先前的预测后改变订货量。如果零售商订货量为 Q,那么制造商必须承诺提供 $(1+\alpha)Q$(零售商最多购买量),而零售商承诺至少购买 $(1-\beta)Q$。即零售商修正订货量 q 满足 $(1-\beta)Q \leq q \leq (1+\alpha)Q$,其中 $\alpha, \beta \in (0,1)$。这种契约有点类似于回购契约,因为制造商现在承担着剩余库存的风险。由于不需要退回产品,所以当退货成本很高时,这类契约比回购契约更有效。数量柔性契约提高了零售商的平均采购量,从而可能提高供应链的总利润。

数量柔性契约更适合不确定性较大的市场,因此在电子和计算机行业零件采购中应用得非常普遍。如果供应商有柔性产能,数量柔性契约就可以提高整条供应链以及各方的利润。数量柔性契约要求供应商持有库存或剩余柔性产能。如果供应商有大量的柔性产能,库存可以进一步减少。对于高边际成本产品或者存在剩余产能时,数量柔性契约更适用。为了提高有效性,数量柔性契约要求零售商善于收集市场情报,随着销售季节的来临不断提高预测准确度。因此,对零售商提出了较高的要求,实施监管的成本也有所提高。相对于回购和收益分享契约,数量柔性契约的信息扭曲较少。在多个零售商情况下,使用数量柔性契约时,零售商在实际需求发生前只给出它们购买量的范围,当接近销售季节、需求更可见并稳定时,零售商再修改订单,不确定性需求的集中反而降低了信息扭曲的程度。然而,数量柔性契约也会导致零售商的懈怠。实际上,任何通过不让零售商对超储完全负责来促使零售商提高产品库存量的契约都会降低零售商在给定库存水平下的销售努力。

(五)期权契约

期权契约是指零售商向供应商先支付部分产品费用作为预订费用或期权价格,并约定在将来某一时间零售商有权以一定执行价格向供应商采购不高于契约事先约定数量的商品。如果买方没有行使期权,就会失去开始支付的费用。

可以看出,期权契约提供了一种由采购方根据真实需求调整订货数量的柔性策略,帮助采购方降低了由于超额库存带来的风险。其效果与数量柔性契约类似。数量柔性契约以采购方承诺最大最小采购量的方式显示柔性,库存风险由双方共同承担;期权契约则采用由供应方的方式来达到柔性采购数量的效果,此时库存风险全部由供应方承担。与其他契约方式相比,期权契约的柔性范围更大,通常应用在市场需求变化大、价格波动大、采购困难商品的采购领域。零售商可以使用期权工具管理需求的不确定性、降低需求风险,但降低风险是需要成本的,零售商需要支付期权契约的保证金作为风险管理成本。而供应商获得期权契约的保证金作为共担零售商风险的补偿,并通过共担风险方式促使零售商采购更多产品以增加销售额。

(六)组合契约

采购方与多个供应方在同一时间签订多个契约,即组合契约。这些契约的价格、数量都不相同,目的是使采购方可以对冲其超额库存、缺货和价格的风险,从而最大限度地优化其期望利润和降低风险。这种方式对于有着大量供应商的日用品市场很有效,采购方可以针对供应商分别签订不同类型的契约,通过签订多种形式的补充契约来减少订货和库存持有成本。为了使采购更为有效,采购方可能需要适当地在低价、低柔性,或者适当的价格、较好的柔性,或不确定的价格和数量但没有供应承诺(实时的现货采购)的采购策略间进行适当的组合。特别是采购方必须在不同的契约间优化:在一个较长期限内承诺多大采购数量? 购买多少期权? 当需求较高时,在现货市场采购多少? 如惠普公司为降低塑料和其他材料采购的综合风险,以及最大化采购收益,采用50%远期契约、35%期权契约、15%现货契约组合方案进行采购。

组合契约对采购的影响在于,当需求大幅高于预测,即基本承诺量加上期权数量仍不能满足需求时,公司将通过现货市场进行采购。可见,只有在最差情况下,为了弥补短缺才在现货市场高价采购。因此,企业完全可以通过权衡价格风险、缺货风险及库存风险来确定长期契约的承诺数额和期权数额。例如,在相同的期权水平下,当价格风险大于库存风险时,可以选择加大长期契约的承诺数量策略。反之,当价格风险和缺货风险较小的时候,则可采取降低基础承诺的策略。同样,在相同的基础承诺水平下,也可以通过调整期权的持有量和履行量来控制不同类型的风险程度。

 复习思考题

1. 供应链失调对企业的影响主要表现在哪些方面,请列举并简要描述其影响。

2. 供应链失调可能导致哪些问题出现在企业的运作中,请举例说明。

3. 供应链失调的主要原因有哪些,分别从内部因素和外部因素两个方面进行分析。

4. 介绍一种常用的供应链协调方法,并说明其原理和应用场景。

5. 为什么说及时解决供应链失调对企业的持续发展至关重要? 请简要解释。

即测即评

请扫描右侧二维码,进行即测即评。

第四章 供应链组织与供需管理

❖ **本章导读**

　　本章旨在构建对供应链组织架构的深刻理解,引领读者探索供应链管理的核心机制。首先,本章界定供应链组织的基本概念,阐明其设计原则,这是构建高效供应链体系的基石。随后,本章系统地介绍供应链组织的多元形态,旨在揭示不同组织模式的特性与优势,以及它们在供应链控制与应急管理中的应用。之后,在深入供应链组织架构的基础上,本章转向供应链需求预测这一关键议题,详细介绍了几种主流的需求预测方法,以及评估预测精度的技术手段,帮助读者掌握需求预测的基本技能。同时还探讨了如何在供应链中有效管理需求与供给,以实现资源的最优配置。最后,本章聚焦于协同计划、预测与补货(CPFR)这一前沿领域,揭示其在提升供应链响应速度与效率方面的重要作用。通过本章的学习,读者将全面掌握供应链组织设计与管理的核心知识,理解需求预测与供给管理的策略,以及协同计划、预测与补货的实践,为在供应链管理领域中的深入研究与实践奠定坚实的基础。

❖ **本章关键术语**

　　供应链组织;供应链控制;需求预测;供给管理

第一节 供应链组织概述

一、供应链组织

　　不同于传统企业管理,供应链管理是一种全新的管理思想方法,其有效运作需要组织保障。

　　(一)特点

　　从整体上看,供应链组织呈现以下 4 个特点:

　　1. 精益化

　　核心在于精干,消除无效活动和浪费,可以节约大量人、财、物力,全面提高企业生产经营的效率和效益,是主流趋势。

2. 智能化

强调学习能力,能根据环境形势的要求不断扩大和更新原有内存,提高企业自身和整个供应链的生存竞争能力。

3. 敏捷化

强调速度取胜,追求速度经济效应的获取。主要表现为企业具有敏锐的市场需求信息的捕捉力,并调动资源,以最快的速度满足市场需求的变化;组织结构更加灵活,组织调配资源的速度更加快捷。

4. 柔性化

对环境变化能及时地做出能动反应,与敏捷化相辅相成,包括生产柔性、机器柔性、工艺柔性、人员柔性等。

(二)设计原则

供应链组织设计需要基于企业自身的经营目标、发展规划、业务特征、发展阶段、企业文化及人员素质等,并且随着市场和企业战略调整而不断变化。下面将介绍供应链组织设计的原则,包括有效性、合理管理幅度、战略目标导向、高效沟通协同和灵活适应变化。

1. 有效性

有效性是供应链组织设计原则的核心,是衡量供应链组织结构合理与否的基础。

2. 合理管理幅度

是指一名管理者能够直接而有效管理其下属的可能人数和业务范围应合理。

3. 战略目标导向

供应链组织设计应以战略目标为导向。在进行供应链组织设计时,应确定供应链战略与企业战略的关系,确保两者相互支持;确定关键绩效指标(KPI),以便评估供应链绩效对企业战略的影响;确保供应链组织具备实现战略目标所需的技能和资源。

4. 高效沟通协同

高效沟通协同是供应链成功的关键因素之一,因此供应链组织设计应考虑如何实现高效沟通协同。

5. 灵活适应变化

供应链管理面临诸多变化因素,包括市场需求、政策法规、技术进步等。因此,供应链组织需要具备灵活的适应变化的能力。

二、传统供应链组织形式

(一)分散型管理组织

分散型管理组织形成于 20 世纪 50 年代到 60 年代,如图 4-1 所示,其基于传统的职能专业化分工,按职能设置采购、财务、制造、市场营销等部门。该组织的优点为全部职能直接由采购、财务、制造、市场营销等部门负责监督管理,简单直接,缺点为各部门往往从各自的利益出发,很难将整个系统运行协调一致,各部门之间缺乏系统连接,易出现断流现象。

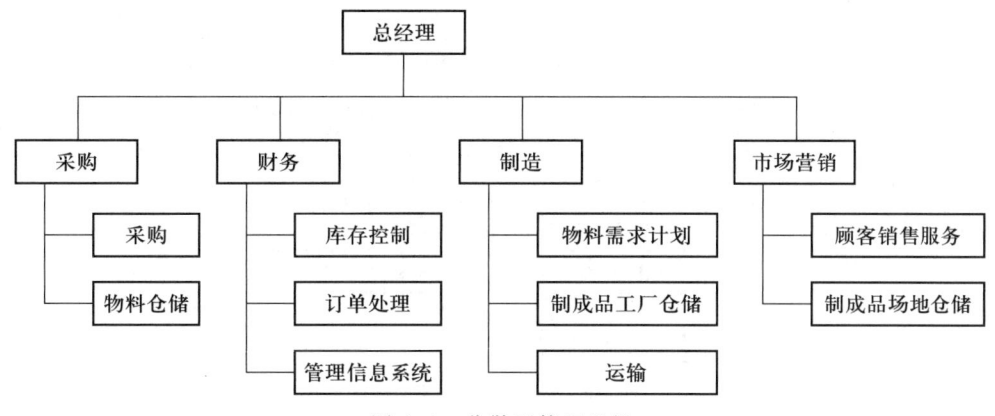

图 4-1 分散型管理组织

(二)功能集合型管理组织

功能集合型管理组织产生于 20 世纪 60 年代到 70 年代,如图 4-2 所示,其将分散在各专业部门内的物流功能进行合并和集合,使物流活动在组织中突显出来,以便于各部门进行计划控制和协调。该组织在一定程度上增强了物流活动的协调性,适用于外部环境较为稳定、采用常规技术、重视内部运营效率和员工专业素质的中小规模企业。

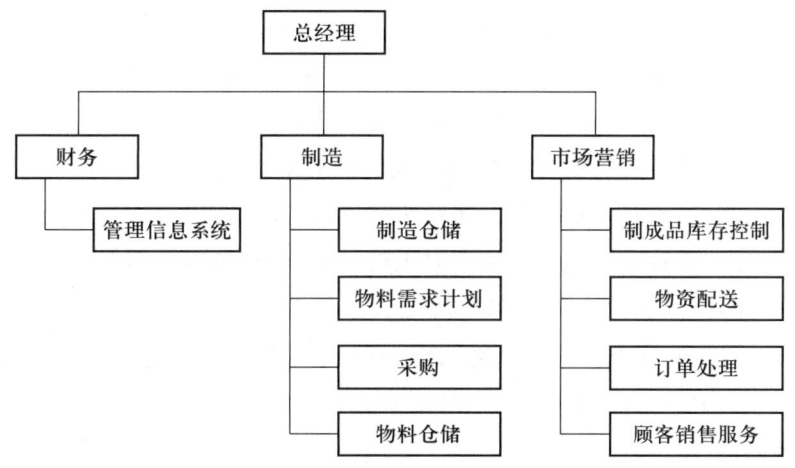

图 4-2 功能集合型管理组织

(三)功能独立型管理组织

功能独立型管理组织产生于 20 世纪 70 年代后期,企业将核心的物资配送和物料管理功能独立出来,形成与财务、制造及市场营销等相平行的专业部门(见图 4-3)。在该组织下,物流职能管理和物流现场作业还是不能完全统一,因为许多物流具体作业还是分散在生产和营销活动之中。

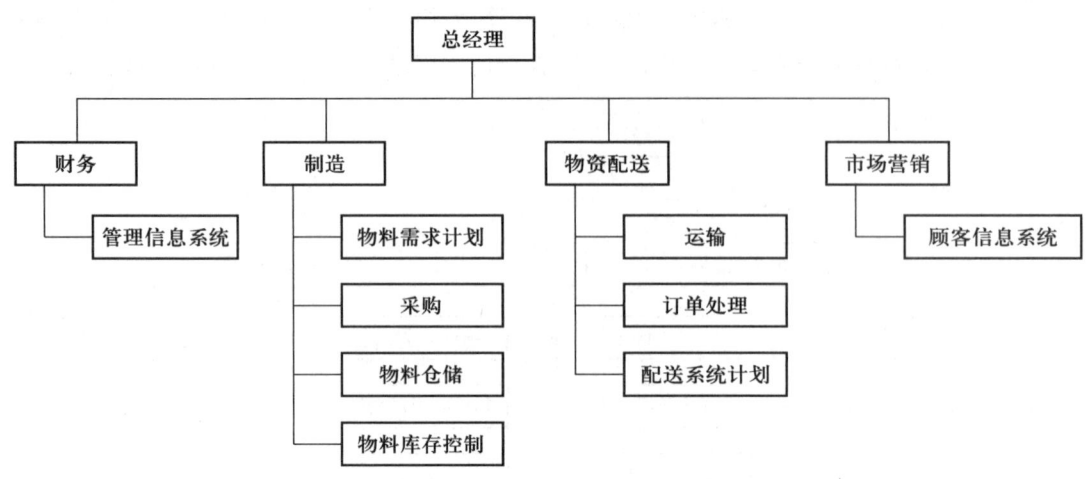

图 4-3　功能独立型管理组织

从总体上看,无论是分散型、功能集合型还是功能独立型管理组织,由于物流活动仍处于分散或独立未分化状态,其主要具有以下缺点:不能制定全公司性质的物流政策、物流战略和物流计划;作为非核心业务,物流活动被埋没在部门活动中,其发展势必会受到约束;不利于培养物流方面的专业人才。

三、集成供应链管理组织

集成供应链管理,又称一体化供应链管理,是指应链中所有成员单位基于共同的目标而组成的一个"虚拟组织",组织内的成员通过信息的共享、资金和物质等方面的协调与合作来优化组织目标。具体来说,集成化供应链管理是指供应链上的节点企业摒弃传统的管理思想和观念,通过信息技术对所有供应链成员的采购、生产、销售、财务等业务进行整合,并将其看作一个整体的功能过程而开发的供应链管理功能。

如图 4-4 所示,集成供应链管理核心是围绕作业回路、策略回路和性能评价回路展开,形成一个相互协调的整体。其中,由顾客化需求—集成化计划—业务重组—面向对象过程控制组成的第一个控制回路(作业回路);由顾客化策略—信息共享—调整适应性—创造性团队组成的第二个回路(策略回路);在作业回路的每个作业形成各自相应的作业性能评价与提高回路(性能评价回路)。

集成供应链管理组织包括物流功能一体化和物流过程一体化。20 世纪 80 年代后期首先形成的是物流功能一体化组织。物流功能一体化又可分为直线功能一体化、参谋功能一体化和完全一体化。

(一)直线功能一体化

直线功能一体化设有专门的物流部门,如图 4-5 所示,物流部门经理负责所有的物流活动,如订货处理、库存管理、仓库管理、运输管理等,并对总物流成本降低负责,但计划、预

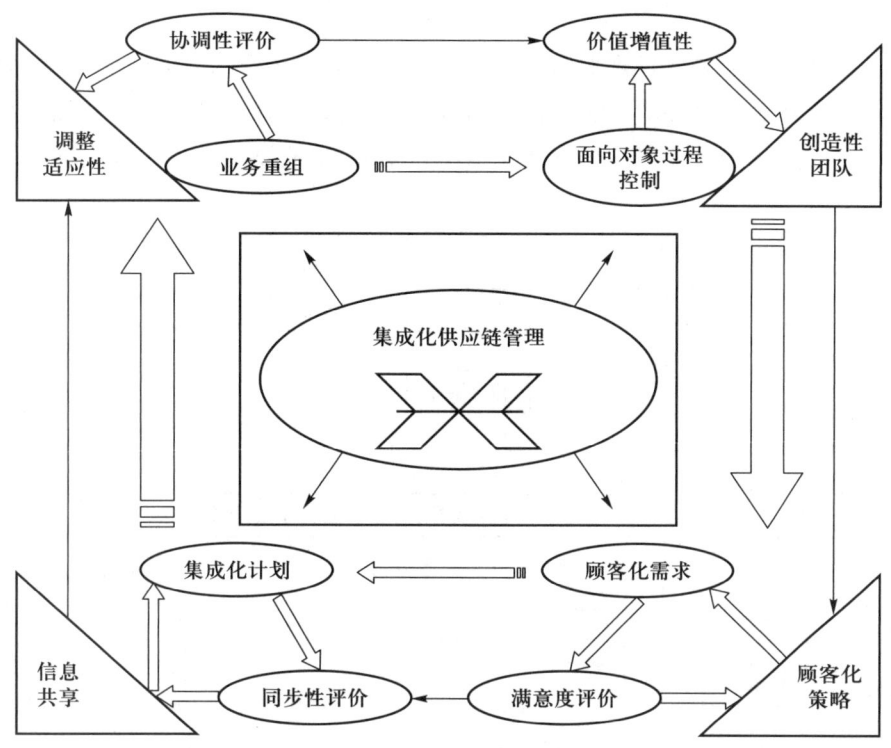

图 4-4　集成供应链管理组织理论模型

测、客户服务等参谋职能保留在企业各职能部门内部。

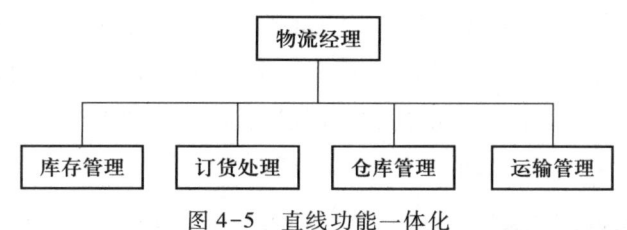

图 4-5　直线功能一体化

（二）参谋功能一体化

参谋功能一体化是一种按照各个参谋职能组织物流部门的供应链管理组织形式。如图 4-6 所示，参谋功能一体化是把有关物流活动的参谋组织抽调出来放置到设立的物流部门中，基本物流活动还在原来的部门中进行，能在较短的时间内使企业经营者顺利地采用新的物流管理手段。

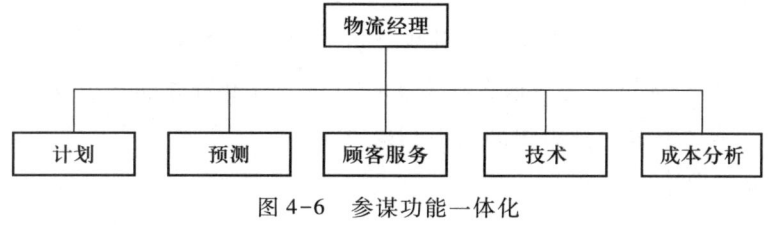

图 4-6　参谋功能一体化

111

（三）完全一体化

完全一体化也称为直线参谋型供应链管理组织。如图 4-7 所示,完全一体化组织是指在一个高层物流经理的领导下,统一所有的物流功能和运作,将采购、储运、配送、物流管理等物流的每一个领域组合构成一体化运作的组织单元,形成总的内部一体化物流框架。

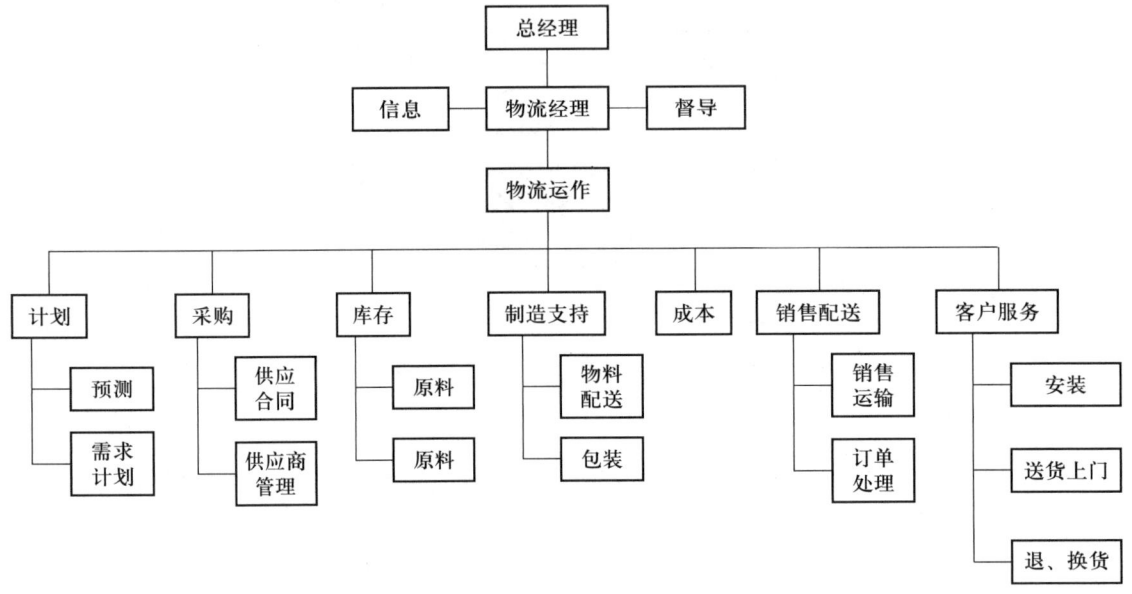

图 4-7　完全一体化

进入 20 世纪 90 年代,供应链管理组织开始由功能一体化的垂直层次结构向以过程为导向的水平结构转变,由纵向一体化向横向一体化转变,由内部一体化向内外部一体化转变。从某种意义上来说,矩阵型、团队型、联盟型等供应链管理组织就是在以物流过程及其一体化为导向的前提下发展起来的。

四、虚拟供应链管理组织

（一）虚拟组织

虚拟组织是一种区别于传统组织的以信息技术为支撑的人机一体化组织。其特征以现代通信技术、信息存储技术、机器智能产品为依托,实现传统组织结构、职能及目标。在形式上没有固定的地理空间,也没有时间限制。组织成员通过高度自律和高度的价值取向共同实现团队目标。

虚拟组织是适应信息时代要求的一种生产方式和组织类型。它的最大特点在于能够突破企业的有形界限,通过先进的信息技术实现对企业外部资源的系统整合以达到企业的目标。图 4-8 表示了支撑虚拟组织的网络结构。

虚拟组织具有以下四个特点:

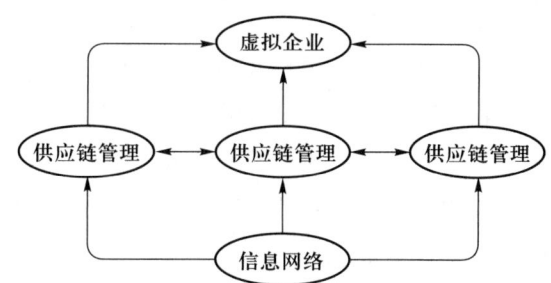

图 4-8 支撑虚拟组织的网络结构

（1）合作型竞争，企业是建立在共同目标上的合作型竞争；

（2）动态性，企业能动态地集合和利用资源，从而保持技术领先；

（3）组织扁平化，扁平化的网络组织能对市场环境变化做出快速反应；

（4）学习型组织，企业竞争的核心是学习型组织。

（二）虚拟供应链

虚拟供应链的概念最早在 1998 年由英国桑德兰大学电子商务中心在一个名为"供应点"的研究项目中被提出。该项目旨在开发一个电子获取系统，以使最终客户能够直接从中小企业组成的供应链虚拟联盟中订货，并称之为虚拟供应链。

虚拟供应链是利用信息技术，构建虚拟企业，再通过开放式的网络平台，将企业连接成为动态的供应链，将各方的诉求信息系统无缝对接，在供应链中实现知识共享、信息交流、生产协调与快速响应消费需求等目标。部分学者还将虚拟供应链归结为"电子商务在供应链范畴的表现""一个基于网络技术的平台，在线、即时地使众多公司如同一个公司般运作，以最大化客户价值"。图 4-9 是描述虚拟供应链的常见图示。

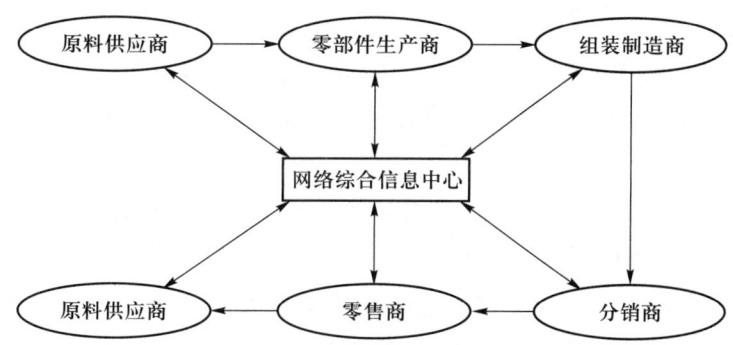

图 4-9 虚拟供应链基本结构图示

单向箭头表示的是物流的方向，双向箭头表示的是信息流的交换。如图 4-9 所示，虚拟供应链的核心，是一个独立的提供信息服务的虚拟平台。

与传统供应链相比，虚拟供应链具备很多优势：

（1）传统供应链相对固定，而虚拟供应链是动态的，能够应对市场的快速变化；

（2）传统供应链一般是围绕核心企业的扇形结构，而虚拟供应链是网状的结构，它不会因为某一个环节出了问题而影响整个供应链的正常运行，更有利于供应链的优化；

（3）传统供应链由核心企业提供技术支持和服务，一方面核心企业必须投入大量人力和物力，另一方面其他合作伙伴又担心受制于核心企业，而虚拟供应链是由专门的中立信息服务中心提供技术支持和服务，这样既有利于提高服务质量和效率，降低供应链运作成本，又使供应链合作伙伴感到平等和安全；

（4）虚拟供应链使得广大中小企业发起和组建供应链成为可能，在传统供应链模式下，这些企业往往处于从属地位；

（5）虚拟供应链服务系统将给予客户对供应链更多的控制，从而得到更高质量的产品和服务。

面向虚拟企业的供应链管理必须能够为组织中的核心企业提供两个方面的能力：一是能够提供满足定制化要求的产品；二是在接受客户订单、完成订单直至销售的一系列过程中，有足够的柔性和快速的反应。

五、供应链控制和应急管理

供应链控制和应急管理就是在供应链受到干扰的情况下，解决怎样让供应链尽快恢复并产生效益的问题。

在供应链管理中，可通过严格供应商的选择流程、明晰供应商的评价指标、对供应商实行 ABC 管理，来确保供应商的质量；通过与少数高质量的供应商建立战略合作关系，减少供应商数量，来不断降低供应链的管理费用；通过与供应商建立战略合作关系，减少公司的原料与供应商的成品库存的总和，并合理布局双方的库存结构和存货位置，从而降低双方的资金占用和物流成本。

在进行供应链控制和应急管理时，可通过以下 6 个步骤建立危机预警机制：

（1）组建危机管理小组。小组领导一般由企业最高领导者来担任，以企业各职能部门负责人为主，兼收一部分基层员工介入。

（2）定期进行风险分析。企业要对自身所处的危机体系进行详细掌握，弄清楚现在处于什么阶段，然后定期进行企业运营危机与风险分析。

（3）做好"被害预测"。当发生重大危机时，公司会受到什么损害，必须要迅速做好"被害预测"，然后进行风险分级管理，制定每一项风险的分析解决方案，明确责任人与责任完成时间与指标。

（4）根据"被害预测"，做出对应的措施，另外还要不定期举行不同范围的危机爆发模拟训练。

（5）当对策制定完毕，在危机爆发付诸实施时，公司内部经费的安排一定要保障硬件与软件的配合。

（6）确保企业内部沟通渠道畅通，并与外部世界建立良好的互动、协作关系，改善企业外部的生存环境。如果企业内部缺乏有效的沟通，则会加剧企业的危机。

第二节 供应链需求与供给管理

一、需求管理

供应链中的需求与供给管理是指在供应链运作过程中，通过对需求的准确预测、计划和控制，以满足市场需求，并最大限度地提高供应链的效益和竞争力。需求与供给管理在供应链中起着至关重要的作用，对于企业的运营和生存具有重要意义。

（一）需求管理的定义与意义

需求管理是指通过市场调研、数据分析等手段，确定产品或服务的市场需求，并准确预测和计划供应链中所需的物资、人力资源和信息等资源，以确保供应链的顺利运作。需求管理的目标是满足市场需求，提高供应链的效益和竞争力。

需求管理的意义主要体现在以下几个方面：

1. 提高客户满意度

需求管理可以帮助企业准确把握市场需求，及时满足客户的需求，提高客户满意度，增强客户黏性。

2. 降低库存成本

需求管理通过合理的需求预测和计划，优化了库存水平，避免库存过多或过少，降低了库存成本和风险，并提高了资金的周转率。

3. 缩短供应链周期

需求管理可以准确预测市场需求，避免供需失衡的情况发生，从而缩短了供应链的周期，提高了供应链的效率。

4. 提高生产计划的准确性

需求管理可以通过分析市场需求变化趋势，提高生产计划的准确性，避免生产过剩或生产不足的情况，提高了生产效率。

（二）需求管理内容

1. 需求预测

需求预测是成功实现需求管理的第一步，它是制订需求计划的依据和基础。它的精确度越高，需求计划的可靠性和可行性也就越高。

2. 需求计划

需求计划用来实时地支持供应链目标，掌握、协调和控制需求制订计划，协调与需求相关的其他业务环节,并使它们之间不断交流信息,产生一致的协调性过程。

3. 需求分析报告

需求分析报告通过其基于互联网的报告应用工具,将客户创建定制的报告与报表或其他第三方报告与报表集成,或自行定义一套可由所有客户访问的通用异常事件报告集。例如,高于或低于定额值,销售增加或减少,各项主要指标的增长、排列、与累积值比较、定额绩效和趋势等,实时提供需求分析输出报告,使管理者及时了解需求变化的情况。

4. 需求监控与关键绩效评估

需求监控与关键绩效评估可以为管理人员提供额外的分析和发布信息,它使用多维的功能为需求管理提供所需的关键信息,监控与评估该计划的执行进程,并对异常情况发出警告,及时通知管理人员防止意外的发生。

(三)需求管理的策略和方法

1. 需求管理的策略

(1)市场调研和数据分析。需求管理首先需要进行市场调研和数据分析,了解市场需求的变化和趋势,为需求预测和计划提供依据。可以通过客户调查、市场分析报告、销售数据等渠道获取相关数据。

(2)需求预测和计划。需求管理需要对市场需求进行准确预测,并进行需求计划。可以通过定性或定量等方法进行需求预测,再根据需求预测结果进行需求计划,包括物资采购计划、生产计划等。

(3)协同合作与信息共享。需求管理需要与供应链中的各个环节进行协同合作和信息共享,通过共享市场需求信息、订单信息等,实现供应链中各个环节的协调和整合,以提高供应链的效率和灵活性。

(4)成本控制与风险管理。需求管理需要平衡市场需求和成本控制,通过合理控制库存、降低运输等成本,提高供应链的运作效率。同时,需求管理也需要预防和应对供应链中的风险,及时做出调整和应对措施。

2. 需求管理的方法

供应链可以通过定价和其他促销形式影响需求。促销活动会对需求产生以下影响。

(1)需求增长的来源。

①市场增长。产品需求的增长可能来自新客户,也可能来自现有客户。促销活动不仅提高了企业的销售量,也扩大了市场的整体规模,让原本不买产品的客户购买了产品。

②抢占市场份额。客户用企业的产品取代其竞争对手的产品。促销活动虽提高了企业某一时段的销售量,但市场整体规模仍保持不变。

③提前购买。客户将未来的购买提前到当下进行。促销活动可能吸引原本打算在几个月后购买产品的客户立即出手购买。提前购买既不会增加企业的长期销售量,也不会影

响市场的整体规模。

（2）影响促销活动时间安排的因素。具体如下：

①促销活动对需求的影响。

②库存持有成本。

③改变产能水平的成本。

④产品的边际利润。

企业管理层想知道每一种因素到底更支持在旺季还是淡季进行促销。结合促销对需求的影响，管理层可以进行相关方案的决策，见表4-1。

表4-1 各因素对供应商促销的影响

因素	对零售商促销时间安排/提前购买的影响
提前购买量大	需求淡季
抢占市场的能力强	需求旺季
增加整体市场份额的能力强	需求旺季
产品边际利润高	需求旺季
产品边际利润低	需求淡季
制造商库存持有成本高	需求淡季
产能改变成本高	需求淡季
零售商库存持有成本高	减少提前购买的可能
顾客对促销的弹性大	减少提前购买的可能

（四）需求管理的挑战

需求管理在实践中面临着一些挑战，包括：

（1）市场需求不确定性。市场需求受到市场环境、消费者需求等多种因素的影响，难以准确预测和计划，容易造成供需失衡。

（2）信息不对称。供应链中各环节之间的信息不对称，导致信息共享和协同合作受阻，增加了需求管理的难度。

（3）产品生命周期变化。产品生命周期变化会对市场需求产生重大影响，需求管理需要根据产品生命周期的变化做出相应的调整和优化。

（4）供应链中的风险和不确定性。供应链中的风险和不确定性，如供应商延迟交货、原材料价格波动等，会对需求管理造成一定的干扰和挑战。

二、供给管理

产品的供给可以由产能和库存两种因素组合调整。供给管理即管理产能和库存。

（一）管理产能

1. 管理产能的作用

企业产能的配置受到生产成本、物流仓储成本和市场消化能力等多方面的制约,生产过剩会造成产品积压,提高仓储物流成本,产品自身也会随着时间降低竞争力。企业对市场需求不明确,生产线闲置压缩产能,会提高生产成本。产能紧张或产能过剩都是供应链产能管理不合理造成的,产能计划制订不科学,增加了企业风险。科学的供应链产能管理能够在企业产品销售淡季、旺季对不同类型的资源进行合理整合,使得产、供、销各环节协调优化,从而降低企业的生产成本,有效提升企业产能的利用率,满足客户的多样化需求。

2. 管理产能的方法

企业在管理产能以应对可预测的变化性时,可以采用下列几种方法。

（1）工人的弹性工作时间。企业利用工人的弹性工作时间安排来管理产能以更好地满足需求。在很多情况下,工厂并不是连续运转的,而是在一天或一周中的某些时间有生产线闲置。当工厂没有运转时,存在以小时计的过剩产能。因此,在需求旺季,现有工人可以加班生产更多的产品以满足需求。

（2）使用季节性工人。企业在需求旺季雇用临时工来提高产能以满足生产需求。企业的运营以全职员工为基础,仅在需求旺季才雇佣更多的临时工。

（3）使用转包。企业在旺季将部分生产转包出去,保持内部生产的水平恒定,从而可以使成本相对低廉。转包负责旺季超出日常生产水平的部分,则企业可以建立相对缺乏灵活性但是成本较低的生产设施,使得生产率可以保持相对恒定,而不是通过加班来调节。转包商通过聚集来自多个制造商的需求波动而以更低的成本提供产能弹性。

（4）使用双重设施——专用设施和弹性设施。企业同时兴建专用设施和弹性设施。专用设施以高效方式提供相对稳定的产出,弹性设施以相对较高的单位成本生产品种多样、数量各异的产品。每个专用设施可以用相对稳定的生产率进行生产,而由弹性设施来吸收需求的波动。

（5）在生产过程中融入产品弹性。企业拥有可以随意改变生产率的弹性生产线。生产线的设计可以调整生产线上的工人数量以改变生产率,只要各生产线的产品需求变动是互补的,即当一种产品的需求上升时,另一种产品的需求倾向于下降,那么就可以在生产线之间调配工人来改变各生产线的产能。

（二）管理库存

1. 管理库存的重要性

（1）降低库存成本。通过有效的供应链库存管理,企业可以减少库存量,降低库存持有成本、运输成本和存储成本,提高资金利用率。

（2）提高供应链效率。合理的库存管理可以更好地协调供应链各个环节,提高生产和供应的效率,减少因库存问题导致的生产中断或供应延迟。

(3)满足消费者需求。通过合理的库存管理,企业可以更好地预测和满足市场需求,提高客户满意度和市场竞争力。

2. 管理库存的方法

企业在管理库存以应对可预测的变化性时,可以采用以下方法。

(1)多种产品使用通用零部件。企业设计用于多种产品的通用零部件。即使每种产品的需求出现了可预测的变化,这些零部件的总需求仍然相对稳定。供应链中负责零部件生产的那部分就可以很容易实现供给与需求的匹配,并且保持相对较低的库存水平。此方法适用于一家企业的大多数产品的需求旺季不同的情况。

(2)为高需求的产品或可预测需求的产品建立库存。当一家企业大多数产品的需求旺季相同时,企业可以在淡季时生产需求更容易预测的产品,而在接近销售季节时生产需求不容易预测的产品,因为旺季需求会比较容易预测,从而更好地匹配供给与需求。

(三)管理供应商

供应商管理是指企业对供应商的选择、评估、合作、监控等一系列活动的管理过程。供应商管理的目标是确保企业在成本、质量、交货期等方面能够与供应商建立稳定、长期、互利的合作关系,从而提高企业的竞争力。以下是供应商管理的八种方法:

1. 统一供应商管理标准

制定一套供应商管理标准,明确供应商的条件和要求,包括技术能力、质量管理、价格竞争力、环境责任等方面,以便将各个供应商进行统一的评估和选择。

2. 供应商评估与选择

根据统一的供应商管理标准,对供应商进行评估和选择。评估的内容可以包括供应商的信用状况、财务状况、技术能力、产品质量等方面,并根据评估结果选择合适的供应商。

3. 建立长期合作关系

与优质供应商建立长期合作关系,形成稳定的供应链。长期合作关系有助于提高供应商的积极性和忠诚度,同时也可以享受更好的价格和服务。

4. 与供应商进行有效的沟通

建立良好的沟通渠道,与供应商进行及时、有效的沟通。及时了解供应商的最新情况和需求,同时也将自己的需求和问题告知供应商,加强双方的沟通,以便能够及时解决问题。

5. 建立供应商绩效评估体系

建立供应商绩效评估体系,定期对供应商进行评估。评估的指标可以包括供货准时率、产品质量、售后服务等方面,通过评估结果可以得出不同供应商的优缺点,为后续的供应商选择和合作提供参考。

6. 供应商培训与发展

与供应商进行培训和发展,提升其技术能力和服务水平。通过培训和发展,可以帮助供应商更好地满足企业需求,提高其竞争力,同时也有助于提高供应链的整体效益。

7. 供应商风险管理

对供应商的风险进行管理,预防和应对供应商可能存在的风险。风险可能包括供货延迟、产品质量问题、环境责任等方面,通过有效的风险管理措施,可以降低风险对企业的影响。

8. 定期供应链审查

定期对供应链进行审查,找出问题和改进的空间。供应链审查可以包括供应商的合规性、合作关系的稳定性、产品质量等方面,通过审查结果可以找出供应链中存在的问题,并提出改进的建议。

(四)供应计划

1. 供应计划的定义和实施

供应计划是根据需求管理的结果,制订合理的供应计划,以确保产品供应与市场需求的匹配。供应计划通常包括生产计划、采购计划和物流配送计划。

(1)生产计划是根据市场需求,确定产品的生产数量和时间安排。它需要考虑生产能力、工艺流程和产能利用率等因素,以保证产品的按时生产和交付。

(2)采购计划是根据生产计划和库存水平,确定所需原材料和零部件的采购数量和时间安排。它需要考虑供应商的能力、交货周期和供应风险等因素,以保证供应链的正常运转。

(3)物流配送计划是根据生产计划和销售计划,安排产品的物流配送和交付时间。它需要考虑物流网络、仓储设施和运输资源等因素,以保证产品能够按时送达顾客手中。

供应计划的实施需要各个环节的紧密协调和有效沟通。供应链中的每个参与者都需要及时、准确地传递信息,共享数据和资源,以确保供应计划的顺利执行。

2. 需求管理和供应计划之间的关系

需求管理和供应计划密切相关,在供应链中相互影响。需求管理提供了供应计划的基础,为供应计划提供市场需求的依据和预测。而供应计划则是需求管理的具体执行,根据需求管理结果制订合理的供应计划,并确保产品供应与市场需求相匹配。

需求管理和供应计划之间的协调是供应链有效运作的关键。如果需求管理和供应计划之间存在不协调的情况,就会出现供应链延误、生产过剩或缺货等问题,影响供应链的正常运转。

因此,供应链中的需求管理和供应计划需要密切协作和整合。企业可以借助先进的信息技术和供应链管理系统,实现需求管理和供应计划之间的实时数据交流和协调。通过共享信息和资源,优化供应链的运作流程,实现供应链的高效和灵活管理。

第三节　供应链需求预测

供应链中需求规划是基于可预测性的。可预测变量是指可以预测到的需求的波动,可以通过数据建模进行预测,且能够达到一定的准确性。需求出现波动会给整条供应链带来巨大影响,如需求旺季库存严重不足而需求淡季库存严重积压,从而导致供应链成本增加、响应能力降低。

企业的目标是匹配供给与需求以实现利润最大化。一方面可以利用短期价格折扣和促销来管理需求,另一方面可以利用产能、库存、转包和延期交货来管理供给。

随着全球市场的竞争日益激烈,企业在供应链管理上面临着越来越大的挑战,需要寻求一种有效的供应链管理战略来保持竞争优势。为了提高企业的生产效率和降低成本,准确预测供应链需求成了一项关键任务。下面将探讨预测的定义及分类、供应链需求预测的重要性、常用的需求预测方法、预测精确性的度量以及如何应用这些方法来优化供应链管理。

一、预测的定义及分类

(一)定义

预测是指对未来不确定事件的预先推测和判断,是研究未来不确定事件的理性表述,是对事物未来发展变化的趋向,以及对人们从事活动所产生后果而做的估计和测定。

(二)分类

1. 按内容分类

按预测内容可以分为:

(1)经济预测。通过对通货膨胀率、货币比率等指标预测未来经济的发展。

(2)技术预测。对未来产品开发方向,以及工厂发展和制造技术发展方向的预测。

(3)需求预测。预测在未来一定时期内对某产品需求的数量。与生产计划直接相关的是需求预测。

2. 按日期分类

按预测时期可以分为:

(1)长期预测。时间跨度通常为 3 年或 3 年以上,用于规划新产品、生产系统的配置等。

(2)中期预测。通常从 1 个季度到 3 年,用于制订销售计划和生产计划。

(3)短期预测。通常少于 3 个月,是制订主生产计划的依据。

二、供应链需求预测的重要性

供应链需求预测是指根据历史数据、市场趋势和其他相关因素,对未来一段时间内产品或服务的需求进行合理预估的一个过程。准确的需求预测可以帮助企业有针对性地制订生产计划、库存管理和物流调配等战略决策,从而提高供应链的运作效率和灵活性。

首先,供应链需求预测可以降低库存成本。通过合理预测客户的需求量,并根据需求的季节性、周期性等规律进行调整,企业可以避免库存积压或库存不足的情况发生,从而降低库存成本和资金占用成本。

其次,供应链需求预测可以提高订单交付的准确性和及时性。通过对市场需求的准确预测,企业可以合理安排生产计划,确保产品的生产和交付能够满足客户的要求,提高客户满意度和忠诚度。

最后,供应链需求预测还可以帮助企业降低生产成本。通过预测需求的变化趋势和规律,企业可以合理安排生产资源,提高生产效率和利用率,减少资源浪费,降低生产成本,提升企业竞争力。

三、常用的需求预测方法

一般而言,需求预测包括以下四个步骤:

(1)明确预测目的。

(2)搜集和整理数据资料。

(3)选择预测方法进行预测,给出预测结果。

(4)计算、分析预测误差,改进预测方法。

然而,所有的供应链决策都是在需求明晰之前基于预测进行的。下面将介绍如何利用历史需求信息来预测未来需求以及这些预测如何影响供应链。

定性和定量的预测方法被广泛应用于需求预测,定性预测法基于判断和直觉,定量预测法基于数学模型和相关的历史数据,定性预测法包含部门主管意见法、德尔菲法、销售人员意见汇集法和消费者调查法等。定量预测法包括时间序列预测模型、因果关系模型以及机器学习模型等。

(一)定性预测法

定性预测法基于直觉和判断,多用于数据有限、不可获取或不直接相关的情况。优点是成本较低,缺点是预测的精确性很大程度上取决于预测者的经验和技巧以及相关信息的获得数量。

定性预测法常被用于长期预测,特别是当现有数据不太有用,或者推出新产品时没有可供参考的现有数据时。

1. 部门主管意见法

由预测人员把与市场有关的或者熟悉市场情况的各部门主管召集起来,让他们对未来的市场发展形势或某一重大市场问题发表意见,做出判断,然后将他们的意见汇总,进行分析研究和综合处理,最后得出预测结果。部门主管意见法的优点是,集中了熟悉市场情况的中高级管理人员的意见,可以发挥集体的智慧,另外这种方法不需要搜集大量的统计资料,适合那些不可控因素较多的预测。

2. 德尔菲法

即专家调查法,一般由企业组成一个专门的预测机构(含企业内部专家及外部专家),按照既定的程序,对未来需求发表意见或者判断,然后再汇总进行预测的一种方法。德尔菲法的特点或优势是,每一位专家都可以依据自己的判断提供预测,不受"核心人物"和"集体思维"的影响,使预测结果更为合理,特别适合于中长期预测。

3. 销售人员意见汇集法

将不同销售人员的预测综合汇总起来,作为预测结果。由于销售人员一般都很熟悉市场情况,因此,这一方法在数据相对缺乏时具有显著优势。

4. 消费者调查法

当企业对新产品或缺乏销售数据的产品需求进行预测时,最常使用的就是消费者调查法。消费者调查法,是指销售人员通过电子、电话或者访问的方式,对现实的或潜在的客户进行调查,得到客户反馈的各种信息,然后将这些信息进行综合整理并预测的方法。消费者调查法的优点是预测数据来源于客户调查,能较好地反映市场需求情况,主要适用于新产品预测或新市场预测。

(二)定量预测法

定量预测法是应用数学方法对历史数据和相关变量进行分析,从而形成需求预测。由于这些预测方法完全依赖于过去的需求数据,因此预测的时间跨度越大,定量分析结果的预测性就越差。因此,对于长时间跨度的预测,推荐使用定量和定性相结合的方法进行分析。下面介绍几个主要模型。

1. 时间序列预测模型

一个典型的时间序列包括四个组成部分:长期趋势、循环波动、季节变动和随机波动。长期趋势代表着多年来上升或下降的运动方向,影响因素包括人口增长、人口迁徙、文化变革和收入变化等,一般的趋势线为直线、S曲线、指数曲线或正态分布曲线。循环波动是指时间跨度超过一年的波浪形波动,主要影响因素包括宏观经济和政治因素,商业周期(衰退或扩张)是一个典型例子。季节变动是一个持续的时间段(小时、天、周、月、季、年等)内所出现的波峰和波谷的交替变动,由于季节性波动,企业的产品需求出现旺季和淡季。随机波动是受到预料之外或不可预见的事件的影响而发生的波动,如自然灾害、罢工和战争等。

下面介绍几种常用的方法。

（1）天真预测法。在此预测方法中，下一期的预测量等于这一期的实际需求量。公式为

$$F_{t+1} = A_t$$

其中 F_{t+1} 为第 $t+1$ 期的预测值，A_t 为第 t 期的实际需求。天真预测法的优点在于易于理解和应用，且收集数据和分析处理的成本较低。缺点是没有考虑任何因果关系，所以得到的预测结果可能不准确。

（2）简单移动平均预测法。简单移动平均预测法是利用历史数据得出预测结果，适用于一段时间内需求较稳定的情况。n 期内的简单移动平均预测用公式表示如下

$$F_{t+1} = \frac{\sum_{i=t-n+1}^{t} A_i}{n}$$

其中 F_{t+1} 为第 $t+1$ 期的预测值，n 为移动平均的期数，A_i 为第 i 期的实际需求。

当 $n=1$ 时，简单移动平均预测法就是天真预测法。用于计算的时间点数据越少，使用平均趋势就越有效。优点是简单易懂，缺点是不能对变化做出快速反馈。

（3）加权移动平均预测法。在简单移动平均预测法中，每个时期的数据被赋予相同的权重（$1/n$），但某些实际情况下相同的权重可能不合理。n 个时期的加权移动平均预测法是对 n 个时期所得数据赋予不同的权重，然后再进行加权平均。该方法的唯一约束条件是权重不能为负数且全部相加之和为 1。公式如下

$$F_{t+1} = \sum_{i=t-n+1}^{t} w_i A_i$$

其中 F_{t+1} 为第 $t+1$ 期的预测值，n 为移动平均的期数，A_i 为第 i 期的实际需求，w_i 为第 i 期的权重，权数和等于 1（$\sum w_i = 1$）。

一般而言，越近期的数据重要性越高，因此往往被赋予更多的权重。所以与简单移动平均预测法相比，加权移动平均预测法的反应速度更快。不过，预测者也可以给最近的数据赋予较少的权重，这样可以使预测结果较少受到近期数据发生突变的影响。权重的多少很大程度上依赖于预测者的经验，这也是该预测法的劣势之一。尽管这种预测方法可以更快地反映出需求的潜在变化，但因为受平均因素的影响，其预测相对于实际情况还是会有所滞后，因此加权移动平均法也不是跟踪趋势变化的一种好方法。

（4）指数平滑预测法。指数平滑预测法是一种复杂的加权平均预测方法。下一期的需求预测是由本期的预测需求加上一个调整的数值得到，而调整的数值是由本期的实际需求与本期预测数值的差值乘以一个系数所得到。这种方法不像加权分析法需要那么多数据，只需要两个点的数据就可以计算。由于这种方法简单且需要的数据量少，因此被广泛使用。适用于不太能反映趋势和季节波动的数据。公式如下：

$$F_{t+1} = F_t + \alpha(A_t - F_t)$$

或

$$F_{t+1} = \alpha A_t + (1 - \alpha) F_t$$

其中 F_{t+1} 为第 $t+1$ 期的预测值，F_t 为第 t 期的预测值，A_t 为第 t 期的实际需求，α 为平滑指数（$0 \leq \alpha \leq 1$）。

当 $\alpha = 1$ 时，指数平滑预测法就是天真预测法；当 α 的数值接近于 1 时，说明近期数据代表性强，需要对上一期预测偏差进行重大调整；当 α 的数值较大时，说明对近期需求变化反应强烈；当 α 的数值较小时，说明以前的数据被赋予了更多的权重。

2. 因果关系模型

因果关系模型存在一个原因和一个结果，常见的模型是回归分析。在需求预测中，首先确定与需求有关的外部变量，只要明确了外部变量与需求的关系，这个关系就可以成为预测的工具。

（1）简单线性回归预测。当只有一个解释变量时，简单回归预测模型相当于前面介绍的线性趋势模型，唯一不同的是自变量不是时间，而是一个有关需求的解释变量，如需求可能与广告预算有关。回归方程如下：

$$\hat{Y} = \beta_0 + \beta_1 x$$

其中 $\hat{Y}$ 为预测量或因变量；x 为解释变量或自变量；β_0 为纵轴的截距；β_1 为回归线的斜率。

（2）多元回归预测。当有多个解释变量时，可以采用多元回归预测模型。回归方程如下：

$$\hat{Y} = \beta_0 + \beta_1 x_1 + \beta_2 x_2 + \cdots + \beta_k x_k$$

其中 $\hat{Y}$ 为预测量或因变量；x_k 为第 k 个解释变量或自变量；β_0 为纵轴的截距；β_k 为自变量 x_k 的回归系数。

3. 机器学习模型

机器学习是一门多领域交叉学科，涉及概率论、统计学、逼近论、凸分析、算法复杂度理论等多门学科。专门研究计算机怎样模拟或实现人类的学习行为，以获取新的知识或技能。采用机器学习方法进行需求预测，决策树模型现在已经首选。在用决策树模型进行预测时，可以把时间序列的特征加入模型，用于时间序列数据的预测。另外也可以考虑对某些维度进行分别建模，比如周一、周二、节假日分别建立模型等。决策树模型已经被广泛应用，但是它存在几个缺陷：不能外推，无法预测历史上不存在的数据范围；微调需要仔细，其涉及的参数较多。

深度学习是机器学习领域中一个新的研究方向，用于学习样本数据的内在规律和表示层次，这些学习过程中获得的信息对诸如文字、图像和声音等数据的解释有很大的帮助。这里介绍概率预测模型和深度因素模型。与直接去预测未来具体的需求值不同，概率预测模型预测未来需求值的分布或者置信区间。其出发点是需求预测是为补货服务的。得到具体的预测值后,补货需要在预测值上加安全库存。以往的补货的安全库存基于简单的需求正态分布假设,而概率预测中基于过去的数据拟合了更好的概率分布,更好地服务于补货。深度因素模型的思想是把导致结果的因素分为随机因素和固定因素。两种因素分别由不同的模型估计,然后耦合在一起得到最终的预测值。

四、预测精确性的度量

预测的最终目的是得到一个精确和不含主观偏见的结果。预测误差可能导致巨大的成本,包括销售损失成本、安全库存成本、客户不满意成本和商誉受损成本。因此企业需要跟踪预测误差并采取必要措施改进预测技术。预测误差为实际数量与预测量的差值,公式为

$$e_t = A_t - F_t$$

其中 e_t 为第 t 期的预测误差, A_t 为第 t 期的实际需求, F_t 为第 t 期的预测值。

几个评估预测精度的公式如下:

$$均方误差(MSE) = \frac{\sum_{t=1}^{n} e_t^2}{n}$$

$$平均绝对偏差(MAD) = \frac{\sum_{t=1}^{n} |e_t|}{n}$$

$$平均绝对误差率(MAPE) = \frac{100}{n} \sum_{t=1}^{n} \left| \frac{e_t}{A_t} \right|$$

其中 n 为用于评估的时期数。

对较大误差的惩罚更大,若由较大预测误差引起的成本远大于精确预测带来的收益,则适合用 MSE 比较预测方法;预测误差值以 0 中心对称时,可采用 MSE。

预测误差不是对称分布时,MAD 优于 MSE;即使对称分布时,若预测误差的成本和误差的大小成正比,也可以用 MAD。

潜在需求具有较强季节性且各期需求变化较大时用 MAPE;一般来说,此计算结果在 10 以下,表明预测的精确度较高。

预测偏差衡量了预测值持续性高于或低于实际需求的趋势。这几个公式的值越大表明预测精度越低,预测效果不好。决策者在决定采用哪种方法预测需求时,可以比较相应的预测偏差,选择预测偏差较少的方法和模型。

五、应用需求预测优化供应链管理

在实际应用中,企业可以结合定性和定量预测方法,以及使用先进的供应链管理工具

和技术,来优化供应链管理。

首先,企业可以建立一个健全的供应链网络体系,整合内部和外部资源,实现信息的共享和协同。通过与供应商、分销商和零售商的密切合作,准确掌握市场需求和反馈信息,及时调整生产和供应计划。

其次,企业可以采用先进的预测软件和系统,自动化地进行需求预测和计划调度。这些系统能够根据历史数据和实时信息,进行精确的预测和优化,减少人为误差,提高预测的准确性和精度。

最后,企业还可以引入物联网、大数据和人工智能等技术,实现供应链的智能化和自动化。通过监控和分析供应链中的各个环节和节点,及时发现问题和异常情况,进行预警和调整,提高供应链的反应速度和灵活性。

综上所述,供应链需求预测在现代企业管理中至关重要。准确的预测可以帮助企业优化供应链管理,减少库存成本,提高订单交付准确性和及时性,降低生产成本,提升企业竞争力。通过结合定性和定量两种预测方法,以及使用先进的预测工具和技术,企业可以实现供应链的智能化和优化,适应市场的快速变化,取得持续的竞争优势。

第四节　协同计划、预测与补货

一、CPFR 的概念与起源

CPFR 的全称是 Collaborative Planning Forecasting and Replenishment,即买、卖双方协同进行产品规划、需求预测和补货。这个概念源自零售业,在 20 世纪 90 年代初由宝洁和沃尔玛率先应用,现在仍然以零售业为主要市场,当然也适用于非零售环境。

如字面意思,CPFR 力求协作,这种协作分三个领域:产品规划,即决定让什么产品、品牌上架,什么时候上架,在什么地方上架;需求预测,即根据最终客户的需求预测,指导零售商和生产商在安排生产、进货;补货,即结合实际销售与预测安排补货。

CPFR 要解决的根本问题是零售商与生产商的单兵作战。传统合作方式是零售商给生产商下订单,生产商履行订单,订单是双方的主要信息和关系载体。一方面,零售商在猜测消费者的需求,另一方面生产商在猜测零售商的需求,供应链里存在多重预测,预测精度自然不好。结果是要么生产商、零售商库存积压,要么是面临断货。CPFR 提倡零售商与生产商协同作战,共同满足最终消费者的需求。

协同意味着共享信息,例如零售商共享销售点的信息、各销售点的库存信息等,生产商共享生产能力、库存等。

为什么零售业在十几年前就开始用 CPFR,到现在还不是很普遍呢? 例如某个零售商预测今年的流行色是粉红色,他并不愿意很早告诉服装生产商备料,因为服装生产商服务多家零售商,有可能会将信息透露给别的零售商。再如零售商在与多家生产商周旋,尽管他对总的预测销售量有较深入的了解,但他并不一定愿意及早告诉某个生产商其产品的预测。

二、CPFR 与传统补货模式的区别及特点

在传统的供应链运营中,供需双方是各自收集自己的数据,各做各的预测和计划,在这些业务过程中基本上是互不相干的;而在 CPFR 模式中,供需双方首先要确定合作协议,共享商业信息,以此进行预测和制订计划,为了确保预测的可靠性和精确性,还要对特殊事件进行识别、判断和处理,最后建立对订单的预测和生成最终的订单。

在 CPFR 运营中,所有这些业务过程都是由供需双方共同参与,协同进行的,因而提高了预测的准确性、供应链的效率和响应速度,减少了库存积压、提高了客户满意度,同时也改善了业务伙伴之间的合作关系。它将供应链运作建立在整个链条的价值基础之上,即将供应链上升为价值链。

1. CPFR 的指导性原则

CPFR 的指导性原则有 3 条:

(1)具有面向价值链的业务联盟伙伴协议框架结构和以客户为中心的运作过程;

(2)合作伙伴要共同负责建立一个单一的、共享的客户/消费者需求预测系统,这个系统驱动了整个价值链计划和业务活动;

(3)合作伙伴均承诺共享预测并在消除供应过程约束上共担风险。

2. CPFR 的主要特点

(1)是基于互联网的企业对企业(B2B)的信息动态交流的工作流程。

(2)可以在减少库存的同时提高客户服务满意度和销售业绩。

(3)使交易双方制定统一的预测,并定期进行更新。

(4)通过促成促销时间安排、库存信息等的交流提高了企业预测能力,从而缩短了交货期,并促成了预测系统与补货系统的集成。

(5)是一种优化企业与供应商、客户之间信息共享和计划协作伙伴关系的解决方案。

(6)作为提升销售业绩、降低成本的重要解决方案,CPFR 在需求与计划复杂、交易伙伴必须加强协作的行业(如品牌产品分销/零售行业)中,发展非常迅速。

随着市场竞争的加剧,销售及订单履行周期不断缩短,交易伙伴之间的合作关系日益紧密,实施协同计划、预测与补货(CPFR)已经从企业的竞争优势逐步变为企业运营的必备要素。

三、CPFR 的运行原理与步骤

CPFR 的运行原理与步骤如图 4-10 所示,共有 9 个运行步骤,分为 3 个阶段:计划阶

段、预测阶段和补货阶段。其中,第 1 个计划阶段包括第 1、2 步,第 2 个预测阶段包括 3~8 步,第 3 个补货阶段是第 9 步,具体如下:

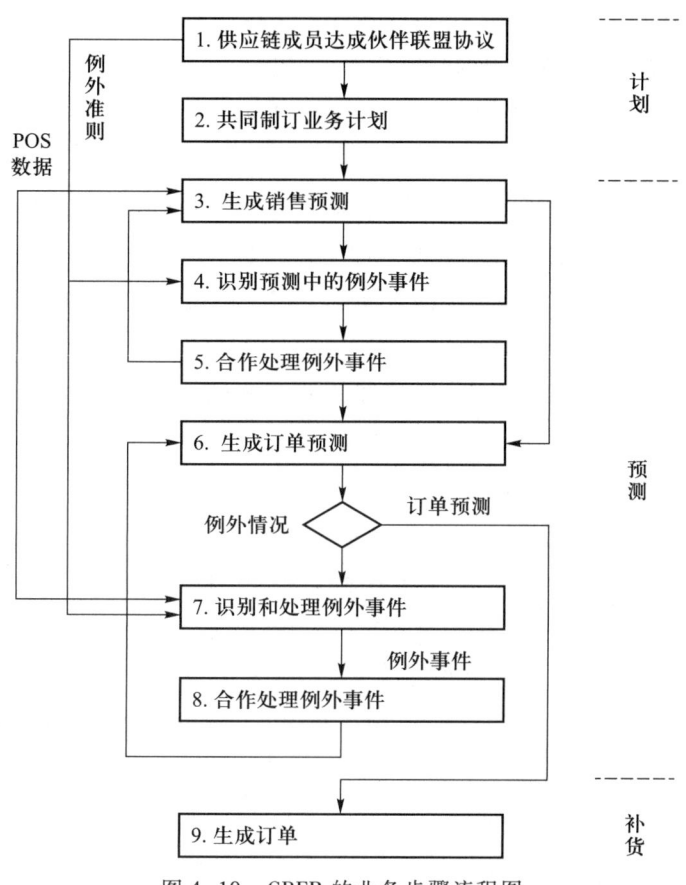

图 4-10　CPFR 的业务步骤流程图

1. 达成伙伴联盟协议

供应链上的合作伙伴,包括供应商、生产商、分销商和零售商等共同建立一个通用业务框架协议,包括合作的指南、目标、任务与职责、业务规则、绩效评测、保密协议和资源授权等内容。它是所有业务活动的总纲领。

2. 共同制定业务计划

根据共同的发展战略,由合作各方基于共享的业务信息制定联合业务计划。合作伙伴首先建立合作伙伴关系战略,然后定义分类任务、目标和策略,并建立合作项目的管理细节(如订单最小批量、交货期、订单间隔和提前期等)。

3. 生成销售预测

合作方根据因果关系,利用零售商 POS 软件或其他有关预测数据与事件信息进行预测,由预测来驱动各自单独的和共同的业务,完成一个支持共同业务计划的销售预测创建。

4. 识别和判断分布在销售预测约束之外（例外）的事件

每个事件是否为例外都需要依据在步骤 1 中得到一致认同的准则来进行判断。

5. 合作处理销售预测中的例外事件

找出例外事件后，双方通过查询共享数据、采用多种交流方式协商、共同解决销售预测中的例外情况，并将产生的变化反馈给步骤 3 的销售预测。

6. 生成订单预测

通过合并 POS 软件数据、因果关系信息与其他预测数据和库存策略，产生一个支持共享销售预测和共同业务计划的订单预测，提出分时段的实际需求数量，并通过产品及接收地点反映库存目标。订单预测周期内的短期部分用于产生订单，长期部分用于计划。

7. 识别订单预测中的例外事件

根据在步骤 1 中已建立的例外准则来识别和判断例外事件，如果是例外事件，到下一步去处理这些事件，否则转去步骤 9 生成订单。

8. 合作处理订单预测中的例外事件

找出例外事件后，双方通过查询共享数据、采用多种交流方式调查研究订单预测例外情况，经过协商、共同解决订单预测中的例外情况，并将产生的变化反馈给步骤 6 订单预测。

9. 生成订单

将订单预测转变为已承诺的订单，订单生成可由生产厂或分销商根据自己的资源、能力和系统来完成。这样，就完成了补货工作。

 复习思考题

1. 简述应用德尔菲法的要点。
2. 试分析用户调查法、部门主管讨论法和销售人员集中法的优缺点。
3. 什么是简单移动平均法？
4. 试比较简单移动平均法与加权移动平均法的特点。
5. 指数平滑法所体现的思想是什么？
6. 试述如何利用回归方法进行需求预测？
7. 预测有哪些步骤？
8. 管理需求的意义何在？
9. 企业可以如何利用定价来改变需求？
10. 双重生产设施在哪些行业比较常见，在哪些行业比较少见，为什么？

 **即测即评**

请扫描右侧二维码,进行即测即评。

第五章　供应链生产计划与库存管理

❖ **本章导读**

　　本章将深入探讨供应链生产计划与库存管理相关的内容。首先概述供应链生产计划与控制的基本概念、作用和特点，为读者提供整体的认识。然后深入探讨供应链生产计划与控制的方法，包括生产计划的制订、生产进度的控制、生产资源的调配等方面的具体方法和工具；生产计划控制机制，包括供应链的协调控制机制、协调控制模式和信息跟踪机制。随后对库存管理进行概述，介绍其基本概念和在供应链管理中的重要性，并详细介绍供应链库存管理中单周期和多周期基本模型，包括其特点、作用以及与传统库存管理的区别，探讨供应商管理库存，分析供应商在库存管理中的角色和责任，并介绍联合管理库存，探讨不同参与方如何共同管理库存，以实现供应链的优化。最后讨论供应链协同库存管理，探讨如何通过供应链各个环节的协同合作来优化库存管理，实现更高效的供应链运作。通过本章的学习，读者将能够全面了解供应链生产计划与控制的重要性和作用，以及供应链库存管理的各个方面，掌握生产计划与控制的具体方法和工具，以及库存管理策略，为企业制订供应链生产计划和提高库存管理水平提供支持。

❖ **本章关键术语**

　　生产计划与控制；生产进度控制；生产资源调配；供应链库存；单周期供应链库存管理；多周期供应链库存管理；供应商管理库存；联合管理库存；供应链协同库存管理

第一节　供应链生产计划与控制概述

一、概述

　　（一）定义

　　生产计划与控制（Production Planning and Control，PPC）是指在满足需求的前提下安排生产计划，控制生产进度，确保生产过程顺利进行的一种管理方法。PPC 主要包括三个方面：生产策划、生产排程和生产控制。生产策划是说明生产指导方针的制定过程，包括产品设计、制造规划、工艺设备、人力资源、产品质量保证等方面的工作。生产排程是将生产策划转为具体的生产工作安排,确定各项生产工作的时间、地点和生产数量等,并编排优化生产流程。生产控制是在生产过程中执行生产计划,进行监督并协调控制生产过程中各项活动的实施。

（二）分类

生产计划主要分为以下三类:

（1）总生产计划是一个长期物料计划,其产能在一个计划周期内被认为是固定的。总生产计划为整个生产制定总产出水平、劳动规模、产能利用率和库存和未完成订单水平。

（2）主生产计划是一个中期计划,MPS比总生产计划更加详细,规定了将要生产的最终产品数量和生产时间。

（3）物料需求计划是一个短期计划,是对零部件的详细计划过程,用来支持主生产计划。

图5-1给出了生产计划与控制示意图。

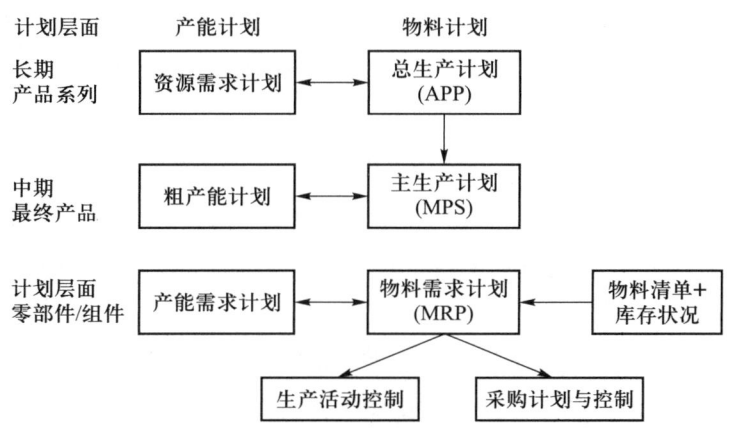

图5-1 生产计划与控制示意图

资料来源:本书总结得到

二、制订生产计划面临的问题

供应链中企业与企业之间具有战略伙伴关系,战略伙伴的资源通过物流、信息流和资金流的紧密合作而成为企业制造资源的拓展。在制订生产计划时,主要面临着以下三个方面的问题。

（一）柔性

承诺是企业对合作伙伴的保证,只有在此基础上企业间才能具有基本的信任,合作伙伴也因此获得相对稳定的需求信息。然而,由于承诺的下达在时间上超前于承诺本身付诸实施的时间,因此尽管承诺方一般来讲都尽力使承诺与未来的实际情况接近,误差却是难以避免。柔性的提出为承诺方缓解了这一矛盾,使承诺方有可能修正原有的承诺。承诺与柔性是供应合同签订的关键要素。

对生产计划而言,柔性具有多重含义:

(1)显而易见,如果仅仅根据承诺的数量来制订计划是容易的。但是,柔性的存在使这一过程变得复杂了。柔性是双方共同制订的一个合同要素,对于需方而言,它代表着对未来变化的预期;而对供方而言,它是对自身所能承受的需求波动的估计,本质上供应合同使用有限的可预知的需求波动代替了可以预测但不可控制的需求波动。

(2)下游企业的柔性对企业的计划产量造成的影响在于:企业必须选择一个在已知的需求波动下最为合理的产量。企业的产量不可能覆盖整个需求的变化区域,否则会造成不可避免的库存费用。在库存费用与缺货费用之间取得一个均衡点是确定产量的一个标准。

(3)供应链是首尾相通的,企业在确定生产计划时还必须考虑上游企业的利益。在与上游企业的供应合同之中,上游企业表达的含义除了对自身所能承受的需求波动的估计外,还表达了对自身生产能力的权衡。可以认为,上游企业合同中反映的是相对于该下游企业的最优产量。之所以提出是相对于该下游企业,上游企业可能同时为多家企业提供产品。因此,下游企业在制订生产计划时应该尽量使需求与合同的承诺量接近,帮助供应企业达到最优产量。

(二)生产进度

生产进度信息是企业检查生产计划执行状况的重要依据,也是用于修正原有计划与制订新计划的重要信息。在供应链管理环境下,生产进度计划属于可共享的信息。这一信息的作用在于:

首先,供应链上游企业通过了解对方的生产进度情况实现准时供应。供应链企业可以借助现代网络技术,使实时的生产进度信息能为合作方所共享。上游企业可以通过网络和双方通用的软件了解下游企业真实需求信息,并准时提供物资。在这种情况下,下游企业可以避免不必要的库存,而上游企业可以灵活主动地安排生产和调拨物资。

其次,原材料和零部件的供应是企业进行生产的必要条件之一,供应链上游企业修正原有计划时应该考虑到下游企业的生产状况。在供应链管理下,企业可以了解到上游企业的生产进度,然后适当调节生产计划,使供应链上的各个环节紧密地衔接在一起。其意义在于可以避免企业与企业之间出现供需脱节的现象,从而保证了供应链上企业的整体利益。

(三)生产能力

如何利用上游企业的生产能力成为下游企业在编制生产计划时需要考虑的问题。任何企业在现有的技术水平和组织条件下都具有一个最大的生产能力,但最大的生产能力并不等于最优生产负荷。在上下游企业稳定的供应关系形成后,上游企业从自身利益出发,更希望所有与之相关的下游企业在同一时期的总需求与自身的生产能力相匹配。上游企业的这种对生产负荷量的期望可以通过合同、协议等形式反映出来,即上游企业提供给每一个相关下游企业一定的生产能力,并允许一定程度上的浮动。因此,下游企业编制生产计划时就要考虑到上游企业生产能力上的约束。

生产计划与控制在企业管理中的应用十分广泛。例如,在制造业中,企业可以通过生产计划和控制,精细排产、强化监控,实现库存的控制和生产的高效运转。在零售行业中,可以将生产计划和控制应用于销售预测和销售需求的分析,以便企业实现生产资源的最大化利用和客户需求最大化满足。生产计划与控制在其他领域也得到广泛应用,如医药、物流、航空、交通等。

三、生产计划新特点

基于传统的生产计划,供应链环境下的生产计划具有以下新特点。

（一）集成纵向和横向信息

纵向指供应链由下游向上游的信息集成,横向指生产相同或类似产品的企业之间的信息共享。在生产计划过程中上游企业的生产能力信息在生产计划的能力分析中独立发挥作用。通过在主生产计划和投入产出计划中分别进行的粗、细能力平衡,上游企业承接订单的能力和意愿都反映到了下游企业的生产计划中。同时,上游企业的生产进度信息也和下游企业的生产进度信息一同作为滚动编制计划的依据,其目的在于保持上下游企业生产活动的同步。

外包决策和外包生产进度分析是集中体现供应链横向集成的环节。企业在编制主生产计划时所面临的订单,在两种情况下可能转向外包:一是企业本身或其上游企业的生产能力无法承受需求波动所带来的负荷;二是所承接的订单通过外包所获得利润大于企业自己进行生产的利润。同时,由于企业对该订单的客户有着直接的责任,因此也需要承接外包的企业的生产进度信息来确保对客户的供应。

（二）丰富了能力平衡在计划中的作用

能力平衡是分析生产任务与能力之间差距的手段,企业根据能力平衡的结果对计划进行修正。

（1）为修正主生产计划和投入产出计划提供依据;

（2）能力平衡是进行外包决策和零部件（原材料）急件外购的决策依据;

（3）在主生产计划和投入产出计划中所使用的上游企业能力数据,反映了其在合作中所愿意承担的生产负荷,为供应链管理的高效运作提供了保证;

（4）在信息技术的支持下,对本企业和上游企业的能力状态的实时更新使生产计划具有较高的可行性。

（三）计划的循环过程突破了企业的限制

在供应链管理下生产计划的信息流跨越了企业的限制,从而增添了新的内容:

（1）主生产计划—供应链企业粗能力平衡—主生产计划。

（2）主生产计划—外包工程计划—外包工程进度—主生产计划。

（3）外包工程计划—主生产计划—供应链企业生产能力平衡—外包工程计划。

（4）投入产出计划—供应链企业能力需求分析（细能力平衡）—投入产出计划。

（5）投入产出计划—上游企业生产进度分析—投入产出计划。

（6）投入产出计划—车间作业计划—生产进度状态—投入产出计划。

以上各循环中的信息流都只是各自循环所必需的信息流的一部分,但可对计划的某个方面起决定性的作用。

四、生产控制新特点

不同于传统的企业生产控制模式,供应链环境下的企业生产控制需要更多的协调机制,包括企业内部和企业之间的协调。供应链环境下的生产控制包括以下几个方面的内容。

（一）生产进度控制

生产进度控制的目的在于依据生产作业计划,检查零部件的投入和生产数量、出产时间和配套性,保证产品能够准时装配出厂。供应链环境下的进度控制与传统生产模式的进度控制不同,因为许多产品是协作生产的和转包的业务,和传统企业内部的进度控制比较来说,其控制难度更大,必须建立一种有效的跟踪机制进行生产进度信息的跟踪和反馈。生产进度控制在供应链管理中发挥着重要作用,因此必须研究解决供应链企业之间的信息跟踪机制和快速反应机制。

（二）供应链的生产节奏控制

供应链的同步化计划需要解决供应链企业之间的生产同步化问题,只有各供应链企业之间以及企业内部各部门之间保持步调一致,供应链的同步化才能实现。供应链形成的准时生产系统,要求上游企业准时为下游企业提供必需的零部件。如果供应链中任何一个企业不能准时交货,都会导致供应链不稳定或中断,同时也会造成供应链对用户的响应性下降,因此严格控制供应链的生产节奏对供应链的敏捷性是十分重要的。

（三）提前期管理

基于时间的竞争是20世纪90年代一种新的竞争策略,具体到企业的运作层,主要体现在提前期的管理。供应链环境下的生产控制中,提前期管理是实现快速响应用户需求的有效途径,缩小提前期及提高交货期的准时性是保证供应链获得柔性和敏捷性的关键。缺乏对供应链不确定性的有效控制是供应链提前期管理的难点,因此,建立有效的供应提前期的管理模式和交货期的设置系统是供应链提前期管理中值得研究的问题。

（四）库存控制和在制品管理

从价值增加意义上说,库存是对资源的一种浪费,但是在应对需求不确定性时具有积极的作用。在供应链管理模式下,实施多级、多点、多方管理库存的策略,对提高供应链环境下的库存管理水平、降低制造成本具有重要意义。这种库存管理模式涉及的部门不仅仅限于企业内部。基于 JIT 的供应与采购、供应商管理库存、联合库存管理等是供应链库存管理的新方法,对降低库存有重要作用。建立供应链管理环境下的库存控制体系和运作模式是供应链企业生产控制的重要手段,对提高供应链的库存管理水平有重要作用。

第二节 供应链生产计划制订

一、生产计划的编制步骤和方法

（一）生产计划的编制步骤

1. 调查研究,收集资料

编制生产计划的过程,实质上就是一个信息处理的过程。

（1）反映社会需求方面的信息。计划期产品销售量、上期合同执行情况及成品库存量;上期生产计划的完成情况;

（2）本企业的经营目标和经营方针。企业长远规划,经济协议;计划期内应实现的利润指标;

（3）有关的法律条款;

（4）反映社会可能提供的生产资源方面的信息;

（5）产品开发进度和生产技术准备能力状况;

（6）反映企业实际生产水平的有关信息。

2. 统筹安排,初步提出生产计划指标

应着眼于更好地满足社会需要和提高生产的经济效益,对全年的生产任务做出统筹安排。其中包括:产量指标的选优和确定;产品出产进度的合理安排;各个产品品种的合理搭配生产;将企业的生产指标分解为各个分厂、车间的生产指标。这些工作相互联系,实际上是同时进行的。

3. 综合平衡,确定生产计划指标

把需要同可能结合起来,将初步提出的生产计划指标同各方面的条件进行平衡,使生产任务得到落实。综合平衡的内容主要包括:

（1）生产任务与生产能力之间的平衡;

（2）生产任务与劳动力之间的平衡；

（3）测算劳动力的工种、数量以检查劳动生产率水平与生产任务是否合适；

（4）生产任务与物资供应之间的平衡；

（5）生产任务与生产技术准备的平衡；

（6）生产任务与资金占用的平衡。

4. 最后确定生产指标

企业的生产计划，经过反复核算和平衡，最后编制出工业产品产量计划和工业产值计划表。

（二）滚动式计划的编制方法

滚动式计划是一种将短期计划、中期计划和长期计划有机地结合起来，根据计划的执行情况和环境的变化情况，定期修订、未来逐期向前推移的方法。

具体做法如下：在制订计划时，同时制订未来若干期的计划，但计划的内容用近细、远粗的办法制订，在计划期的第一阶段结束时，根据计划的执行情况和内外环境的变化等对原计划进行修订，并将计划向前滚动一个阶段；后期根据同样的原则逐期滚动。

滚动计划具有以下优点：

（1）使计划更加符合实际。由于人们无法对将来的变化作出准确估计，所以计划往往不够准确，计划期越长，不准确性越大，而滚动计划相对缩短了计划期，从而提高了计划的准确性和质量。

（2）使短期计划、中期计划和长期计划相互衔接，可根据变化及时进行调节，使各期计划基本一致。

（3）大大增加了计划的弹性，提高了组织在剧烈变化的环境中的应变能力。

二、总生产计划的制订

总生产计划是这样一个过程：企业通过它决定在一定时期内理想的产能、生产、转包、库存水平、缺货甚至定价等问题。总生产计划的目标是满足需求并使利润最大化，回答了这样一个问题："怎样才能最好地利用现有设施？"

（一）总生产计划制订内容

生产计划者的主要目标是识别特定时期下的运作参数，具体如下：

- 生产速率：单位时间（如每月或每周）完成的产品数量。
- 劳动力：生产需要的员工数量或产能数量。
- 加班量：计划加班时间的量。
- 机器产能水平：生产需要的机器产能的单位数量。
- 转包：在计划期内的转包生产能力。

- 延期交货需求:当期没有满足而转移至未来期交付的需求。
- 现有库存:计划期内各个时期的库存持有水平。

企业必须确定计划的计划期。计划期指的是总生产计划要产生一种结果的时间范围,通常为 3~18 个月。企业还必须确定计划期内每个周期的持续时间(比如周、月或季),通常采用月或季。然后,在计划期每个时期的给定需求预测下,决定每期的生产水平、库存水平和产能(内部的和外包的)水平,以使企业利润最大化。计划者需要如下信息:

- 计划期内 T 个时期的每个时期 t 的需求预测 F_t。

生产成本包括:

- 正常时间的劳动力成本(元/小时)和加班时间的劳动力成本(元/小时)。
- 转包生产成本(元/小时或元/单位)。
- 产能变更成本:特定地指,雇佣或解雇工人的成本(元/工人)和增加或减少机器产能的成本(元/机器)。
- 单位产品需要的劳动力工时/机器台时。
- 库存持有成本(元/单位/周期)。
- 缺货或延期交货的成本(元/单位/周期)。

约束包括:

- 加班的限制。
- 解雇的限制。
- 可用资本的限制。
- 缺货和延期交货的限制。
- 从供应商到企业的约束。

使用这些信息,企业可以通过总生产计划制定下列决策:

- 正常时间、加班时间和转包时间的生产量:用来确定员工数量和供应商购买水平。
- 持有库存:确定仓库容量和运营资本的需要量。
- 缺货或延期交付的数量:用来确定客户服务水平。
- 雇佣/解雇劳动力数量:用来处理可能遇到的劳资纠纷。
- 机器产能的增加或减少:确定是否需要购买新的生产设备或闲置设备。

(二)总生产计划编制程序

1. 明确计划期间

生产计划就时间段而言,一般分为月份生产计划、季度生产计划、半年(6 个月)生产计划和年度生产计划。

2. 确定计划的内容

制订一定期间范围内的生产计划,就必须先确定生产产品的类型、数量,以及在何处生产等。

3. 进行产能、负荷分析

将要生产的工作量(负荷)与生产能力比较、分析加以调整取得平衡,如此才能使生产计划切实可行。

4. 制订日程计划

日程计划是实施计划,按详细的时间,分别计划如何进行生产。日程计划实际上是按日别或班别(轮班作业)将要生产的产品数量明确化。

(三) 用线性规划法优化分品种产量计划

【例5-1】 厂车间生产合金钢A和B,每生产一公斤合金钢A需要稀有金属30公斤,工时4小时,利润80元;每生产一公斤合金钢B需要稀有金属60公斤,工时3小时,利润100元。可供资源稀有金属为3 000公斤,工时为300小时,见表5-1,试用线性规划确定企业利润最大时生产A和B多少?

表 5-1　条 件 列 表

条件	对资源的占用		可供使用的资源
	合金钢A	合金钢B	
工时(小时)	4	3	300
稀有金属(公斤)	30	60	3 000
单位产品利润(元)	80	100	

解: 假设

X——为合金A的优化后的产量;

Y——为合金B的优化后的产量;

Z——利润。

目标:$\max Z = 80 * X + 100 * Y$

条件限制:$4X + 3Y \leqslant 300$

$\qquad\qquad 30X + 60Y \leqslant 3\ 000$

1. 解析约束条件

首先,将约束条件转换成更易于处理的形式:

- 对于稀有金属的限制,可以写作:$y \leqslant 50 - 0.5x$

- 对于工时的限制,可以写作:$y \leqslant 100 - \dfrac{4}{3}x$

2. 找出可行域

可行域是由以上不等式定义的区域。在这个区域内,所有的点都满足给定的约束条件。为了找到最优解,通常需要找到这个区域内的边界点,因为最优解通常会出现在这些边界点上。

3. 计算边界点

- 当 $x=0$ 时,对于稀有金属的限制 $y \leqslant 50$;对于工时的限制 $y \leqslant 100$,所以 y 可以取到的最大值是 50。
- 当 $y=0$ 时,对于稀有金属的限制 $x \leqslant 100$;对于工时的限制 $x \leqslant 75$,所以 x 可以取到的最大值是 75。
- 两个约束条件相交的点可以通过解方程组来找到:

$30x+60y=3\,000$ 和 $4x+3y=300$。简化后得到 $x+2y=100$ 和 $4x+3y=300$。解这个方程组,得到 $x=60$,$y=20$。

因此,可行域的边界点包括:$(0,50)$,$(75,0)$,$(60,20)$。

4. 评估目标函数

将每个边界点代入目标函数 $\max Z=80x+100y$ 中计算利润:

- 对于点 $(0,50)$,$Z=80*0+100*50=5\,000$ 元
- 对于点 $(75,0)$,$Z=80*75+100*0=6\,000$ 元
- 对于点 $(60,20)$,$Z=80*60+100*20=6\,800$ 元

通过比较这三个点的利润值,可以看出当生产 60 公斤的合金钢 A 和 20 公斤的合金钢 B 时,可以获得最大利润 6 800 元。

总生产计划的质量对企业的盈利性能有很大影响,如果总生产计划没有使可用库存和产能满足需求,就会使得销售和利润降低,也可能使库存太大超过需求,使得成本增加。所以,总生产计划是帮助供应链实现利润最大化非常重要的工具。

相类似的,主生产计划和物料需求计划的制订则是根据总生产计划的方案对最终产品数量和零部件做生产决策。

三、主生产计划的制订

主生产计划是指制造企业为了实现生产目标而制订的详细计划。它定义了生产的时间表、数量、资源需求以及其他关键要素,对于企业的生产运作至关重要。本文将从主生产计划的概念、制订过程及挑战等方面进行探讨。

（一）主生产计划的概念

MPC 是 Manufacturing Planning and Control System 的缩写,即制造计划与控制系统。主生产计划（Master Production Schedule,MPS）是其中的一个重要组成部分,它是制造企业内部用于组织生产的一个计划。MPS 主要考虑市场需求、销售计划、库存水平和生产资源等因素,以确定最佳的生产计划,满足客户需求并兼顾企业的经济效益。

主生产计划的计划对象主要是把生产规划中的产品系列具体化,使之成为以后的出厂

产品,通称最终项目,所谓"最终项目"通常是独立需求件,对它的需求不依赖于对其他物料的需求而独立存在。但是由于计划范围和销售环境不同,作为计划对象的最终项目其含义也不完全相同。

从满足最少项目数的原则出发,下面对三种制造环境分别考虑 MPS 应选取的计划对象。

(1)在为库存而生产(Make to Stock,MTS)。用很多种原材料和部件制造出少量品种的标准产品,则产品、备品备件等独立需求项目成为 MPS 计划对象的最终项目。对产品系列下有多种具体产品的情况,有时要根据市场分析估计产品占系列产品总产量的比例。此时,生产规划的计划对象是系列产品,而 MPS 的计划对象是按预测比例计算的。产品系列同具体产品的比例结构形式,类似一个产品结构图,通常称为计划物料或计划 BOM(Bill of Materials)。

(2)在为订单而生产(Make to Order,MTO)。最终项目一般就是标准定型产品或按订货要求设计的产品,MPS 的计划对象可以放在相当于 T 形或 V 形产品结构的底层,以减少计划物料的数量。如果产品是标准设计或专项,最终项目一般就是产品结构中 0 层的最终产品。

(3)在为订单而装配(Assemble to Order,ATO)。产品是一个系列,结构相同,表现为模块化产品结构,都是由若干基本组件和一些通用部件组成。每项基本组件又有多种可选件,有多种搭配选择(如轿车等),从而可形成一系列规格的产品,可将主生产计划设立在基本组件级。在这种情况下,最终项目指的是基本组件和通用部件。这时主生产计划是基本组件(如发动机、车身等)的生产计划。

(二)主生产计划的制订过程

编制主生产计划(MPS)时要确定每一具体的最终产品在每一具体时间段内的生产数量。它所需要满足的约束条件首先是:

1. 主生产计划所确定的生产总量必须等于总体计划确定的生产总量

该约束条件包括两个方面:

● 第一个方面是,每个月某种产品各个型号的产量之和等于总体计划确定的该种产品的月生产总量;

● 第二个方面是,总体计划所确定的某种产品在某时间段内的生产总量(也就是需求总量)应该以一种有效的方式分配在该时间段内的不同时间生产。

当然,这种分配应该是基于多方面考虑的,例如,需求的历史数据,对未来市场的预测,订单以及企业经营方面的考虑。此外,主生产计划既可以周为单位,也可以日、旬或月为单位。当选定以周为单位以后,必须根据周来考虑生产批量(断续生产的情况下)的大小,其中重要的考虑因素是作业交换成本和库存成本。

2. 在决定产品批量和生产时间时必须考虑资源的约束

与生产量有关的资源约束有若干种,例如设备能力、人员能力、库存能力(仓储空间的大小)、流动资金总量等。在制订主生产计划时,必须首先清楚地了解这些约束条件,根据产品的轻重缓急来分配资源,将关键资源用于关键产品。

编制主生产计划一般要经过以下步骤:

(1)根据生产规划和计划清单确定对每个最终项目的生产预测。

(2)根据生产预测、已收到的客户订单、配件预测以及该最终项目作为非独立需求项目的需求数量,计算总需求量。

(3)根据总需求量和事先确定好的订货策略和批量,以及安全库存量和期初库存量,计算各时区的主生产计划接收量和预计可用量。使用如下公式从最初时区推算:

第 $K+1$ 时区的预计可用量=第 K 时区预计可用量+第 $K+1$ 时区主生产计划接收量-第 $K+1$ 时区的总需求量($K=0,1,……$)

第 0 时区预计可用量=期初可用量

在计算过程中,如预计可用量为正值,表示可以满足需求量,不必再安排主生产计划量;如预计库存量为负值,则在本时区计划一个批量作为主生产计划接收量,从而给出一套主生产计划的备选方案。在此过程中,要注意均衡生产的要求。

3. 用粗能力计划评价主生产计划备选方案的可行性,模拟选优,给出主生产计划报告。

虽然经营规划、预测和生产规划可为主生产计划的编制提供合理的基础,但随着情况的变化,主生产计划期的改变仍是不可避免的。为了寻求一个比较稳定的主生产计划,提出了时界的概念,向生产计划人员提供一个控制计划的手段。

在计划展望期内最近的计划期,其跨度等于或略大于最终产品的总装配提前期;稍后的计划期其跨度加上第 1 计划期的跨度等于或略大于最终产品的累计提前期。这两个计划期的分界线称为需求时界,它提醒计划人员,早于这个时界的计划已在进行最后阶段,不宜再作变动;第 2 个计划期和以后的计划期的分界线称为计划时界,它提醒计划人员,在这个时界和需求时界之间的计划已经确认,不允许系统自动更改,必须由主生产计划员来控制;在计划时界以后的计划系统可以改动。通过两种时界向计划人员提供一种控制手段。

在制订主生产计划的过程中涉及一系列的量,计算方法如下:

(1)生产预测。生产预测用于指导主生产计划的编制,使得主生产计划员在编制主生产计划时能遵循生产规划的目标。它是某产品类的生产规划总生产量中预期分配到该项产品的部分,其计算通常使用百分比计划清单来分解生产规划。

(2)未兑现的预测。未兑现的预测是在一个时区内尚未由实际客户订单兑现的预测,它指出在不超过预测的前提下,对一个最终项目还可以期望得到多少客户订单。计算方法是以某时区的预测值减去同一时区的客户订单。但是早于需求时界的累计未兑现预测如何处理,典型的 MRP Ⅱ 软件将提供不同的策略供用户选择,或移到需求时界之后的第一个时区,或忽略不计。

（3）总需求。某个时区的总需求量即为本时区的客户订单、未兑现的预测和非独立需求之和。

（4）可签约量。可签约量等于主生产计划量减去实际需求。此项计算从计划展望期的最远时区由远及近逐个时区计算。如果在一个时区内需求量大于计划量,超出的需求可从早先时区的可签约量中预留出来。

（5）累计可签约量。从最早的时区开始,把各个时区的可签约量累加到所考虑的时区就是这个时区的累计可签约量。它指出在不改变主生产计划的前提下,积累到目前所考虑的时区为止,关于此最终项目还可向客户做出多大数量的供货承诺。

一般,主生产计划员首先根据总需求量、可签约量、预计可用量和时界策略来制订主生产计划,然后,当新的操作数据产生时,再对主生产计划进行维护。

（三）主生产计划的挑战

MPS 主生产计划作为制造企业内部的一个重要计划,对于实现生产目标至关重要。通过合理、有效地制订和执行 MPS 主生产计划。然而,MPS 主生产计划也需要面对一系列的挑战,企业需要灵活应对,并不断优化和改进 MPS 主生产计划,以适应市场变化和企业发展的需要。

1. 数据不准确

如果企业收集的市场数据和销售计划等信息不准确,将导致生产计划的不准确。

2. 不可预测的需求

市场需求的不确定性会对生产计划造成一定困扰,企业需要根据需求的变化及时调整计划。

3. 工艺变化

如果产品的工艺发生变化,可能需要调整生产流程和生产资源的配置,这也对 MPS 主生产计划提出了更高的要求。

4. 生产资源限制

生产设备、人力资源等的限制可能会影响生产计划的制订和执行。

四、物料需求计划的制订

物料需求计划（Material Requirement Planning,MRP）是制造业企业生产计划中的一个核心过程,它涉及企业内部和客户之间的物料需求和供应链管理。MRP 的主要目的是通过计算出所需物料的数量和日期,帮助企业决定采购、生产和库存策略,以满足顾客的需求和最大限度地降低成本。

（一）物料需求计划定义

MRP 是按照产品实现的标准和制造需要的物料清单（bill of materials,BOM）,确定从采购原材料到成品制造的计划,以及所需的生产、购买、库存和交货计划,并跟踪实现情况。采用 MRP 系统,企业可以优化生产计划,降低库存成本,提高交付效率。

物料清单也称为产品结构表、产品结构树、零件清单。而成本物料清单则是在物料清单基础上扩展而来的,物料清单是由研发人员和生产管理人员共同编制的产品结构表。物料清单不但列明了生产某一产品所需的全部物料,而且还排列出了每种物料在产品结构中处于什么位置,不但标明了每种物料的层次、编号、规格、单位,而且还列出了每种物料在该产品中的标准用量,是自制件还是外购件等信息。

(二)物料需求计划的作用

1. 优化物料库存

优化物料库存是生产企业物流管理的一个重要目标。采用物料需求计划,可以有效地控制物料和半成品的库存数量,降低企业存货成本,提高库存周转率。

2. 提高生产效率

在生产计划中,物料需求计划为企业提供了所需物料的数量和日期,帮助企业在对资源进行优化配置的基础上,实现生产计划的优化管理,提高生产效率。

3. 降低成本

MRP 可以有效地帮助企业避免过多的物料和半成品存货,从而降低企业的存货成本,并通过供应链管理,控制生产成本,达到降低企业整体成本的目的。

4. 提高客户满意度

MRP 可以帮助企业根据客户需求,优化制造和采购计划,并确保如期交货,提高客户满意度。

(三)物料需求计划的实施过程

1. 归档和分类

先要进行物料的归档和分类,明确每种物料的属性和用途,有助于企业对各类物料进行有效跟踪和管理。

2. 确定需求

确定需求是 MRP 的一项关键步骤,需要根据客户需求、销售预测和库存情况等因素,确定每种物料的需求量和需求日期。

3. 计算需求

根据需求量和需求日期,计算出物料的数量和日期。这一步骤需要考虑到物料的生产周期、采购周期、交货周期等因素。

4. 生成 MRP

通过计算,生成 MRP 中的物料需求清单,并进行排序和分类。MRP 将物料需求清单按照优先级进行排序,优先满足那些时间上最紧急的需求。

5. 调整计划

MRP 计划生成后,需要进行调整,以适应实际的生产和采购情况,避免过多或过少的物料库存。这一过程需要不断与其他部门协调,确保生产计划的顺利进行。

(四)物料需求计划中的关键问题

物料需求计划是制造业企业生产计划中的一个核心过程。它可以帮助企业实现生产效率和成本的优化,提高客户满意度。在实施过程中,需要重视数据的准确性、时效性和供应链管理,确保物料需求计划的顺利实施。

1. 数据准确性

物料需求计划中的数据准确性直接影响生产计划的准确性。因此,企业需要确保其数据来源准确可靠,避免受到错误数据的影响。

2. 时效性

物料需求计划需要与销售计划、生产计划、采购计划等实际操作联系起来,及时调整工作计划,确保各项计划的时效性和实施效果。

3. 供应链管理

MRP 计划需要考虑整个供应链的因素,如果某一个阶段的供应链出现问题,会直接影响整个生产计划。因此,企业需要优化供应链管理,与各个环节做好沟通协调工作,提高供应链效率。

五、企业的生产作业计划

企业的生产作业计划是生产计划的继续和补充,是生产计划的具体执行计划,即把企业年度、季度生产计划中规定的月度生产任务以及临时性的生产任务具体地分配到各个车间、工段、班组、每个工作地和个人,规定他们在月、旬、周、日、轮班以至每个小时的生产任务,并按日历顺序安排进度,从而保证按数量、品种、质量、期限、成本完成企业的生产任务。

生产作业计划对生产计划的分解、分配过程也是对计划期内生产过程中加工对象的运动进行控制的过程,就是按照既定的要求对生产过程进行监督、检查和统计各项生产进度的完成情况,根据出现的新情况对计划及时地进行调整,以保证顺利完成计划任务。

生产作业计划工作的内容有制订生产作业的期量标准、编制生产作业计划和组织实现生产作业计划。

生产任务的安排,不仅要对企业总的生产任务做出进度安排,而且要将整个企业的生产任务分解到各个车间(或分厂),规定车间的生产任务。

安排车间生产任务,应该满足下列要求:

(1)必须保证整个企业的生产计划得到实现,为此,规定给各个车间的生产任务,应当在品种、数量和进度上相互衔接,以保证企业计划的按期完成;

（2）要缩短生产周期和减少流动资金占用量，以提高企业生产的经济效益；

（3）要充分利用车间的生产能力，规定给各个车间的任务应当适合这个车间的机器性能和设备条件，并能充分利用这些机器设备，不要出现有的车间过忙，有的车间过于闲散等现象。

【例5-2】　产品A的物料清单如图5-2所示：

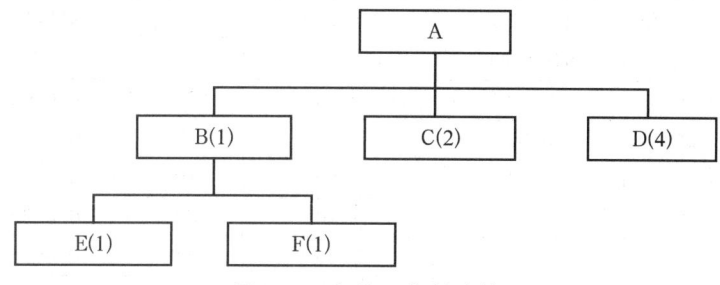

图5-2　产品A物料清单

某中小型私营企业生产产品A，初期库存为30，安全库存为5，根据信息部门收集的市场需求数据，得到如表5-2所示的MPS计划表：

表5-2　MPS计划表

周	需求时区		计划时区			预测时区				
	1	2	3	4	5	6	7	8	9	10
预测	20	18	15	9	6	7	12	7	10	10
实际需求	18	14	17	10	8	6	10	6	8	7
毛需求量	18	14	17	10	8	7	12	7	10	10
净需求量		7		9			11		8	
MPS初步计划		25		25			20		20	
预计库存量	12	23	6	21	13	6	14	7	17	7

在需求时间区（1~2周）内，毛需求量是实际需求量；在计划时间区（3~5周）内，毛需求量是预测需求与实际需求中数值较大者；在预测时间区（6~10周）内，毛需求量为预测值；当净需求量大于0时，企业添加新的生产计划，见表5-3。

表5-3　计划周期表

计划周期（周）	1	2	3	4
MPS	25	25	20	20

企业的MPS已经确定，那么就需要对其可行性进行分析。企业的关键工作中心相关信息确定如表5-4所示：

表 5-4　关键工作中心表

关键工作中心	30	25	20	15	10
额定能力（小时/周数）	3.0	2.0	5.5	14.0	5.5

表 5-5 是产品 A 的工艺路线及额定工时。

表 5-5　产品 A 的工艺路线及额定工时表

项目	工序号	关键工作中心	单件加工时间（h）	生产准备时间（h）	平均批量	单件准备时间（h）	单件总时间（h）
A	10	30	0.09	0.40	20	0.0200	0.1100
B	10	25	0.06	0.28	40	0.0070	0.0670
C	10	15	0.14	1.60	80	0.0200	0.1600
	20	20	0.07	1.10	80	0.0138	0.0838
E	10	10	0.11	0.85	100	0.0085	0.1188
	20	15	0.26	0.96	100	0.0096	0.2696
F	10	10	0.11	0.85	80	0.0106	0.1206

表 5-6 为产品 A 的能力清单。

表 5-6　产品 A 的能力清单表

工作中心	单件加工时间（h）	单件生产准备时间（h）	单件总时间（h）
10	0.22	0.0191	0.2391
15	0.54	0.0496	0.5826
20	0.14	0.0376	0.1776
25	0.06	0.0070	0.0670
30	0.09	0.0200	0.1100
合计	1.05	0.1333	1.1763

根据产品 A 的能力清单和主生产计划，计算出产品 A 的粗能力需求（总工时 = 周计划量 × 单件总时间），如表 5-7 所示：

表 5-7　产品 A 的粗能力需求表

项目	计划周期			
关键工作中心	1	2	3	4
30	2.75	2.75	2.20	2.20
25	1.68	1.68	1.34	1.34
20	4.19	4.19	3.35	3.35
15	14.74	14.74	11.79	11.79
10	5.98	5.98	4.78	4.78
总工时	29.34	29.34	23.46	23.46

根据企业关键工作中心信息和产品 A 的粗能力需求对产品 A 在关键资源上负荷和能力分析如表 5-8 所示。

表 5-8　产品 A 的负荷和能力分析表

项目		计划周期			
关键工作中心	能力分析	1	2	3	4
30	需求负荷	2.75	2.75	2.20	2.20
	总能力	3.0	3.0	3.0	3.0
	能力超/欠	0.25	0.25	0.80	0.80
	负荷率%	92	92	73	73
25	需求负荷	1.68	1.68	1.34	1.34
	总能力	2.0	2.0	2.0	2.0
	能力超/欠	0.32	0.32	0.66	0.66
	负荷率%	84	84	67	67
20	需求负荷	4.19	4.19	3.35	3.35
	总能力	5.5	5.5	5.5	5.5
	能力超/欠	1.31	1.31	2.15	2.15
	负荷率%	76	76	61	61
15	需求负荷	14.74	14.74	11.79	11.79
	总能力	14.0	14.0	14.0	14.0
	能力超/欠	-0.74	-0.74	2.21	2.21
	负荷率%	105	105	84	84
10	需求负荷	5.98	5.98	4.78	4.78
	总能力	5.5	5.5	5.5	5.5
	能力超/欠	-0.48	-0.48	0.72	0.72
	负荷率%	109	109	87	87

六、生产计划理念

(一)制造资源计划

传统的 MRP 系统是关于物料需求计划的信息系统,可以用来协助企业进行计划和管理采购、生产和库存。MRP Ⅱ(Manufacturing Resources Planning,MRP Ⅱ)是在 MRP 系统的基础上,增加了成本、人力资源等相关信息的管理。MRP Ⅱ可根据不同资源特性的变化,进行多目标的生产计划、库存量控制和生产进度跟踪,使企业能够高效安排生产活动、降低生产成本,提高生产绩效。

（二）精益生产系统

精益生产系统（Lean Production）是一种通过减少浪费和提高生产效率，达到最大限度满足客户需求的生产模式。在精益生产系统中，生产过程一般采用单元制、流水化生产。它着重于追求"零库存"、快速交付和良好质量的实现，从而推动生产计划、生产排程的实现。

（三）计算机集成制造

计算机集成制造（Computer Integrated Manufacturing，CIM）是利用计算机技术，整合企业内外资源，实行生产过程的智能化、柔性化和自适应控制，以达到提高产品质量、缩短生产周期、降低生产成本的目的。它在信息技术自动化技术与制造的基础上，通过计算机技术把分散在产品设计制造过程中各种孤立的自动化子系统有机地集成起来，形成适用于多品种、小批量生产，实现整体效益的集成化和智能化制造系统。

（四）快速响应制造

快速响应制造（Quick Response Manufacturing，QRM）是一种灵活、可定制的生产方式，强调快速反应能力、小批量生产、定制化生产和流动生产。它适用于生产周期短、需快速反应的市场，具有灵活性高、响应速度快、生产成本较低等优点。它确定了制造商、批发商和零售商的供应时间，从而使得库存水平最小化。快速响应原是美国纺织服装业发展起来的供应链管理方法。它是美国零售商、服装制造商以及纺织品供应商开发的整体业务概念，零售商和制造商建立战略伙伴关系，利用 EDI 等信息技术进行销售时点的信息、订货信息等交换，用高频率、小数量的配送方式连续补充商品，以缩短交货周期、减少库存、提高客户服务水平、对消费者需求做出快速反应，从而最大限度地提高供应链管理运作效率。

第三节　供应链生产控制机制

一、供应链的协调控制机制

要实现供应链的同步化运作，需要建立一种供应链的协调机制。协调供应链的目的在于使信息能无缝地、顺畅地在供应链中传递，减少因信息失真而导致过量生产、过量库存现象的发生，使整个供应链能根据顾客的需求而步调一致，也就是使供应链获得同步化响应市场需求变化。

供应链的协调机制有两种划分方法。根据协调的职能可分为两类：一类是不同职能活动之间的协调与集成，如生产—供应协调、生产—销售协调、库存—销售协调等协调关系；另一类是根据同一职能不同层次活动的协调，如多个工厂之间的生产协调。根据协调的内容，供应链的协调可分为信息协调和非信息协调。

二、供应链的协调控制模式

供应链的协调控制模式分为中心化协调、分散协调和混合式协调 3 种。中心化协调控制模式把供应链作为一个整体纳入一个系统,采用集中方式决策,因而忽视了代理的自主性,也容易导致"组合约束爆炸",对不确定性的反应比较迟缓,很难适应市场需求的变化。分散协调控制强调代理模块的独立性,对资源的共享程度低,缺乏通信与交流,很难做到供应链的同步化。比较好的控制模式是分散与集中相结合的混合模式。各个代理一方面保持各自独立运作,另一方面参与整个供应链的同步化运作体系,保持了独立性与协调性的统一。

三、供应链的信息跟踪机制

供应链各个环节之间的关系是服务与被服务的关系,服务信号的跟踪和反馈机制可使企业生产与供应关系同步进行,消除不确定性对供应链的影响。因此应该在供应链系统中建立服务跟踪机制以降低不确定性对供应链同步化的影响。

供应链的服务跟踪机制提供两方面的协调辅助:信息协调和非信息协调。非信息协调主要指完善供应链运作的实物供需条件,采用 JIT 生产与采购、运输调度等;信息协调主要通过企业之间生产进度的跟踪与反馈来协调各个企业的生产进度,保证按时完成用户的订单,准时交货。

供应链企业在生产系统中使用跟踪机制的根本目的是保证对下游企业的服务质量,在企业集成化管理的条件下,跟踪机制才能够发挥其最大的作用。跟踪机制在企业内部表现为客户(上游企业)的相关信息在企业生产系统中的渗透。其中,客户的需求信息(订单)成为贯穿企业生产系统的一条线索,成为生产计划、生产控制、物资供应相互衔接、协调的手段。

(一)跟踪机制的外部运行环境

供应链管理下企业间的信息集成可从以下几个部门展开。

1. 采购部门与销售部门

采购部门与销售部门是企业间传递需求信息的接口。需求信息总是沿着供应链从下游传至上游,从一个企业的采购部门传向另一个企业的销售部门。由于我们讨论的是供应链管理下的销售与采购环节,稳定而长期的供应关系是必备的前提,所以可将注意力集中在需求信息的传递上。

销售部门在供应链上下游企业间的作用仅仅是一个信息的接口。它负责接收和管理有关下游企业需求的一切信息,除了单纯意义上的订单外,还有下游企业对产品的个性化要求,如质量、规格、交货渠道、交货方式等。这些信息是企业其他部门工作所必需的。

在供应链管理下,采购部门的主要工作是将生产计划系统的采购计划转换为需求信息,以电子订单的形式传达给上游企业。同时,它还要从销售部门获取与所采购的零部件和原材料相关的客户个性化要求,并传达给上游企业。

2. 制造部门

制造部门的任务不仅仅是生产,还包括对采购物资的接收以及按计划对下游企业配套件的供应。在这里,制造部门实际上兼具运输服务和仓储管理两项辅助功能。制造部门能够完成如此复杂的工作,原因在于生产计划部门对上下游企业的信息集成,同时也依赖于战略伙伴关系中的质量保证体系。此外,制造部门还担负着在制造过程中实时收集订单的生产进度信息,经过分析后提供给生产计划部门的责任。

3. 生产计划部门

在集成化管理中企业的生产计划部门肩负着大量的工作,集成了来自上下游生产计划部门、企业自身的销售部门和制造部门的信息。其主要功能有:

(1)滚动编制生产计划。来自销售部门的新增订单信息,来自企业制造部门的订单生产进度信息和来自上游企业的外购物资的生产计划信息,以及来自上游企业的需求变动信息,这四部分信息共同构成了企业滚动编制生产计划的信息支柱。

(2)保证对下游企业的产品供应。下游企业的订单并非一成不变,从订单到达时起,供方和需方的内外环境就一直不断变化着,最终的供应时间实际上是双方不断协调的结果,其协调的工具就是双方不断滚动更新的生产计划。生产计划部门按照最终的协议指示制造部门对下游企业进行供应。这种供应是与下游企业生产计划相匹配的准时供应。由于生产出来的产品不断发往下游企业,制造部门不会有过多的在制品和成品库存压力。

(3)保证上游企业对本企业的供应。生产计划部门在制造部门提供的实时生产进度分析的基础上结合上游企业传来的生产计划(生产进度分析)信息,与上游企业协商确定各批订单的准确供货时间。上游企业将按照约定的时间将物资发送到本企业。采购零部件和原材料的准时供应降低了制造部门的库存压力。

(二)生产计划中的跟踪机制

(1)在接到下游企业的订单后,建立针对上游企业的订单档案,其中包含了用户对产品的个性化要求,如对规格、质量、交货期、交货方式等具体内容。

(2)主生产计划进行外包分析,将订单分解为外包子订单和自制件子订单。

订单与子订单的关系在于:订单通常是一个用户提出的订货要求,在同一个用户提出的要求中,可能有多个订货项,我们可以将同一订单中不同的订货项定义为子订单。

(3)主生产计划对子订单进行规划,改变子订单在期与量上的设定,但保持了子订单与订单的对应关系。

(4)投入产出计划中涉及跟踪机制的步骤如下:

①子订单的分解。结合产品结构文件和工艺文件以及提前期数据,倒排编制生产计划。对不同的子订单独立计算,即不允许进行跨子订单的计划记录合并。

②库存分配。本步骤与步骤①是同时进行的,将计划期内可利用的库存分配给不同的子订单。在库存分配记录上注明子订单信息,保证专货专用。

③能力占用。结合工艺文件和设备组文件计算各子订单计划周期内的能力占用。这一步骤使单独评价子订单对生产负荷的影响成为可能。在调整子订单时无须重新计算整个计划所有记录的能力占用数据,仅需调整子订单的相关能力数据。

④调整。结合历史数据对整个计划周期内的能力占用状况进行评价和分析,找出可能存在的瓶颈。

(5)车间作业计划。车间作业计划用于指导具体的生产活动,具有高度的复杂性,一般难以严格按子订单的划分来调度生产,但可要求在加工路线单上注明本批生产任务的相关子订单信息和相关度信息。在整个生产过程中实时地收集和反馈子订单的生产数据,为跟踪机制的运行提供来自基层的数据。

(6)采购计划。采购部门接收的是按子订单下达的采购信息,他们可以使用不同的采购策略来完成采购计划,子订单的作用主要体现在以下几个方面:

①将采购部门与销售部门联系起来。下游企业在需求上的个性化要求可能涉及原材料和零部件的采购,采购部门可以利用子订单查询这一信息,并提供给各上游企业。

②建立需求与生产间的联系。采购部门的重要任务之一就是建立上游企业的生产过程与本企业子订单的对应关系。在这一条件下,企业可以了解到子订单生产所需要的物资在上游企业中的生产情况,还可以提供给上游企业准确的供货时间。

(三)生产进度控制中的跟踪机制

生产控制是生产管理的重要职能,是实现生产计划和生产作业管理的重要手段。虽然生产计划和生产作业计划对生产活动已做了比较周密而具体的安排,但随着时间的推移,市场需求往往会发生变化。此外,由于各种生产准备工作不周全或生产现场偶然因素的影响,也会使计划产量和实际产量之间产生差异。因此,必须及时对生产过程进行监督和检查,一旦发现偏差,及时进行调节和校正工作,以保证计划目标的实现。

生产进度控制的主要任务是依照预先制订的作业计划,检查各种零部件的投入和产出时间、数量以及配套性,保证产品能准时产出,按照订单上承诺的交货期将产品准时送到客户手中。

使用跟踪机制的作用在于对子订单的生产实施控制,保证对客户的服务质量。

1. 按优先级保证对客户的产品供应

子订单是订单的细化,只有保证子订单的准时完工才能保证订单的准时完工,这也就意味着对客户服务质量的保证。在一个企业中不同的子订单总是有着大量的相同或类似的零部件同时进行加工。在车间生产的复杂情况下,由于生产实际与生产计划的偏差,在制品无法按时到位的情况经常发生。在产品结构树中低层的零部件的缺件破坏了生产的成套性,必将导致高层零部件的生产计划无法执行,这是一个逐层向上的恶性循环。

较好的办法是将这种可能产生的混乱限制在优先级较低的子订单内,保证高优先级的子订单的生产成套性。在发生意外情况时,总是认为意外发生在低优先级别的子订单内,高优先级的子订单能够获得物资上的保证。在低优先级订单的优先级不断上升的情况下,总是优先保证高优先级的订单,必然能够保证对客户的服务质量。相反,在不能区分子订单的条件下无法实现这种办法。"拆东墙补西墙"式的生产调度,会导致在同一时间加工却在不同时间使用的零部件互相挤占,为后续生产造成隐患。

2. 保证实时信息

保证在企业间集成化管理的条件下下游企业所需要的实时计划信息。对于本企业而言,这一要求就意味着使用精确实时的生产进度数据修正预订单项对应的每一个子订单的相关计划记录,保持生产计划的有效性。在没有相应的跟踪机制的情况下,同一个生产计划、同一批半成品可能对应着多份订单,实际上无法度量具体订单的生产进度。可见,生产控制系统必须建立跟踪机制才能实现面向订单的数据搜集,生产计划系统才能够获得必要的信息以实现面向客户的实时计划修正。

第四节　库存管理概述

一、库存

库存是指为了满足未来需求而暂时闲置的有价值的资源,与是否处于运动状态、是否存放在仓库无关。从理论上讲,库存属于闲置的资源,不但不会创造价值,反而还会因占用资源而增加企业的成本,可以说,库存本身就是一种浪费。但是,从实际来看,库存往往不可避免。因为库存具有保持生产过程连续性、分摊订货费用、应对经营过程中的不确定性、快速满足用户需求、利用数量折扣等作用。

按照不同的划分标准,可分为不同的库存类型,以下以库存的作用和生产过程对库存进行分类。

(一)按库存的作用分类

1. 周转库存

周转库存是指因生产或采购的产品的批量大于顾客需求而产生的平均库存。当需求稳定时,周转库存与订货批量的关系如下:

$$周转库存 = \frac{订货批量}{2} \tag{5-1}$$

批量和周转库存还影响着资源在系统中的流动时间,根据利特尔法则,可得出:

$$由周转库存导致的平均流动时间 = \frac{周转库存}{需求} \qquad (5-2)$$

2. 安全库存

安全库存是指用于应对不确定因素(如突发性大量订货、供应商延期交货等)而准备的缓冲库存。之所以持有安全库存,是因为需求和供应的不确定性。安全库存并不能完全阻止缺货的出现,只能在一定程度上降低缺货的概率。影响安全库存水平的因素主要有:顾客希望达到的服务水平,随着期望的服务水平的提高,安全库存水平随之增加;需求或供给的不确定性,随着需求或供给不确定性的增加,安全库存水平增加;交货提前期,在一定的服务水平下,交货提前期越长,安全库存水平越高。

3. 在途库存

在途库存是指处于运输状态以及停放在相邻两个工作地或相邻两个组织之间的库存。在途库存的大小取决于运输时间以及该期间的平均需求。在进行库存持有成本计算时,应将在途库存看作运输出发地的库存,因为在途的资源还不能使用、销售或随时发货。

(二)按生产过程分类

1. 原材料库存

指企业已经购买的,但还未投入生产的存货。

2. 在制品库存

指经过部分加工,但尚未完成的半成品存货。

3. 产成品库存

指已经制造完成并正等待装运发出的存货。

二、库存管理

对任何企业来说,库存的存在都有其优缺点:一方面,持有大量库存有利于企业满足生产需要、提升经营韧性和提高客户服务水平;另一方面,过量的库存会占用企业大量的流动资金,增加企业费用支出,进而严重影响企业的经济效益。因此,如何权衡库存利弊,做好库存管理始终是企业生产经营过程中不可缺少的重要组成部分。在供应链环境下,库存管理对企业的影响更为突出,它不仅影响着供应链上企业的经济效益,还制约着整条供应链的竞争力。

库存管理又称库存控制,是指为了保证企业生产经营的正常运行、降低存货成本、提高获利能力,对库存进行决策、规划、控制等工作的总称。在库存管理理论中,根据资源需求的重复程度,一般分为单周期需求问题和多周期需求问题。单周期需求问题的特征是资源寿命周期短,需求往往是不确定的,因而企业很少或没有机会重复订货,如报纸或特定节假日产品。多周期需求问题是长时间内需求反复发生,库存需要不断补充,如超市的牛奶、面包等产品。

(一)单周期库存模型

对于单周期需求问题,库存管理的关键在于确定订货批量。单周期库存模型中,订货量等于预测的需求量。如何根据预测的不确定的需求量确定订货批量,从而使期望损失最小或者期望收益最大是单周期库存模型需要决策的问题。

1. 期望损失最小法

期望损失最小法是比较不同订货量下的期望损失,取期望损失最小的订货量作为最佳订货量。已知库存资源的单位成本为 C ,单位售价为 P ,实际需求量为 d 。若在规定的时间内卖不出去,则单价只能以 $V(V < C)$ 卖出,单位超储损失为 $C - V$;若需求超过库存,则单位缺货损失为 $P - C$ 。设订货量为 Q 时的期望损失为 $E_L(Q)$,则

$$E_L(Q) = \sum_{d > Q} (P - C)(d - Q)\xi(d) + \sum_{d \leq Q} (C - V)(Q - d)\xi(d) \qquad (5-3)$$

其中, $\xi(d)$ 为需求量 d 的分布函数。

2. 期望利润最大法

期望利润最大法是比较不同订货量下的期望利润,取期望利润最大的订货量作为最佳订货量。设订货量为 Q 时的期望利润为 $E_P(Q)$,则

$$E_P(Q) = (P - C)d - \sum_{d > Q} (P - C)(d - Q)\xi(d) - \sum_{d \leq Q} (C - V)(Q - d)\xi(d)$$

$$= \sum_{d > Q} (P - C)Q\xi(d) + \sum_{d < Q} [(P - C)d - (C - V)(Q - d)]\xi(d) \qquad (5-4)$$

其中, $\xi(d)$ 为需求量 d 的分布函数。

(二)多周期库存模型

对于多周期需求问题,库存管理的关键在于确定库存检查周期、订货量以及订货点(订货时间)。

1. 定量库存控制模型

定量库存控制也称订货点控制,该法也称为定量订货法。该方法主要适用于需求量大、需求波动性大、缺货损失较高的资源的库存控制。按照该模型进行库存控制,需要连续不断地检查库存量,当库存下降到订货点时,按照固定的订货数量向供应商订货。按照该模型进行库存控制时,需确定订货点和订货批量两个参数。

订货点是指当库存量下降到必须再次订货时,仓库所具有的库存量。计算公式为:

$$ROP = \frac{D}{365} \times L_t + SS \qquad (5-5)$$

其中, ROP 为订货点; D 为库存资源的年需求量; L_t 为订货提前期(天); SS 为安全库存量。

该模型中的订货批量为经济订货批量(economic order quantity,EOQ),是指通过平衡订

货成本和库存持有成本,以实现总库存成本最低的最佳订货量。计算公式为:

$$EOQ = \sqrt{\frac{2DS}{H}} \tag{5-6}$$

其中,EOQ 为经济订货数量;D 为年需求量;S 为单次订购费用;H 为单位库存成本。该公式适用于需求时连续的、均匀的,且不允许缺货、瞬时到货、每次订货费保持不变、单位存储成本不变的库存控制问题。

2. 定期库存控制模型

定期库存控制也称为固定订货周期控制,该法也称为定期订货法。该方法可以简化库存控制的工作量,但由于库存消耗的不均衡,缺货风险高于定量库存控制法,因此该方法主要适用于需求较稳定或需求量不大、缺货损失较小的库存控制。按照该模型进行库存控制,需要预先确定订货周期和最大库存水平,周期性地检查库存水平,将库存量补充到最大。按照该模型进行库存控制时,需确定订货周期、最大库存量和订货量三个参数。

订货周期又称为订货间隔期,是指相邻两次订货的时间间隔。最佳订货周期一般通过平衡订货成本和库存持有成本,以实现总库存成本最低来确定。计算公式为:

$$EOI = \sqrt{\frac{2S}{HD}} \tag{5-7}$$

其中,EOI 为订货周期;D 为年需求量;S 为单次订购费用;H 为单位库存成本。

最大库存量一般是通过对库存物品需求的预测来确定,应该满足订货周期、订货提前期和安全库存三方面的要求,计算公式为:

$$Q_{\max} = \bar{R}_d(T + \bar{L}_t) + SS \tag{5-8}$$

其中,$Q_{\max}$ 为最大库存量;T 为订货周期,$\bar{L}_t$ 为平均订货提前期;$\bar{R}_d$ 为 $T + \bar{L}_t$ 期间对库存资源的平均日需求量;SS 为安全库存量。

订货量即库存补充量,计算公式为:

$$Q_i = Q_{\max} - Q_{Ni} - Q_{Ki} + Q_{Mi} \tag{5-9}$$

其中,Q_i 为第 i 次订货的订货量;$Q_{\max}$ 为最大库存量;为 Q_{Ni} 第 i 次订货点的在途到货量;Q_{Ki} 为第 i 次订货点的实际库存量;Q_{Mi} 为第 i 次订货点已售待出库货物量。

三、供应链库存管理

供应链库存管理与传统库存管理有许多不同之处。传统库存管理是站在单一企业的角度,主要是基于本企业的库存引发的存储成本和订货成本确定订货点、订货周期和订货批量。供应链库存管理是对供应链上各节点企业的库存活动进行协调管理,以实现供应链全局库存的最优化。在供应链管理环境下,如果依然采用传统库存管理方法,就会产生以下几个问题:

（一）库存管理目标存在差异

供应链各节点企业都是自主经营、自负盈亏的,有独自的经营目标,企业间缺乏合作与协调,缺乏全局观念,导致供应链整体效率低下。

（二）库存绩效指标设置不合理

传统库存管理,其考核指标是基于单个企业或单个部门的,没有考虑到供应链的整体绩效。比如很多企业仅使用库存周转率等指标对库存控制的优劣进行评定,没有考虑到对用户需求的反应时间和服务水平。

（三）库存信息的共享度低

供应链各节点企业的需求预测、库存状态、生产计划等都是供应链管理的重要基础数据,分布在不同的供应链组织之间,而许多企业的信息系统并没有很好地继承,难以快速响应用户需求。

（四）库存控制策略过于简单化

在传统的库存控制策略中,多数是面向单一企业的,采用的信息基本来自企业内部,其库存控制没有体现供应链管理的思想。如何建立有效的库存控制制度,并体现供应链管理的思想,是供应链库存管理的重要内容。

供应链库存管理的理想状态是:在供应链的统一计划下,所有上游企业的产品能够准确、及时地到达下游企业,使供应链各节点企业可以最大限度地减少库存,降低物流成本;提高供应链节点企业之间的信息共享水平,保持战略伙伴之间操作的一贯性,使各企业及时获得终端市场的需求信息。

四、供应商管理库存

为了适应供应链管理的要求,供应链管理环境下的库存管理方法必须做出相应改变。传统上,库存由库存所有者管理,即库存拥有与控制是由同一组织完成的。但是,供应链各企业的库存、控制策略不同,不可避免地产生需求扭曲现象,出现牛鞭效应,从而导致库存成本的上升,无法快速满足客户需求。在供应链管理思想的指导下,近年来出现了供应商管理库存(Vendor Managed Inventory,VMI)模式。这种模式打破了以往供应商各自为政的库存管理局面,一方面节约了需求方库存管理成本,另一方面使供应商能够更好地掌握市场需求信息并及时进行补货,供需双方共享销售和库存信息,对市场需求进行合理预测,提高了预测的准确性,在安全库存基础上减少了库存和降低了运输风险,同时提升了客户的需求响应能力。

（一）实施 VMI 的步骤

VMI 将用户的库存决策权代理给供应商,由供应商代理下游企业的客户行使库存决策权利,一般适用于制造业和零售业。对供应商及其下游企业而言,实施 VMI 的必要步骤如下:

1. 建立顾客情报信息系统

通过客户情报信息系统,供应商可以获得下游企业的有关信息,准确掌握需求变化情况,把原先由下游企业完成的需求预测与分析功能集成到供应商系统中。

2. 建立销售网络管理系统

通过销售网络管理系统,供应商可以随时掌握自己产品的需求信息和物流信息。因此,企业需要保证主要产品分类、编码标准化、条码的可读性和唯一性以及产品在运输途中的有效识别。

3. 建立供应商与下游企业的合作框架协议

供应商与下游企业协商,确定订单处理的业务流程以及库存控制有关参数,如订货点、最低库存水平等;确定库存信息的传递方式,如通过互联网技术等。

4. 组织机构的变革

VMI 改变了供应商传统的组织模式,供应商和下游企业需新建由多个部门工作人员组成的多功能小组,该小组承担着协调供应商和下游企业的关系以及处理企业之间突发问题的责任。

(二) VMI 的模式

一般来说,适合实施 VMI 策略的情况有:一些企业没有相应的基础设施有效管理其库存;一些企业实力雄厚且获取和处理信息的能力显著强于其余企业。在 VMI 系统中,核心企业既可以是上游企业,也可以是下游企业,主要有 3 种模式:以制造商为核心的 VMI 模式、以零售商为核心的 VMI 模式、以第三方物流企业为核心的 VMI 模式。

1. 以制造商为核心的 VMI 模式

在这种运作模式中,除了制造商要属于核心企业以外,一般还要具备如下特点:生产规模比较大,制造商的生产一般比较稳定,即每天对零配件或原材料的需求量变化不是很大;要求供应商每次供货数量比较小,一般满足 1 天的零配件,有的甚至是几个小时;供货频率要求较高,有时甚至要求一天两到三次的供货频率;为了保持连续的生产,一般不允许出现缺货现象,即服务水平要求达到 99% 以上。

由于这种模式中的制造商必定有几十家甚至上百家的供应商为其供应零配件或原材料。如果让每一个供应商都要在制造商的附近建立仓库的话,显然是不经济的。因此,可以在制造商的附近建立一个 VMI 仓库。由于一个客户要面对多个供应商,假如客户对供货频率要求较高,那么可能会出现多个供应商同时将货物送达的情况,若事先没有安排妥当势必会出现混乱的卸货场面,严重影响生产秩序,给企业的正常工作带来不便。有了 VMI 仓库,可以以专业的配送方式避免以上情况,起到了缓冲作用。同时,也增加了深层次的服务。在没有建立 VMI 仓库时,供应商彼此都是独立的,送达的货物都是分开的,当有了 VMI 仓库后,它会在发货之前先提供拣货的服务,VMI 仓库会按照生产企业的要求把零配件按照成品的比例配置好,然后再发送给生产商,这样就提高了生产商的生产效率。VMI 在正常实施的时候,不仅仅要求供应商与 VMI 仓库之间交换库存信息,还包括生产计划、需求计划、采购计划、历史消耗、补货计划、运输计划、库存情况等信息。

2. 以零售商为核心的 VMI 模式

当零售商把销售等相关信息传输给供应商后(通常是一个补货周期的数据,比如 3 天,甚至 1 天),供应商根据接收到的信息进行对需求的预测,然后将预测的信息输入物料需求计划系统(MRP),并根据现有的企业内的库存量和零售商仓库的库存量,生产补货订单,安排生产计划,进行生产。生产出的成品经过仓储、分拣、包装后,运送给零售商。

核心企业为零售商的 VMI 运行模式与核心企业为制造商运作模式的区别在于:当面对比较大的零售商时,当"接收货物"后,就产生了应付账款。通常大的零售商(如沃尔玛)要求,只有当供应商的货物真正被销售以后才向供应商付款,否则不产生"应付账款"。这种模式一般不需要建造 VMI 仓库这个中枢环节。因为对零售商来说,两个供应商所供应的产品是相互独立的,在同一段时间内它们不是同时需要的,不像生产商需要零部件或原材料对生成一个产品来说是必须同时获得的。

3. 以第三方物流企业为核心的 VMI 模式

在核心企业为生产商的模式中,不论对生产商还是供应商来说,它的核心竞争力主要是体现在其生产制造上,而不是物流配送上。显然,让供应商或者生产商去管理 VMI 仓库都是不经济的。在核心企业为零售商的模式下,由于零售商的零售品范围比较广,供应商和零售商的地理位置相距较远,直接从供应商处向零售商补货的提前期较长,不利于进行准确的需求预测和应对突发状况。解决这一问题的折中方案就是供应商在零售商附近租用或建造仓库,由这个仓库负责直接向零售商供货。

基于上述原因,让一家专业化程度较高的企业来管理 VMI 仓库最合适不过了,而这时最理想的对象就是"第三方物流企业"。况且供应链管理强调的是,在供应链上的各个企业应该充分发挥自己的核心竞争力,这对第三方物流企业来说正好适应这种库存运作模式的要求,充分发挥了其特点与优势。

五、联合管理库存

联合管理库存(Jointly Managed Inventory,JMI)是一种责任权力平衡和风险共同奋斗的库存管理模式。它是在 VMI 的基础上发展起来的,体现了战略供应商联盟的新型企业合作关系,强调供应链企业之间的双方互利合作关系。JMI 通过联合库存管理中心,使得供应链上相邻各节点企业在共享信息的基础上,都参与到库存计划和管理中,每个库存管理者都从相互之间的协调性考虑,使供应链相邻的两个节点之间的库存管理者对需求的预期保持一致,从而尽量减少或避免"牛鞭效应",提高供应链的效率。如图 5-3 所示,一条完整的供应链不只存在一个联合库存管理中心,供应链中的企业至少参与了两个联合库存管理中心的运作管理,市场需求信息沿着供应链节点逐级向上传递。

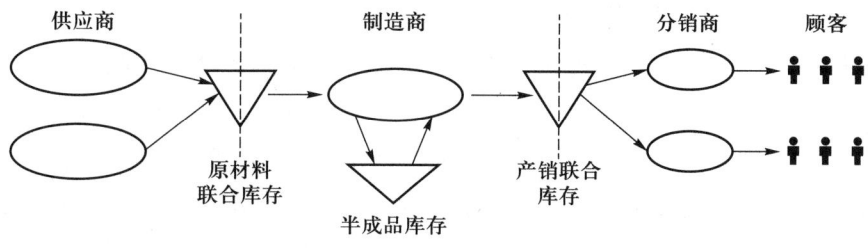

图5-3 VMI运作流程

为了充分发挥联合库存的优势,建立供需协调管理机制,供需双方应从充分合作的精神出发,明确各自的目标和责任,建立合作和沟通的渠道,为供应链的联合库存管理机制提供条件。

(一)建立供应链共同愿景

要建立联合库存管理模式,首先供应链各方必须本着互惠互利的原则,建立共同的合作目标。为此,要理解供需双方在市场目标中的共同之处和冲突点,通过协商形成共赢的愿景。

(二)建立联合库存的协调控制方法

联合库存管理中心担负着协调供应链各方利益的角色,起协调整个供应链的作用。联合库存管理中心需要对库存优化的方法进行明确确定,包括库存如何在多个需求商之间调节与分配,库存的最大量和最低库存水平、安全库存的确定,需求的预测等等。

(三)建立利益的分配、激励机制

要有效运行基于协调中心的库存管理,必须建立一种公平的利益分配制度,并对参与协调库存管理中心的各个企业、各级供应部门进行有效的激励,防止机会主义行为,增加协作性和协调性。

(四)建立信息沟通渠道

为了提高整个供应链需求信息的一致性和稳定性,减少由于多重预测导致的需求信息扭曲,应提高供应链各方对需求信息获得的及时性和透明性。整个供应链通过构建库存管理网络系统,使所有的供应链信息与供应处的管理信息同步,提高供应链各方的协作效率,降低成本,提高质量。

(五)发挥第三方物流系统的作用

实现联合库存可借助第三方物流具体实施。把库存管理部分功能代理给第三方物流公司,使企业更加集中于自己的核心业务,提高了供应链的敏捷性和协调性以及服务水平和运作效率。面向协调中心的第三方物流系统使供应链各方都取消了各自独立的库存,提高了供应链的敏捷性和协调性,并且能够大大提升供应链的用户服务水平和运作效率。

（六）选择合适的联合库存管理模式

供应链联合库存管理有两种模式：集中库存模式，即各个供应商的零部件都直接存入核心企业的原材料库中；无库存模式，即供应商和核心企业都不设立库存。集中库存模式下，库存管理的重点在于核心企业根据生产的需要，保持合理的库存量，既能满足日常需要，又要使库存总成本达到最低。无库存模式下，供应商直接向核心企业的生产线上进行连续小批量多频次的补充货物，并与之实行同步生产、同步供货，从而实现"在需要的时候把所需要品种和数量的原材料送到需要的地点"的操作模式。这种准时化供货模式，由于完全取消了库存，所以效率最高、成本最低。但是对供应商和核心企业的运作标准化、配合程度、协作精神要求也高，操作过程要求也更为严格，而且二者的空间距离不能太远。

六、供应链协同库存管理

虽然 VMI 和 JMI 改善了供应链环境下的库存管理，但两者都没有调动下级节点企业的积极性，过度以客户为中心，没有实现真正意义上的供应链集成，使得库存水平较高的问题依然存在。协同计划、预测和补货（Collaborative Planning Forecasting and Replenishment，CP-FR），又称为协同式供应链库存管理，是在 VMI 和 JMI 的基础上发展起来的，其保留了 VMI 和 JMI 的先进理念和管理方法，也克服了其缺乏系统集成的缺点。CPFR 适用于所有行业，覆盖整个供应链合作过程。

CPFR 的形成始于沃尔玛所推动的 CFAR（Collaborative Forecast And Replenishment）。CFAR 是基于互联网，通过零售企业与生产企业的合作，共同做出商品预测，并在此基础上实行连续补货的系统。CPFR 是在基于信息共享的 CFAR 系统的基础上不断发展，在共同预测和补货的基础上，将原来属于各企业内部事务的计划工作（如生产计划、配送计划、库存计划等）纳入协商的范畴中来。

 复习思考题

1. 何为生产计划与控制？
2. 生产计划的新特点是什么？
3. 如何制订生产计划？
4. 何为库存管理？
5. 库存管理有哪些模式，具体介绍一种。

即测即评

请扫描右侧二维码,进行即测即评。

第六章　供应链运输与配送管理

❖ **本章导读**

　　本章将深入研究供应链运输与配送管理的关键议题。首先对运输进行概述,介绍其基本概念以及在供应链管理中的作用。随后,详细介绍各种运输方式,包括其特点、优缺点以及适用场景,并探讨运输优化管理,分析如何通过技术手段和策略性管理来提高运输效率和降低成本。之后介绍配送,讨论配送在供应链中的重要性以及关键考虑因素。最后介绍配送中心,探讨其功能、结构以及在供应链配送中的作用。通过本章的学习,读者将能够全面了解供应链运输与配送管理的各个方面,为企业提高运输效率、优化配送流程提供重要指导。

❖ **本章关键术语**

　　运输方式;运输效率;配送;配送中心

第一节　运输概述

一、运输的定义

　　运输是国民经济的命脉,任何跨越空间的物质实体流动都可称为运输。运输是物流的中心环节之一,也是现代物流活动最重要的一个功能。

　　根据中华人民共和国国家标准《物流术语》(GB/T 18354—2021)的定义,运输是利用载运工具、设施设备及人力等运力资源,使货物在较大空间上产生位置移动的活动。其中包括集货、分配、搬运、中转、装入、卸下、分散等一系列操作。

二、运输的功能

　　运输是物流作业中最直观的要素之一。运输提供两大功能:产品转移和产品临时储存。

　　（一）产品转移

　　运输的主要功能就是实现产品在价值链中的移动。运输通过改变产品的地点与位置,消除产品的生产与消费在空间位置上的背离而创造出价值,即"空间效用"。另外,运输使得产品以最少的时间完成从原产地到目的地的转移,创造出产品的"时间效用"。运输的主要目的就是要以最少的时间和费用完成物品的运输任务。并非所有的运输都是合理的,只有满足客户的要求,产品的运输才是有意义的。

(二)产品临时储存

对产品进行临时储存也是运输的功能之一,即将运输工具作为临时设施储存货物。短时储存是一个非常规的运输功能,是因为运输车辆临时储存成本较高,因此该功能很少被关注。如果转移中的产品需要储存,且又将在短时间内重新转移,这时可将运输工具作为临时的储存设施。

三、运输的原则

运输是实现物体空间位移的手段,也是物流活动的核心环节。物流运输工作要遵循"及时、准确、安全、经济"的原则,做到加速流通,降低流通费用,提高货运质量,多快好省地完成运输任务。

(一)及时性

及时性就是在规定的时间把物品运往目的地。缩短运输时间的主要手段是实现运输现代化。除使用现代化运输工具外,关键是做好物品在不同运输工具之间的衔接。

(二)准确性

准确性就是要防止物品短缺、错放等意外事故,即把物品准确无误地送到目的地。

(三)经济性

经济性指以物流系统或供应链系统的总成本最低、综合效益最好为原则来选择运输方式、运输路线及运输工具,节约人力、物力、财力,降低物流费用,提高总体效益。

(四)安全性

安全性就是确保物品在运输过程中不受损坏,维持货物的完整性和质量。安全的物流运输过程能够减少事故的发生和延误,提高物流运输效率,降低运营成本。

四、运输在物流中的作用

运输在整个物流中占有很重要的地位,物流依靠运输功能,解决了物品的供给地和需求地之间的空间距离问题,创造了物品的空间价值。运输成本占物流成本的35% ~ 50%,运输对物流总成本的节约具有举足轻重的作用。

(一)运输是物流的主要功能要素之一

物流是"物"的物理性运动,这种运动不但改变了物的时间状态,也改变了物的空间状态。而运输承担了改变空间状态的主要任务,运输是改变空间状态的主要手段,运输再配以搬运、配送等活动,就能圆满完成改变空间状态的全部任务。

（二）运输是社会物质生产的必要条件之一

运输是国民经济的基础,是生产过程的继续,这一活动连接生产与再生产,生产与消费的环节,连接国民经济各部门、各企业,连接着城乡,连接着不同国家和地区。

（三）运输可以创造"场所效用"

场所效用是指同种"物"由于空间场所不同,其使用价值的实现程度则不同,其效益的实现也不同的一种现象。通过运输,将"物"运到场所效用最高的地方,就能发挥"物"的潜力,实现资源的优化配置。

（四）运输是"第三个利润源"的主要源泉

运输是运动中的活动,要靠大量的动力消耗才能实现这一活动,而运输又承担大跨度空间转移之任务,所以活动的时间长、距离长、消耗也大。消耗的绝对数量大,其节约的潜力也就大。从费用来看,运费在全部物流费用中占比最高,所以节约的潜力也最大。

第二节　运输方式

一、运输要素

现代运输的要素为运输工具和装卸设备、运输动力、运输线路和通信设备。现代运输较传统运输的运量增大,速度更快,只有四种要素有机配合,形成一个完整的体系,运输才能发挥最大的效用。

（一）运输工具与装卸设备

运输工具是指在物流运输线路上用于装载货物并使它们发生水平移动的各种设备。运输工具也有自然运输工具和人工运输工具两类。自然运输工具本身为动力的来源,如马匹驮运货物。人工制造的运输工具,主要包括公路车辆、铁路车辆、船舶、航空器等。

装卸设备是指用来搬移、升降、装卸和短距离输送物料或货物的机械。装卸搬运设备是实现装卸搬运作业机械化的基础,是物流设备中重要的机械设备。它不仅可用于完成船舶与车辆货物的装卸,还可用于完成库场货物的堆码、拆垛、运输以及舱内、车内、库内货物的起重输送和搬运工作。

（二）运输动力

运输动力包括自然动力（风力、水力、人力和畜力等）和人工动力（石油燃烧动力、气体燃烧动力、电力和核能等）。

（三）运输线路

运输线路是供运输工具定向移动的通道,也是运输工具赖以运行的物质基础。在现代运输系统中,主要的运输线路有铁路、公路、航线和管道,其中铁路和公路为陆上运输线路,需承受运输工具及其装载物或人的重量,并主要或部分地引导运输工具的行进方向。航线分水运航线和民航航线,主要起引导运输工具定位定向行驶的作用,不必承受来自运输工具及其装载物或人的重量,船舶等浮动器和飞机等航空器及其装载物或人的重量由水和空气的浮力来支撑。管道是一种相对特殊的交通线路,由于其严密的封闭性,使之部分地承担了运输工具的功能。

(四)通信设备

通信设备是用于工控环境的有线通信设备和无线通信设备。现代运输多采用人工动力,海员运输效率高,范围广,危险性高,与通信设备一刻都不能脱离。如先进的定位系统、无线电技术、多向导航设备、测距设备、自动导向仪和自动降落设备等都是重要的通信设备。

二、具体运输方式

(一)公路运输

公路运输主要使用汽车或其他车辆(如人、畜力车)在公路上进行客货运输的一种方式。公路运输主要承担近距离、小批量的货运和水运、铁路运输难以到达地区的长途、大批量货运及铁路、水运优势难以发挥的短途运输。由于公路运输具有很强的灵活性,可以采取"门到门"运输形式,而不需转运或反复装卸搬运。公路运输也可作为其他运输方式的衔接手段。公路运输的经济半径,一般在200公里以内。

公路运输的特点:

(1)适应性强。由于公路运输网一般比铁路、水路网的密度要大十几倍,分布面也广,因此公路运输车辆可以"无处不到、无时不有"。公路运输在时间方面的机动性也比较大,车辆可随时调度、装运,各环节之间的衔接时间较短。尤其是公路运输对客、货运量的多少具有很强的适应性,汽车的载重吨位有小、有大,既可以单个车辆独立运输,也可以由若干车辆组成车队同时运输,这一点对抢险、救灾工作和军事运输具有特别重要的意义。

(2)直达运输。由于汽车体积较小,中途一般也不需要换装,除了可沿分布较广的公路网运行外,还可离开路网深入到工厂企业、农村田间、城市居民住宅等地,即可以把旅客和货物从始发地门口直接运送到目的地门口,实现"门到门"直达运输。

(3)运送速度较快。在中、短途运输中,由于公路运输可以实现"门到门"直达运输,中途不需要倒运、转乘就可以直接将客货运达目的地,因此,与其他运输方式相比,其客、货在途时间较短,运送速度较快。

(4)资金周转快。公路运输与铁、水、航运输方式相比,所需固定设施简单,车辆购置费用一般也比较低,因此,投资兴办容易,投资回收期短。据有关资料表明,在正常经营情况下,公路运输的投资每年可周转 1~3 次,而铁路运输则需要 3~4 年才能周转一次。

（5）技术易掌握。与火车司机或飞机驾驶员的培训要求来说,汽车驾驶技术比较容易掌握,对驾驶员的各方面素质要求相对也比较低。

（6）运量较小。世界上最大的汽车是美国通用汽车公司生产的矿用自卸车,长 20 多米,自重 610 吨,载重 350 吨左右,但仍比火车、轮船少得多;由于汽车载重量小,行驶阻力比铁路大 9~14 倍,所消耗的燃料又是价格较高的液体汽油或柴油,因此,除了航空运输,就是汽车运输成本最高了。

（7）持续性差。据有关统计资料表明,在各种现代运输方式中,公路的平均运距是最短的,运行持续性较差。

（8）安全性低。据历史记载,自汽车诞生以来,已经累计使 3 000 多万人失去生命,特别是 20 世纪 90 年代开始,死于汽车交通事故的人数急剧增加,平均每年达 50 多万人次。这个数字已超过了艾滋病、战争和结核病人每年的死亡人数。此外,汽车所排出的尾气和引起的噪声也严重地威胁着人类的健康,是大城市环境污染的最大污染源。

（二）铁路运输

铁路运输是使用铁路列车运送客货的一种运输方式。铁路运输主要承担长距离、大数量的货运,在没有水运条件的地区,几乎所有大批量货物都依靠铁路运输,是一种在干线运输中起主力运输作用的运输形式。铁路运输优点是速度快,运输不大受自然条件限制,载运量大,运输成本较低。缺点是灵活性差,只能在固定线路上实现运输,需要以其他运输手段配合和衔接。铁路运输经济里程一般在 200 公里以上。

铁路运输的特点:

（1）铁路运输的准确性和连续性强。铁路运输几乎不受气候影响,一年四季可以不分昼夜地进行定期的、有规律的、准确的运转。

（2）铁路运输速度快。铁路货运速度每昼夜可达几百公里,一般货车可达 100 公里每小时左右,速度远远快于水上运输。

（3）运输量大。铁路一列货物列车一般能运送 3 000~5 000 吨货物,远远高于航空运输和汽车运输。

（4）铁路运输成本低。铁路运输费用仅为汽车运输费用的几分之一到十几分之一;运输耗油约是汽车运输的二十分之一。

（5）铁路运输安全可靠,风险远比海上运输小。

（6）初期投资大。铁路运输需要铺设轨道、建造桥梁和隧道,建路工程艰巨复杂;需要消耗大量钢材、木材,占用土地,其初期投资大大超过其他运输方式。

（三）水运

水运是一种使用船舶运送客货的运输方式。水运主要承担大数量、长距离的运输,是在干线运输中起主力作用的运输形式。在内河及沿海,水运也常作为小型运输使用,担任补充及衔接大批量干线运输的任务。

1. 水运的形式

水运主要有沿海运输、近海运输、远洋运输、内河运输四种形式。

(1)沿海运输。是使用船舶通过大陆附近沿海航道运送客货的一种方式,一般使用中、小型船舶。

(2)近海运输。是使用船舶通过大陆邻近国家海上航道运送客货的一种运输形式,视航程可使用中型船舶,也可使用小型船舶。

(3)远洋运输。是使用船舶跨大洋的长途运输形式,主要依靠运量大的大型船舶。

(4)内河运输。是使用船舶在陆地内的江、河、湖等水道进行运输的一种方式,主要使用中、小型船舶。

2. 水运的特点

(1)运载量大。水运的运载能力通常比其他运输方式大得多,适用于大宗和笨重货物的运输。

(2)成本较低。水运利用天然水体,不需要大量投资建设地面交通设施,且运行成本相对较低。

(3)对货物的适应性强。水运适合各种类型和尺寸的货物,特别是那些不适合其他运输方式的货物。

(4)速度较慢。与其他运输方式相比,水运的速度通常较慢,不适用于特别紧急或对时效性要求较高的货物运输。

(5)受自然条件影响大。水运受到天气、水位、季节等因素的影响较大,这些因素可能影响运输的稳定性和时效性。

(6)投资小。水运系统综合运输能力主要是由船队运输能力和港口通过能力所决定,相对于其他运输方式,如公路和铁路,水运的基础设施建设成本较低。

(7)对环境影响小。水运是一种较为环保的运输方式,尤其适用于减少碳排放和污染。

(四)航空运输

航空运输是使用飞机或其他航空器进行运输的一种形式。航空运输的单位成本很高,因此,主要适合运载的货物有两类,一类是价值高、运费承担能力很强的货物,如贵重设备的零部件、高档产品等;另一类是紧急需要的物资,如救灾抢险物资等。

航空运输的特点:

(1)运输速度快。

(2)不受地面条件限制、空间跨度大、安全性好。

(3)运输货物质量好、破损率低、可节省出口企业的包装费用。

（4）运输费用高。

（5）载量有限。

（五）管道运输

管道运输是利用管道输送气体、液体和粉状固体的一种运输方式。其运输形式是靠物体在管道内顺着压力方向循序移动实现的，和其他运输方式的显著区别在于，管道设备是静止不动的。

管道运输的特点：

（1）运量大。一条输油管线可以源源不断地完成输送任务。根据管径的大小不同，其每年的运输量可达数百万吨到几千万吨，甚至超过亿吨。

（2）占地少。运输管道通常埋于地下，其占用的土地很少；运输系统的建设实践证明，运输管道埋藏于地下的部分占管道总长度的95%以上，因而对于土地的永久性占用很少，分别仅为公路的3%，铁路的10%左右，在交通运输规划系统中，优先考虑管道运输方案，对于节约土地资源，意义重大。

（3）管道运输建设周期短、费用低。国内外交通运输系统建设的大量实践证明，管道运输系统的建设周期与相同运量的铁路建设周期相比，一般来说要短1/3以上。历史上，中国建设大庆至秦皇岛全长1 152公里的输油管道，仅用了23个月，而若要建设一条同样运输量的铁路，至少需要3年的时间；新疆至上海市的全长4 200公里天然气运输管道，预期建设周期不会超过2年，但是如果新建同样运量的铁路专线，建设周期则在3年以上。特别是地质地貌条件和气候条件相对较差，大规模修建铁路难度将更大，周期将更长，统计资料表明，管道建设费用比铁路低60%左右。

（4）管道运输安全可靠、连续性强。由于石油天然气易燃、易爆、易挥发、易泄漏，采用管道运输方式，既安全，又可以大大减少挥发损耗，同时由于泄漏导致对空气、水和土壤的污染也可大大减少，也就是说，管道运输能较好地满足运输工程的绿色化要求，此外，由于管道基本埋藏于地下，其运输过程恶劣多变的气候条件影响小，可以确保运输系统长期稳定地运行。

（5）管道运输耗能少、成本低、效益好。发达国家采用管道运输石油，每吨千米的能耗不足铁路的1/7，在大量运输时的运输成本与水运接近，因此在无水条件下，采用管道运输是一种最为节能的运输方式。管道运输是一种连续工程，运输系统不存在空载行程，因而系统的运输效率高。实践证明，管道口径越大，运输距离越远，运输量越大，运输成本就越低，以运输石油为例，管道运输、水路运输、铁路运输的运输成本之比为1∶1∶1.7。

（6）专用性强。运输对象受到限制，承运的货物比较单一。只适合运输诸如石油、天然气、化品、碎煤浆等气体和液体货物。

（7）灵活性差。管道运输不如其他运输方式（如汽车运输）灵活，除承运的货物比较单一外,它也不易随便扩展管线。一般来说,管道运输常常要与铁路运输或汽车运输、水路运输配合才能完成全程输送。

(8)固定投资大。为了进行连续输送,还需要在各中间站建立储存库和加压站,以促进管道运输的畅通。

(9)专营性强。管道运输属于专用运输,其生产与运销混为一体,不提供给其他发货人使用。

(六)多式联运

由两种及其以上的交通工具相互衔接、转运而共同完成的运输过程统称为复合运输,我国习惯上称之为多式联运。《联合国国际货物多式联运公约》对国际多式联运所下的定义是:按照国际多式联运合同,以至少两种不同的运输方式,由多式联运经营人把货物从一国境内接管地点运至另一国境内指定交付地点的货物运输。

多式联运是按照社会化大生产要求组织运输的一种方法,它是由多种运输工具有机地结合在一起,以最合理、最有效的方式实现货物运输。所以,多式联运是一种高级的运输组织形式,它不仅可以最大限度地方便货物流通,加速货物运输过程,而且可以进一步实现运输合理化、物流合理化,提高运输的工作效益和经济效益。

1. 多式联运的特点

(1)根据多式联运的合同进行操作,运输全程中至少使用两种运输方式,而且是不同方式的连续运输。

(2)多式联运的货物主要是集装箱货物,具有集装箱运输的特点。

(3)多式联运是一票到底,实行单一运费率的运输。发货人只要订立一份合同一次付费,一次保险,通过一张单证即可完成全程运输。

(4)多式联运是不同方式的综合组织,全程运输均是由多式联运经营人组织完成的。无论涉及几种运输方式,分为几个运输区段,都由多式联运经营人对货运全程负责。

2. 多式联运的组织形式

多式联运的组织形式采用的是两种或两种以上不同的运输方式,这里所指的至少两种运输方式可以是海陆、陆空、海空等。这与一般的海海、陆陆、空空等形式的联运有着本质的区别。后者虽也属于联运,但仍是同一种运输工具之间的运输方式。由于国际多式联运严格规定必须采用两种或两种以上的运输方式进行联运,因此这种运输组织形式可综合利用各种运输方式的优点,充分体现社会化大生产大交通的特点。

3. 多式联运的分类

根据不同的原则,对多式联运可以有多种分类形式。但就其组织方式和体制来说,基本上可分为协作式多式联运和衔接式多式联运两大类:

(1)协作式多式联运。两种或两种以上运输方式的运输企业,按照统一的规章或商定的协议,共同将货物从接管货物的地点运到指定交付货物地点的运输。

(2)衔接式多式联运。由一个多式联运企业综合组织两种或两种以上运输方式的运输企业,将货物从接管货物的地点运到指定交付货物地点的运输。在实践中,多式联运经营人既可能由不拥有任何运输工具的国际货运代理、场站经营人、仓储经营人担任,也可能由从事某一区段的实际承运人担任。

三、运输方式选择

每种运输方式都有各自的特点,不同类的物品对运输的要求也不尽相同,选择适当的运输方式是合理组织运输、保证运输质量、实现运输合理化的重要内容。

运输方式的选择受货物种类、运输量、运输距离、运输时间、运输成本、运输的安全性等多种因素的影响。

(一)货物的种类

货物的价值、单位重量、体积、形状、危险性、变质性等都是影响运输方式选择的重要因素。一般来说,价格低、体积大的货物,尤其是散装货物,比较适合铁路运输或水路运输;重量轻、体积小、价格高以及对时间要求较高的鲜活易腐货物适合于航空运输;石油、天然气、碎煤浆等适宜选择管道运输。

(二)运输量

运输量对运输工具的选择也有重大影响。一般来说,15 吨以下的货物宜采用公路运输,20 吨以上的货物宜采用铁路运输;数百吨以上的粗大笨重货物,可选择水路运输。

(三)运输距离

运输距离的长短决定了各种运输工具运送货物时间的长短,运输时间的长短对能否及时满足客户需要、减少资金占用有着重要影响。所以运输距离是选择运输工具考虑的一个重要因素。一般情况下,运输距离在 300 公里以内宜采用公路运输;距离 300~500 公里可采用铁路运输;距离 500 公里以上的可采用水路运输。

(四)运输时间

运输时间与客户要求的交货日期相联系,与运输企业的服务水平相联系。客户要求的运输期限不同,或运输企业为客户承诺的运输期限不同,就需要考虑选择不同的运输方式。如对于市场急需的商品,承运人必须选择速度快的运输工具,如航空或汽车直达运输,以免贻误时机,反之,则可选择成本低而速度较慢的运输工具。

(五)运输成本

运输成本会因货物的种类、重量、容积、运距不同而不同,而且运输工具也会影响运输成本。运输成本的高低将直接受不同经济实力的运输企业承受能力的制约,并直接影响企业经济效益。

（六）运输的安全性

运输的安全性包括所有运输货物的安全、运输人员的安全及公共安全。货物的特征以及对安全性的要求直接影响运输工具的选择。同其他运输方式相比，载货卡车由于不需要中途装卸与搬运，所以它能够更好地保护货物的安全。

（七）其他因素

运输方式的选择除了受上述列举的因素影响外，还受法律环境、经济环境、社会环境的变化等因素的影响。例如，随着物流量的增大，噪声、振动、大气污染、海洋污染、交通事故等问题日益严重，政府为了解决这些问题而制定的法律、法规相继出台，并日益严格。对于托运人和承运人来说，上述各种因素带来的影响是不同的。在具体的运输业务中，承运人对运输方式的选择，可根据货主或托运人的要求，参考比较不同运输方式的不同技术经济特征进行最优选择。由于上述因素是相互关联、相互作用的，所以，在选择运输方式时应该综合考虑和协调各种影响因素的关系。

第三节　运输优化管理

运输合理化是指从物流系统的总体目标出发，按照货物流通规律，运用系统理论和系统工程原理和方法，选择合理的运输路线和运输工具，以最短的路径、最少的环节、最快的速度和最少的劳动消耗，组织好货物的运输与配送，以获取最大的经济效益。

一、运输合理化的作用

由于运输是物流中最重要的功能要素，物流合理化在很大程度上依赖于运输合理化。

运输合理化的重要作用主要体现在以下几个方面：

第一，合理组织货物运输，有利于加速社会再生产的进程，促进国民经济持续、稳定、协调地发展。按照市场经济的基本要求，组织货物的合理运输，可以使物质产品迅速地从生产地向消费地转移，加速资金的周转，促进社会再生产过程的顺利进行，保证国民经济稳定、健康地发展。

第二，货物的合理运输，能节约运输费用，降低物流成本。运输费用是构成物流费用（成本）的主要部分。物流过程的合理运输，就是通过运输方式、运输工具和运输路线的选择，进行运输方案的优化，实现运输合理化。运输合理化必然会达到缩短运输里程，提高运输工具的运用效率，从而达到节约运输费用、降低物流成本的目的。

第三，合理的运输，缩短了运输时间，加快了物流速度。运输时间的长短决定着物流速度的快慢。所以，货物运输时间是决定物流速度的重要因素。合理组织运输活动，可使被运输的货物在途时间尽可能缩短，实现到货及时的目的，因而可以减少库存商品的数量,实现加快物流速度的目标。因此,从宏观角度讲,物流速度加快,减少了商品的库存量,节约了资金占用,相应地提高了社会物质产品的使用效率,同时也利于促进社会化再生产过程。

第四,运输合理化,可以节约运力,缓解运力紧张的状况,还能节约能源。运输合理化克服了许多不合理的运输现象,从而节约了运力,提高了货物的通过率,起到合理利用运输能力的作用。同时,由于货物运输的合理性,降低了运输中的能源消耗,提高能源利用率。这些对于缓解我国目前的运输和能源紧张的情况具有重要作用。

二、运输合理化的主要形式

运输合理化的主要形式包括分区产销平衡、直达运输、提高"装载量"以及推进综合运输。

(一)分区产销平衡

分区产销平衡就是在组织物流活动时,对某些产品使其在一定的生产区域固定于一定的消费区,实行这一办法对于加强产、供、运、销的计划性,消除过远运输、迂回运输、对流运输等不合理运输,充分利用地方资源,促进生产合理布局,节约运力,降低物流成本具有十分重要的意义。

(二)直达运输

在组织运输过程中,跨过商业、物资仓库或其他中间环节,把货物从运地直接一步到位运到销地或用户手中,减少中间环节。随着市场经济的发展,企业为了降低流通费用。采用直达运输的比例在迅速提高,这对减少物流中间环节,提高物流效益和生产经营效益都有重要作用。

(三)提高"装载量"

这种办法可以最大限度地利用运载工具的装载吨位和装载容积,提高运输能力和车辆的运量。主要方法:(1)实行分单体运输;(2)组织轻重配装;(3)提高堆码技术;(4)合装整车,也叫"零担",拼装整车中转分运。

(四)推进综合运输

精心规划、统筹兼顾,大力发展综合运输体系,推进联合运输方式,可以提高运输生产能力,缓解交通运输紧张。多年来,我国交通运输中出现的不平衡情况如下:有的线路运输压力过大,有些线路运力发挥不够,有的运输方式严重超负荷。而综合运输体系可改变这一协调不平衡的状况,大幅度提高运输能力。

三、影响运输合理化的要素

影响运输合理化的因素有很多,起决定作用的有五个方面,称作合理运输的"五要素"。

（一）运输距离

运输过程中,运输时间、运输运费等若干技术经济指标都与运输距离有一定的关系,运距长短是确定运输时间是否合理的一个基本因素。

（二）运输环节

每增加一个运输环节,势必要增加运输的附属活动,如装卸、包装等,各项技术经济指标也会随之发生变化,因此减少运输环节对于提高物流效率有一定的促进作用。

（三）运输工具

各种运输工具都有其优势领域,对运输工具进行优化选择最大限度地发挥运输工具的特点和作用,是运输合理化重要的一环。

（四）运输时间

在全部物流时间中运输占绝大部分,尤其是远途运输。因此,运输时间的缩短对整个流通时间的缩短起着决定性的作用。此外,运输时间缩短,还有利用加速运输工具的周转,充分发挥运力效能,提高运输线路通过能力,不同程度地改善运输的不合理之处。

（五）运输费用

运费在全部物流费用中占很大的比例,运费的高低在很大程度上决定整个物流系统的竞争能力。实际上,运费的相对高低,无论对货主还是物流企业都是运输合理化的一个重要的标志。运费的高低也是各种合理化措施是否行之有效的最终判断依据之一。

四、运输合理化的一般途径

长期以来,生产实践中探索和创立了不少运输合理化的途径,在一定时期内、一定条件下取得了良好的效果。

（一）提高运输工具实载率

实载率包含两层含义:一是单车实际载重与运距之乘积和标定载重与行驶里程之乘积的比率,在安排单车、单船运输时,这是作为判断装载合理与否的重要指标。二是车船的统计指标,即一定时期内车船实际完成的货物周转量(以吨公里计)占车船载重吨位与行驶公里之乘积的百分比。提高实载率的意义在于充分利用运输工具的额定能力,减少车船空驶和不满载行驶的时间,从而求得运输的合理化。

（二）减少投入,增加运输能力的有效措施达到合理化

这种合理化的要点是,少投入、多产出,走高效益之路。运输的投入主要是能耗和基础设施的建设,在设施建设已定型和完成的情况下,尽量减少能源投入,做到了这一点就能大大节约运费,降低单位货物的运输成本,达到运输合理化的目的。

（三）发展社会化的运输体系

运输社会化的含义是发展运输的大生产优势,实行专业分工,打破一家一户自成运输

体系的状况。一家一户的运输小生产,车辆自有,自我服务,不能形成规模,且一家一户运量需求有限,难以自我调剂,因而经常容易出现空驶、运力选择不当(因为运输工具有限,选择范围太窄)、不能满载等浪费现象,且配套的接、发货设施,装卸搬运设施也很难有效地运行,所以浪费颇大。实行运输社会化,可以统一安排运输工具,避免对流、倒流、空驶、运力不当等多种不合理形式,不但可以追求组织效益,而且可以追求规模效益,所以发展社会化的运输体系是运输合理化非常重要的一项措施。

当前铁路运输的社会化运输体系已经较为完善,而在公路运输中,小生产方式非常普遍,这也是建立社会化运输体系的重点。社会化运输体系中,各种联运体系是其中水平较高的方式,联运方式充分利用面向社会的各种运输系统,通过协议进行一票到底的运输,有效打破了一家一户的小生产,受到了欢迎。我国在利用联运这种社会化运输体系时,创造了"一条龙"式货运方式。对产、销地及产、销量都较稳定的产品,事先通过与铁路、交通等社会运输部门签订协议,规定专门收、到站,专门航线及运输路线,专门船舶和泊位等,有效保证了许多工业产品的稳定运输,取得了很大成绩。

(四)开展中短距离铁路公路分流"以公代铁"的运输

这一措施的要点,是在公路运输经济里程范围内,或者经过论证,超出通常平均经济里程范围,也尽量利用公路。这种运输合理化的表现主要有两点:一是对于比较紧张的铁路运输,用公路分流后,可以得到一定程度的缓解,从而提高这一区段的运输通过能力;二是充分利用公路从门到门和在中途运输中速度快且灵活机动的优势,实现铁路运输服务难以达到的水平。

(五)尽量发展直达运输

直达运输是追求运输合理化的重要形式,其对合理化的追求要点是通过减少中转过载换载,从而提高运输速度,省去装卸费用,降低中转货损。直达的优势,在一次运输批量和用户一次需求量达到了一整车时表现最为突出。此外,在生产资料、生活资料运输中,通过直达,建立稳定的产销关系和运输系统,也有利于提高运输的计划水平,考虑用最有效的技术来实现这种稳定运输,从而大大提高运输效率。特别需要指出的是,如同其他合理化措施一样,直达运输的合理性也是在一定条件下才会有所表现,不能绝对地认为直达一定优于中转。这要根据客户的要求,从物流总体出发做出综合判断。如果从客户需要量看,批量大到一定程度,直达是合理的,批量较小时中转是合理的。

(六)配载运输

配载运输是充分利用运输工具载重量和容积,合理安排装载的货物及载运方法以求得合理化的一种运输方式。配载运输也是提高运输工具实载率的一种有效形式。配载运输往往是轻重商品的混合配载,在以重质货物运输为主的情况下,同时搭载一些轻泡货物,如海运矿石、黄沙等重质货物,在舱面捎运木材、毛竹等,铁路运矿石、钢材等重物上面搭运轻泡农、副产品等,在基本不增加运力投入情况下,在基本不减少重质货物运输情况下,解决了轻泡货物(也被称为"轻货"或"泡货")的搭运,因而效果显著。

（七）"四就"直拨运输

"四就"直拨是减少中转运输环节,力求以最少的中转次数完成运输任务的一种形式。一般批量到站或到港的货物,首先要进分配部门或批发部门的仓库,然后再按程序分拨或销售给用户。这样一来,往往就会出现不合理运输的现象。"四就"直拨,首先是由管理机构预先筹划,然后就厂或就站(码头)、就库、就车(船)将货物分送给客户,而无须再入库了。

（八）发展特殊运输技术和运输工具

依靠科技进步是运输合理化的重要途径。例如,专用散装及罐车,解决了粉状、液状物运输损耗大,安全性差等问题;袋鼠式车皮,大型半挂车解决了大型设备整体运输问题;"滚装船"解决了车载货的运输问题,集装箱船比一般船能容纳更多的箱体,集装箱高速直达车船加快了运输速度等,都是通过先进的科学技术来实现合理化。

（九）通过流通加工,使运输合理化

有不少产品,由于产品本身形态及特性问题,很难实现运输的合理化,如果进行适当加工,就能够有效解决合理运输问题,例如将造纸材料在产地预先加工成干纸浆,然后压缩体积运输,就能解决造纸材料运输不满载的问题。轻泡货物预先捆紧包装成规定尺寸,装车就容易提高装载量;水产品及肉类预先冷冻,就可提高车辆装载率并降低运输损耗。

五、不合理运输的表现

不合理运输是在现有条件下可以达到的运输水平而未达到,从而造成了运力浪费、运输时间增加、运费超支等问题的运输形式。不合理的运输形式主要有以下几种。

（一）返程或起程空驶

空车无货载行驶,可以说是不合理运输的最严重形式。在实际运输组织中,有时候必须调运空车,从管理上不能将其看成不合理运输。但是,因调运不当。货源计划不周,不采用运输社会化而形成的空驶,是不合理运输的表现。造成空驶的不合理运输主要有以下几种原因:

（1）能利用社会化的运输体系而不利用,却依靠自备车送货提货,这往往出现单程重车,单程空驶的不合理运输。

（2）由于工作失误或计划不周,造成货源不实,车辆空去空回,形成双程空驶。

（3）由于车辆过分专用,无法搭运回程货,只能单程实车,单程回空周转。

（二）对流运输

对流运输亦称"相向运输""交错运输",指同一种货物,或彼此间可以互相代用而又不

177

影响管理、技术及效益的货物,在同一线路上或平行线路上作相对方向的运送,而与对方运程的全部或一部分发生重叠交错的运输称对流运输。已经制定了合理流向图的产品,一般必须按合理流向的方向运输,如果与合理流向图指定的方向相反,也属对流运输。

在判断对流运输时需注意的是,有的对流运输是不很明显的隐蔽对流,例如不同时间的相向运输,从发生运输的时间看,并无出现对流,可能做出错误的判断,所以要注意隐蔽的对流运输。

(三)迂回运输

迂回运输是舍近取远的一种运输。本可以选取短距离进行的运输,却选择路程较长路线进行运输的一种不合理形式。迂回运输存在一定的复杂性,不能简单处之,只有计划不周、地理不熟、组织不当而发生的迂回,才属于不合理运输,如果最短距离由于存在交通阻塞、道路情况不好或对噪声、排气有特殊限制而不能使用时发生的迂回,不能称为不合理运输。

(四)重复运输

本来可以直接将货物运到目的地,但是在未送达目的地之处,或目的地之外的其他场所将货卸下,再重复装运送达目的地,这是重复运输的一种形式。另一种形式是,同品种货物在同一地点一面运进,同时又向外运出。重复运输的最大弊端是增加了非必要的中间环节,这就延缓了流通速度,增加了费用,同时也增加了货损。

(五)倒流运输

倒流运输是指货物从销地或中转地向产地或起运地回流的一种运输现象。其不合理程度要甚于对流运输,其原因在于,往返两程的运输都是不必要的,形成了双程的浪费。倒流运输也可以看成是隐蔽对流的一种特殊形式。

(六)过远运输

过远运输是指调运物资舍近求远,近处有资源不调而从远处调,这就造成可采取近程运输而未采取,拉长了货物运距的浪费现象。过远运输占用运力时间长、运输工具周转慢,物资占压资金时间长,远距离自然条件相差大,又易出现货损,增加了费用支出。

(七)运力选择不当

运力选择不当指未选择优势运输工具或不正确地利用运输工具造成的不合理现象,常见的有以下若干形式:

1. 弃水走陆

在同时可以利用水运及陆运时,不利用成本较低的水运或水陆联运,而选择成本较高的铁路运输或汽车运输,难以发挥水运优势。

2. 铁路、大型船舶的过近运输

不是铁路及大型船舶的经济运行里程却利用这些运力进行运输的不合理做法。主要

不合理之处在于火车及大型船舶起运及到达目的地的准备、装卸时间长,且机动灵活性不足,在过近距离中利用,发挥不了运速快的优势。相反,由于装卸时间长,反而会延长运输时间。另外,和小型运输设备相比较,火车及大型船舶装卸难度大、费用也较高。

3. 运输工具承载能力选择不当

不根据承运货物数量及重量选择,而盲目决定运输工具,造成过分超载、损坏车辆及货物不满载、浪费运力的现象。尤其是"大马拉小车"现象发生较多。由于装货量小,单位货物运输成本必然增加。

(八)托运方式选择不当

对于货主而言,可以选择最好托运方式而未选择,是造成运力浪费及费用支出加大的一种不合理运输。例如,应选择整车运输而未选择,反而采取零担托运,应当直达运输而选择了中转运输,应当中转运输而选择了直达运输等都属于这一类型的不合理运输。

上述的各种不合理运输形式都是在特定条件下表现出来的,在进行判断时必须注意其不合理的前提条件,否则就容易出现判断的失误。例如,如果同一种产品,商标不同,价格不同,所发生的对流,不能绝对看成不合理,因为其中存在着市场机制引导的竞争,优胜劣汰,如果强调因为表面的对流而不允许运输,就会起到保护落后、阻碍竞争甚至助长地区封锁的作用。以上对不合理运输的描述,主要就形式本身而言,主要是从微观观察得出的结论。在实践中,必须将其放在物流系统中做综合判断,在不做系统分析和综合判断时,很可能出现"效益背反"现象。单从一种情况来看,避免了不合理,做到了合理,但它的合理却使其他部分出现不合理。只有从系统角度,综合进行判断才能有效避免"效益背反"现象,从而优化全系统。

第四节　配送概述

一、配送概念

配送是物流的一个缩影或是某个小范围中物流全部活动的体现,是商流与物流的结合。

我国国家标准《物流术语》(GB/T 18354—2021)中对配送的定义是:"根据客户要求,对物品进行分类、拣选、集货、包装、组配等作业,并按时送达指定地点的物流活动。"

从物流的角度来说,配送几乎涵盖了所有的物流功能要素,包括装卸、包装、保管、运输等活动,通过这一系列活动完成将货物送达客户的目的。从商流角度来说,物流是商物分离的产物,而配送则是商物合一的产物。配送是"配"和"送"的有机结合体。在具体实施时,配送也有通过商物分离形式实现的,但从配送的发展趋势看,商流与物流越来越紧密的结合,是配送成功的重要保障。

运输与配送是物流领域中的两个重要概念,它们之间存在明显的区别:

(1)活动范围与空间不同。运输通常涉及较广的空间范围,包括不同地区、城市甚至国家之间的长距离运送;而配送则多在较小的区域内进行,主要是短距离、小批量的运送。

(2)运送对象与功能不同。运输主要运送大批量、远距离的物品,并可能兼具储存功能;配送则包括拣选、加工、包装、组配等多个环节,通常是为满足不同客户多种要求的小批量、多种类产品运送。

(3)承载主体的责任与主动程度不同。运输通常是被动提供服务,主要关注货物的保质、保量、按时送达;配送则更加注重服务质量,涉及多个服务环节,如客户服务、订单处理等。

(4)运输工具与运输方式不同。运输根据货物的性质和需求,采用多种运输工具和路线;配送则多使用小型货车,装载量不大,适合短途运输。

这些区别使得运输和配送在物流系统中扮演着不同的角色,各自满足不同的需求和条件。

二、配送的要素

(一)集货

集货,即将分散的或小批量的物品集中起来,以便进行运输、配送的作业。集货是配送的重要环节,为了满足特定客户的配送要求,有时需要把从几家甚至数十家供应商处预订的物品进行集中,并将要求的物品分配到指定容器和场所。集货是配送的准备工作或基础工作,配送的优势之一,就是可以集中客户进行一定规模的集货。

(二)分拣

分拣是将物品按品种、出入库先后顺序进行分门别类堆放的作业。分拣是配送不同于其他物流形式的功能要素,也是配送成败的一项重要支持性工作。它是完善送货、支持送货准备性工作,是不同配送企业在送货时进行竞争和提高自身经济效益的必然延伸。所以,也可以说分拣是送货向高级形式发展的必然要求。有了分拣,就会大大提高送货服务水平。

(三)配货

配货是使用各种拣选取设备和传输装置,将存放的物品,按客户要求分拣出来,配备齐全,送入指定发货地点。

(四)配装

在单个客户配送数量不能达到车辆的有效运载负荷时,就存在如何集中不同客户的配送货物,进行搭配装载以充分利用运能、运力的问题,这就需要配装。跟一般送货不同之处在于,通过配装可以大大提高送货水平及降低送货成本,所以配装也是配送系统中有现代特点的功能要素,也是现代配送不同于以往送货的重要区别之一。

（五）运输

运输中的配送运输和一般运输形态的主要区别在于:配送运输是较短距离、较小规模、额度较高的运输形式,一般使用汽车做运输工具。与干线运输的另一个区别是,配送运输的路线选择问题是一般干线运输所没有的,干线运输的干线是唯一的运输线,而配送运输由于配送客户多,一般城市交通路线又较复杂,如何组合成最佳路线,如何使配装和路线有效搭配等,是配送运输的特点,也是一项难度较大的工作。

（六）送达服务

将配好的货运输到客户手中还不算配送工作的结束,这是因为送达货和客户接货往往还会出现不协调的现象,使配送前功尽弃。因此,要圆满地实现运到之货的移交,并有效地、方便地处理相关手续并完成结算,还应讲究卸货地点、卸货方式等。送达服务也是配送独具的特殊性。

（七）配送加工

配送加工是按照配送客户的要求所进行的流通加工。在配送中,配送加工这一功能要素不具有普遍性,但往往是有重要作用的功能要素。这是因为通过配送加工,可以大大提高客户的满意度。配送加工是流通加工的一种,但配送加工有它不同于流通加工的特点,即配送加工一般只取决于客户要求,其加工的目的较为单一。

三、配送的分类

配送可以分为多种类型。

（一）按实施配送的组织不同分类

1. 配送中心配送

配送中心配送的组织者是以配送为专职的配送中心,通常规模比较大,种类存储量比较多,专业性强,和用户有固定的配送关系。其设施和工艺结构是根据配送活动的特点和要求专门设计的,故专业化、现代化程度很高。

2. 仓库配送

仓库配送是以仓库为物流节点组织的配送。它既可以将仓库完全作为配送中心,也可以在保持仓库仓储功能的基础上再增加一部分配送职能。

3. 商店配送

商店配送的组织者是商品零售经营者或者物资经营网点。这些经营者或者网点的主营业务是零售,一般规模都比较小,但经营品种齐全,容易组织配送。

4. 生产企业配送

生产企业配送的组织者是生产制造加工企业,尤其是进行多种生产的企业。这些企业可以通过自己的配送系统进行配送,而不需要再将产品发运分配到配送中心。

（二）按照种类与数量分类

1. 少品种大批量配送

少品种大批量配送适用于对单独一个或几个品种的物品具有持久的、较大的需求的客户。由于这种配送方式品种单一、数量多,可以实行整车运输,且多采用直送方式,有利于车辆满载和采用整车运送,通常配送成本较低。

2. 多品种少批量配送

多品种少批量配送适用于客户所需的物品数量不大、品种较多的情况。因此在配送时,要按客户的要求,将所需的各种物品配备齐全,凑整装车后由配送节点配送给客户。这种配送模式对配货作业的水平要求较高,所需设备较复杂。

3. 配套成套配送

配套成套配送的特点是客户所需的物品是成套的。为满足企业的生产需要,按其生产进度,将所需的各种零配件、部件全部配齐,定时送入各自生产线的不同环节进行产品装配。这种配送模式,虽然客户需求的品种较多,但相互之间有一定的比例关系,规律性较强。

（三）按照配送时间和数量进行分类

1. 定时配送

定时配送是按规定的时间间隔进行配送,如数日或数时配送一次,每次配送的品种、数量可按计划执行,也可以在配送之前以商定的联络方式通知配送时间和数量。定时配送有以下几种具体形式。

（1）小时配,即接到配送订货要求 1 小时内将货物送达。适用于一般消费者突发的个性化配送需求,也经常用作应急的配送方式。

（2）日配,即接到订货要求 24 小时之内将货物送达。日配是定时配送中应用较为广泛的一种方式,可使用户获得在实际需要的前半天得到送货服务的保障,基本上无须保持库存。

（3）准时配送方式,即按照双方协议时间,准时将货物配送到用户的一种方式。这种方式比日配方式更为精密,可实现零库存,适用于装配型、重复、大量生产的企业用户,往往是一对一的配送。

2. 定量配送

定量配送是指按规定的批量在一个指定时间范围内进行配送。由于配送数量固定,备货较为简单,可以通过与客户协商,按托盘、集装箱及车辆的装载能力确定配送数量,以此提高配送效率。

3. 定时定量配送

定时定量配送方式是按照规定的配送时间和规定的配送数量送达,兼有定时配送和定量配送的特点,要求配送企业有较高的管理水平和对市场较强的适应能力。

4. 定时定路线配送

定时定路线配送是在规定的运行路线上制定到达时间表,按运行时间表进行配送,客户可按规定路线和规定时间接货,或提出其他配送要求。这是一种提高运输效率,降低运输成本的配送方式;对客户而言,也方便有计划地安排接货工作。

5. 即时配送

即时配送可以不预先固定配送数量、时间及路线,完全按客户提出的配送时间和数量随时进行配送,它是一种灵活性很高的应急配送方式。采用这种配送方式的货物,客户可以实现保险储备为零的零库存,即以即时配送代替了保险储备,但这种配送方式的费用一般较高,管理和运作难度较大。

(四)按照配送专业化程度进行分类

1. 综合配送

综合配送的特点是配送的商品种类较多,且来源渠道不同,一般是在同一个配送点中组织对客户的配送作业,因此综合性较强。同时,由于综合性配送的特点,决定了综合配送可以减少客户为组织所需全部商品进货的负担,特别是多头进货造成的成本提高,这样只需通过配送企业的集货作业,便可以解决客户对多种商品的需求。

2. 专业配送

专业配送指按产品性质、形状的不同适当划分专业领域的配送方式。其优势在于可以根据专业的共同要求来优化配送设施,优选配送机械及配送车辆,制定适用性强的工艺流程等,从而提高配送各环节的工作效率。

(五)按照配送的经营形式分类

1. 销售配送

销售配送主体是销售企业,或销售企业进行的促销型配送。这种配送的对象一般是不固定的,客户大多也不固定,配送对象和客户取决于市场的占有情况,因此,配送的随机性较强。

2. 供应配送

供应配送是客户为了满足自己的需求而采取的配送方式,它往往是由客户或客户集团组建成的配送点,集中组织大批量进货,然后向本企业或企业集团内若干下属企业配送。商业中的连锁商店广泛采取这种方式。这种方式可以提高供应水平和供应能力,可以通过大批量进货取得价格折扣的优惠,达到降低供应成本的目的。

3. 销售供应一体化配送

销售供应一体化配送方式是销售企业在销售产品的同时,对于那些基本固定的客户及基本确定的配送产品执行有计划地供应。销售者同时又是客户的供应代理人。这种配送方式有利于双方形成稳定的供需关系,有利于采取先进的计划与供应技术,有利于形成和保持流通渠道的稳定性。

4. 代存代供配送

代存代供配送是客户将属于自己的货物委托配送企业代存、代供或代订,然后组织对本身的配送。这种配送的特点是货物所有权不发生变化,所发生的只是货物位置转移,配送企业仅从代存、代供中收取代理收益,大多不能直接获得商业经营利润。

四、配送的特点

配送的特点主要体现在以下几个方面:

(一)配送以用户要求为出发点

配送是从用户利益出发、按用户要求进行的一种活动,因此,在观念上必须明确"用户第一""质量第一"的理念,配送企业的地位是服务地位而不是主导地位,因此不能从企业利益出发而应从用户利益出发,在满足用户利益基础上取得企业的利益。更重要的是,不能利用配送损伤或控制用户,不能利用配送作为部门分割、行业分割、割据市场的手段。

(二)配送是"配"与"送"的有机结合

所谓"合理的配"是指在送货活动之前必须依据客户需求对其进行合理的组织与计划。只有"有组织有计划"的"配"才能实现现代物流管理中所谓的"低成本、快速度"的"送",进而有效满足客户的需求。

(三)配送是在经济合理区域范围内的送货

配送不宜在大范围内实施,通常局限在一个城市或地区范围内进行。

(四)配送是一种"中转"形式

配送是从物流节点至用户的一种特殊送货形式。从送货功能看,其特殊性表现为:从事送货的是专职流通企业,而不是生产企业;配送是"中转"型送货,而一般送货尤其从工厂至用户的送货往往是直达型;一般送货是生产什么,有什么送什么,配送则是企业需要什么送什么。所以,要做到需要什么送什么,就必须在一定中转环节筹集这种需要,从而使配送必然以中转形式出现。

第五节　配送中心概述

一、配送中心定义

配送中心又称集配中心,是为了保证配送任务准确、快速地完成的地点。配送中心必须具有灵敏、完整的信息系统负责物流信息情报的收集、汇总、储存以及传递工作。

二、配送中心分类

(一)按配送中心的经济功能分类

1. 储存型配送中心

储存型配送中心顾名思义就是拥有很强的储存功能的配送中心。一般来说,这类物流运输配送中心存在的目的是确保用户和下游配送中心的货源充足,能起到"蓄水池"的作用。

2. 流通型配送中心

流通型配送中心基本上是没有储存功能的,货物基本上都是采用直进直出的方式进行配送,很少有货物会在配送中心长时间停留。

3. 加工型配送中心

加工型配送中心是指具有加工职能的配送中心,其主要职能是流通加工。

4. 供应型配送中心

供应型配送中心是专门为某个或某些客户(如生产制造厂、联营商店、联合公司)组织供应的配送中心。比如,为大型连锁超市组织供应的配送中心、为零件加工厂送货至制造装配厂的零件配送中心等,这些都属于供应型配送中心。

5. 销售型配送中心

销售型配送中心是以销售经营为目的,以配送为手段的配送中心,其类型又有以下几种:

(1)生产企业为销售本厂产品而建立的配送中心。优点是可以直接面向市场,了解需求,以及时地反馈信息指导生产。

(2)流通企业建立的配送中心。流通企业将建立配送中心作为经营的一种方式以扩大销售。我国目前拟建的配送中心大多属于这种类型,在国外也较为常用。

(3)流通企业和生产企业联合的协作型配送中心。

(二)按配送中心的服务范围分类

1. 城市配送中心

城市配送中心是以城市作为配送区域范围的配送中心。由于在城市范围内生产与消费较为集中,物流量大,且汽车运输发达,这种配送中心可直接配送到最终客户手中。所以,这种配送中心往往和零售经营相结合。

2. 区域配送中心

区域配送中心主要指的是有较强的库存能力的,并且面向的是省、全国以及国际范围内的客户进行物流运输配送服务的物流配送中心。这类配送中心主要的特点就是规模大,客户量大,配送量也大,这类配送中心既可以给下级配送中心进行配送,也可以向商户、企业等进行配送。

(三)按配送中心的设立者分类

按设立者分类配送中心可以分为制造商型配送中心、批发商型配送中心、零售商型配送中心和专业物流配送中心。

(四)按配送货物的属性分类

按属性分类配送中心可以分为食品配送中心、日用品配送中心、医药品配送中心、化妆品配送中心、家电品配送中心、电子产品配送中心、书籍产品配送中心、服饰产品配送中心、汽车零件配送中心以及生鲜配送中心等。

由于所配送的产品不同,配送中心的规划方向也各不相同。例如生鲜品配送中心主要处理的物品为蔬菜、水果与肉类等生鲜产品,属于低温型的配送中心,是由冷冻库、冷藏库、鱼虾包装处理场、肉品包装处理场、蔬菜包装处理场及进出货暂存区等组成的,冷冻库通常保持在-25℃,而冷藏库为0℃~5℃,又称湿货配送中心;而书籍产品配送中心,由于书籍有新出版、再版及补书等特性,尤其是新出版的书籍或杂志,其中的80%不上架,直接理货配送到各书店去,剩下的20%左右库存在配送中心等待客户的再订货;另外,书籍或杂志的退货率非常高,约有3~4成。因此,在书籍产品的配送中心规划时,就不能同食品、日用品的配送中心一样;服饰产品的配送中心,也有淡旺季及流行性等的特性,且较高级的服饰必须使用衣架悬挂配送,其配送中心的规划也有特殊性。

三、配送中心功能

配送中心与传统的仓库、运输处是不一样的,一般的仓库只重视商品的储存保管,传统的运输只提供商品的运输服务,而配送中心是以组织和实施配送型供应或销售为主要职能的流通型节点,是集货中心、分货中心、理货中心、加工中心的综合体,具有多种功能。

(一)集货

为实现按用户需求配送货物,配送中心提前从供应商手中购入大批量品种齐全的货品。

(二)储存保管货物

为保证配送的正常开展,配送中心应具备储存货物的能力。

（三）分货、拣货

将储存的货物进行分拣分类别摆放，以方便配货时，能够迅速找出货物。

（四）配货

根据客户的需求，进行配备货物。

（五）装卸搬运

集货、储存、分拣、配货等过程，都需要进行装卸搬运。装卸搬运作业效率的高低、质量的好坏直接影响到配送的速度和质量。

（六）加工

配送过程中，为解决生产中大批量、少品种和消费中的小批量、多样化要求的矛盾，按照客户对商品的不同要求，应对商品进行分割、分装、配装、配载等加工活动。

（七）送货

按照提前预订的路线在规定时间内将客户需求的货品送到客户手中。

（八）信息处理

物流配送中心应具有灵敏、完整的信息情报系统，这是保证物流配送中心顺利进行的重中之重。

四、配送中心的作业流程

配送中心基本作业流程主要包括进货（采购集货、收货验货、入库）、储存（普通货物仓储、特殊商品仓储）、分拣、流通加工、分类集中、配装、出货、配送运输等。这些流程以统一的信息管理中心集成、管理、调度。配送中心的基本作业流程如图6-1所示。

（一）订单处理

配送中心与其他经营实体一样，有明确的经营目标和服务对象。因此，配送中心在开展配送活动之前，必须根据订单信息，对客户分布情况、商品特性、商品项数、客户对配送时间的要求等进行分析，进而确定所要配送的商品品种、规格、数量、时间等，并把信息传递给业务部门。

（二）进货

配送中心进货主要包括订货、接货、验收和理货四个环节。

1. 订货

配送中心收到和汇总用户的订单之后，首先要确定商品的种类和数量，然后通过信息系统查询商品库存情况，如有现货，则转入分拣作业；如果没有现货或库存不能满足配送需要或库存低于安全库存时，则要及时向供应商发出订单。对于商流和物流相分离的配送中心，客户直接向供应商下达采购订单，配送中心的进货工作从负责接收商品开始。

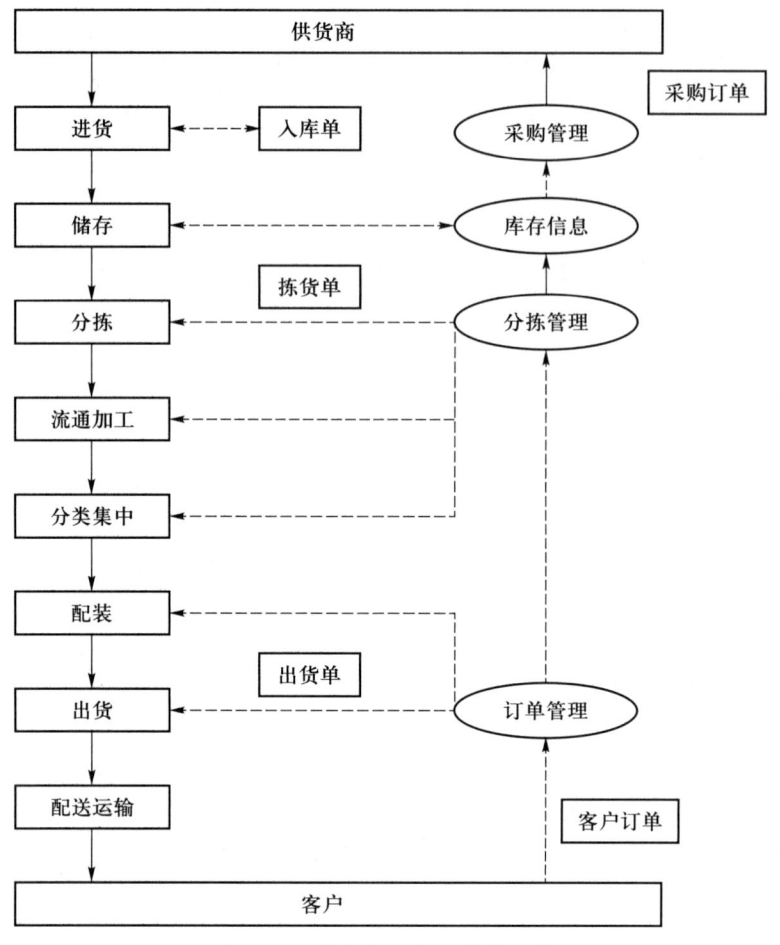

图 6-1　配送中心基本作业流程

2. 接货

供应商接到配送中心或客户发出的订单之后,会根据订单的要求组织供货,配送中心则需要进行相应的人力、物力准备工作。

3. 验收

商品到达配送中心后,由配送中心组织检验人员对到货商品进行验收。验收的内容包括货品的数量、质量,验收依据可参照仓储作业管理。

4. 理货

对经过验收的商品,按照商品特性、储存单位、拣货单位等要求,进行拆箱、组合等理货作业。

(三) 存储

为保证配送活动的正常进行,配送中心应具备储存功能。不同类型配送中心的库存量相差很大。采取配销模式的配送中心需要储存大量的商品,以获得价格或数量方面的折扣。

（四）分拣

为了保证商品准时送达客户手中，满足客户的需要，配送中心要根据客户的订单要求对储存的商品进行拣取归类作业。从地位和作用上来说，分拣是配送中心整个作业流程的关键环节，是配送活动的实质所在。

（五）流通加工

配送中心的流通加工主要是根据客户的要求对产品进行初加工。加工作业属于增值性经济活动，能够完善配送中心的服务功能。

（六）装配与出货

为了充分利用载货车辆的容积和载重能力，提高运输效率，降低运输成本，配送中心按照配送线路、客户分布情况等信息，对商品进行合理的配装、配载作业。

（七）配送运输

配送运输是根据客户的要求，在规定的时间和地点把商品送到客户手中。配送运输是配送中心的最后一个作业环节，直接对接最终客户。因此必须提高配送的服务质量。

五、配送模式

配送模式是企业对配送所采用的基本战略和方法。它是指构成配送活动的诸要素的组合形态及其活动的标准形式，是适应经济发展需要并根据配送对象的性质、特点及工艺流程而相对固定的配送规律。

（一）自营配送模式

自营配送模式是指企业物流配送的各个环节由企业自身筹建并组织管理，实现对企业内部及外部货物配送的模式。这种模式有利于企业供应、生产和销售的一体化作业，系统化程度相对较高，既可满足企业内部原材料、半成品及成品的配送需要，又可满足企业对外进行市场拓宽的需求。其不足之处表现在，企业为建立配送体系的投资规模将会大大增加，在企业配送规模较小时，配送的成本和费用也相对较高。

1. 自营配送模式的优点

（1）企业对供应链各个环节有较强的控制能力，易于与生产和其他业务环节密切配合，全力服务于本企业的经营管理，确保企业能够获得长期稳定的利润。对于竞争激烈的产业，企业自营物流配送模式有利于企业对供应和分销渠道的控制。

（2）可以合理地规划管理流程，提高物流作业效率，减少流通费用。对于规模较大、产品单一的企业而言，自营物流可以使物流与资金流、信息流、商流结合得更加紧密，从而大大提高物流作业乃至全方位的工作效率。

（3）可以使原材料和零配件采购、配送以及生产支持从战略上一体化，实现准时采购、增加批次、减少批量、调控库存、减少资金占用、降低成本,从而实现零库存、零距离和零营运资本。

(4)反应快速、灵活,企业自营物流配送模式由于整个物流体系属于企业的一个组成部分,与企业经营部门关系密切,以服务于本企业的生产经营为主要目标,能够更好地满足企业在物流业务上的时间、空间要求,特别是对物流配送较频繁的企业,自建物流能更快速、灵活地满足企业的要求。

2. 自营配送模式的缺点

(1)初期投资大,成本较高。虽然企业自营配送模式具有自身的优势,但由于物流体系涉及运输、仓储、包装等多个环节,建立物流系统的初期投资较大,占用资金较多,对于资金有限的企业来说,物流系统建设投资是一个很大的负担。企业自营配送模式一般只服务于自身,依据企业自身物流量的大小而建立。而单个企业的物流量一般较小,企业物流系统的规模也较小,这就导致物流成本较高。

(2)规模较小的企业所开展的自营配送模式规模有限,物流配送的专业化程度较低。对于规模不大的企业而言,其产品数量有限,采用自营配送模式,不能形成规模效应,一方面导致物流成本过高,产品在市场上的竞争能力下降;另一方面,由于规模有限,物流配送的专业化程度低,不能满足企业的需要。

(3)企业配送效率低下,管理难以控制。对于绝大多数企业而言,物流部门只是企业的一个后勤部门,物流活动也并非为企业所擅长。在这种情况下,企业自营配送模式就等于迫使企业从事不擅长的业务活动,企业的管理人员往往需要花费很多时间、精力和资源去从事辅助性的工作,结果是辅助性的工作没有做起来,关键性业务也无法发挥其核心作用。

(二)共同配送模式

共同配送模式是指在一定区域内为了提高配送效率,由两个或两个以上企业相互合作,共同完成配送活动的一种物流模式。共同配送的主要追求目标,是使配送合理化。共同配送一般采取由生产、批发或零售、连锁企业共建一家配送中心来承担他们的配送业务或共同参与由一家物流企业组成的配送中心来承担他们的配送业务的运作方式,从而获取物流集约化规模效益,解决个别企业配送效率低下的问题。其配送业务范围可以是生产企业生产所用的物料、商业企业所经销的商品的供应,也可以是生产企业生产的产品和经销企业的商品销售。

1. 共同配送模式的优点

企业采用共同配送模式,在很大程度上可以节省资金,降低配送成本,提高服务效率,实现企业之间的优势互补。这种模式适合于那些资金不足、实力不强的中小型企业,可在短时间内取得收益,提高企业竞争力。

2. 自营配送模式的缺点

（1）由于各个企业存在着不可避免的不一致性，因而需求满足会受到制约，服务质量会降低。

（2）由于是共同经营，而企业在情报泄露方面存在着很大的风险，一旦企业商品需求计划及经营政策被竞争对手知道，对企业未来的经营将非常不利。

（三）第三方配送模式

第三方配送模式是一种物流运作方式，其中物流服务的提供者既不是商品的供应方也不是需求方，而是独立的第三方。这种模式下，交易双方或供需双方将其需要完成的部分或全部配送业务委托给第三方专业性的配送企业来完成。

1. 第三方配送模式的优点

（1）第三方配送可以提供专业化、高效化的物流服务，利用现代物流技术和配送网络，以较低的成本为客户提供快速、安全、准确的物流配送服务。

（2）第三方配送有助于企业专注于其核心业务，减少对物流管理的投入，降低企业的运营风险。

（3）方便企业的业务调整，当企业的产品结构或经营空间需要调整时，可以同其他物流配送企业再签订物流配送服务的协议。

2. 第三方配送模式的缺点

（1）不利于本企业对物流配送渠道的控制，有时会使企业受制于人。

（2）当企业的业务量很大时，物流配送业务外包，反而不利于企业降低物流配送成本。

六、配送优化管理

配送合理化就是在满足客户需求的情况下，以最低的成本，最高的效率，及时地完成配送任务。对于配送的决策评价很难有一个绝对的标准，所以配送的决策是全面的、综合的，应注意避免由于配送不合理而造成的损失。

（一）配送不合理化的表现

在实际配送中，配送不合理的表现形式主要有以下几个方面：

1. 资源筹措不合理

配送是利用较大批量筹措资源，通过筹措资源达到规模效益来降低资源筹措成本，使配送资源筹措成本低于用户自己筹措资源成本，从而取得优势。如果不是集中多个用户需要进行批量筹措资源，而仅仅是为某一、两户代购代筹，对用户来讲，不仅不能降低资源筹措费，相反却要多支付一笔配送企业的代筹代办费，因而是不合理的。资源筹措不合理还有其他表现形式，如配送量计划不准，资源筹措过多或过少，在资源筹措时不考虑建立与资源供应者之间长期稳定的供需关系等。

2. 库存决策不合理

配送应充分利用集中库存总量低于各用户分散库存总量,从而大大节约社会财富,同时降低用户实际平均分摊库存负担。因此,配送企业必须依靠科学管理来实现一个低总量的库存,否则就会出现单是库存转移,而未取得库存总量降低的现象。配送企业库存决策不合理还表现在储存量不足,不能保证客户的随机需求,失去了应有的市场。

3. 价格不合理

总的来讲,配送的价格应低于不实行配送时,用户自己进货时产品购买成本加上自己提货、运输、进货之成本总和,这样才会使用户有利可图。有时候,由于配送有较高服务水平,价格稍高,用户也是可以接受的,但这不是普遍的原则。如果配送价格普遍高于用户自己的进货价格,损伤了用户利益,就是一种不合理的表现。价格过低,使配送企业处于无利或亏损状态下运行,也是不合理的。

4. 配送与直达的决策不合理

一般的配送总是增加了一些环节,但是这些环节的增加,可降低用户平均库存水平,因此不但抵消了增加环节的支出,而且还能取得剩余利益。但是如果用户使用批量大,可以直接通过社会物流系统均衡批量进货,较之通过配送中转送货则可能更节约费用,所以,在这种情况下,不直接进货而通过配送,就属于不合理范畴。

5. 送货中不合理运输

配送与用户自提比较,尤其对于多个小用户来讲,可以集中配装一车送几家,相比一家一户自提,节省了大量的运力和运费。如果不能利用这一优势,仍然是一户一送,而车辆达不到满载状态,就属于不合理。此外,不合理运输的若干表现形式,在配送中都可能出现,会使配送变得不合理。

6. 经营观念的不合理

在配送实施中,有许多是因为经营观念不合理,使配送优势无从发挥,相反却损坏了配送的形象。这是开展配送时尤其需要注意的情况。例如,配送企业利用配送手段,向用户转嫁资金、库存困难;在库存过大时,强迫用户接货,以缓解自己库存压力;在资金紧张时,长期占用用户资金;在资源紧张时,将用户委托资源挪作他用获利等。

(二)配送合理化措施

为了提高配送经济效益和合理化程度,可以采取以下措施:

1. 实施一定综合程度的专业化配送

通过采用专业设备、设施及操作程序,取得较好的配送效果并降低配送过程综合化的复杂程度及难度,从而追求配送合理化。

2. 实施加工配送

通过加工和配送结合,充分利用本来应有的这次中转,而不增加新的中转使得配送合理化。同时,加工借助于配送,明确的加工目的可以促进和用户的联系,避免盲目性。两者有机结合,不需要增加投入却可追求两个优势、两个效益,是配送合理化的重要经验。

3. 推行共同配送

通过共同配送可以以最短的路程、最低的配送成本完成配送,从而追求合理化。

4. 实行送取结合

配送企业与用户建立稳定、密切的协作关系,配送企业不仅成了用户的供应代理人,而且承担用户储存据点的作用,甚至成为产品代销人。在配送时,将用户所需的物资送到,再将该用户生产的产品用同一车运回,这种产品也成了配送中心的配送产品之一,或者作为代存代储,免去了生产企业的库存包袱。这种送取结合,使运力充分利用,也使配送企业功能得到更大的发挥,从而追求合理化。

5. 推行准时配送系统

准时配送是配送合理化重要内容。配送做到了准时,用户才有资源把握,可以放心地实施低库存或零库存,可以有效地安排接货的人力、物力,以追求更高效率的工作。另外,保证供应能力,也取决于准时供应。从国际的经验看,准时供应配送系统是现在许多配送企业追求配送合理化的重要手段。

6. 推行即时配送

作为计划配送的应急手段,即时配送是解决用户断供之忧、大幅度提高供应保证能力的重要手段。即时配送是配送企业快速反应能力的具体化,是配送企业能力的体现。即时配送成本较高,但它是整个配送合理化的重要保证手段。此外,用户实行零库存管理,即时配送也是重要的保证手段。

 复习思考题

1. 请简述运输的几种方式。
2. 请分析运输与配送的区别?
3. 请分析几种运输方式的优点与缺点。
4. 请简述配送合理化的措施。
5. 请简述配送中心的流程。

 即测即评

请扫描右侧二维码,进行即测即评。

第七章　供应链管理中的信息技术和电子商务

❖ **本章导读**

本章将探讨信息技术与电子商务对供应链的影响和作用。首先,探讨信息技术如何影响供应链管理,分析其在提高效率、降低成本、提高可见性等方面的重要性。其次,介绍供应链管理中常见的信息技术,包括物联网、大数据分析、人工智能等,以及它们在供应链各个环节中的应用案例,并分析信息技术在供应链管理中的应用现状及发展趋势,展望未来信息技术对供应链管理的影响和挑战。同时,本章探讨电子商务如何改变传统的供应链模式,电子商务供应链管理的策略,包括如何利用信息技术、提高物流效率等方面的实践经验。最后介绍电子商务供应链管理的不同模式,例如直发模式、跨境电商模式等,帮助读者了解不同模式下的运作特点和优势。通过本章的学习,读者能够深入了解信息技术在供应链管理中的重要作用,以及如何开展电子商务供应链管理。

❖ **本章关键术语**

信息编码技术;RFID 技术;直发模式;双渠道供应链

第一节　信息技术如何影响供应链管理

一、供应链管理中的信息流

供应链管理的成功建立在信息流、物流和资金流的有效设计、规划和控制之上,信息流在其中发挥了至关重要的作用。企业内部和供应链上各节点企业的信息交叉,涉及不同方面的信息。供应链管理者需要利用信息做出关键决策,如库存水平、生产计划等,以确保企业战略目标的实现。作为一个庞杂交错的信息流动系统,供应链中存在大量不确定性信息。信息共享是消除供应链中各类信息不确定性的有效方法,通过提高信息透明度,使供应链中的所有企业能够直接获取其他节点企业和最终用户信息。信息共享及信息流的管理尤其依赖先进的信息技术。在供应链管理中利用先进的信息技术,构建信息流的"高速公路",以确保各节点企业能够实现信息无缝衔接,提高企业竞争优势,最终实现价值增值的目标。

在传统的供应链中,信息流通常是在采购、库存管理、货物收发和交付等过程中产生的,而这些信息流一般建立在手工和半自动化系统之上。这种情况通常会导致供应链管理的低效率、信息不可靠性增加以及由于信息误导导致的不准确预测,进而增加库存、运输和退货等方面的成本,降低客户的满意度。随着全球经济一体化的不断发展,企业的竞争范围逐渐扩大,同时客户的需求也日益呈现多样化和个性化。要在激烈的竞争中脱颖而出,企业必须改变传统的信息系统,采用先进的信息技术来优化和重组供应链。这包括实现各供应链节点之间的信息共享,以缩短订单交付时间、降低库存水平、提高运输效率、提高订单交付准确性,以及满足客户信息查询等目标,从而提高整个供应链的竞争力。

目前,信息技术已被视为提高生产效率和获取竞争优势的主要手段之一。企业可以借助先进的信息技术快速获取整个供应链上各个节点的信息,实现信息共享,从而能够做出精确的预测和决策。当前,信息技术发展迅猛,如何充分利用先进信息技术来重新组织和优化供应链、降低运营成本、提高客户服务水平以及整个供应链的竞争能力,已经成为一项必要且紧迫的任务。

二、信息技术在供应链管理中的作用

在面对海量信息时,先进的信息技术在供应链管理中的作用是至关重要的,它对于提高效率、降低成本、加强协调和提高市场关联度都起到了关键作用。通过多样的信息技术,采集并追踪供应链中各种信息,能够满足企业在物料采购、生产制造、仓储运输、市场销售和零售管理等多个方面的全面信息管理需求。事实上,信息技术的崛起与发展已经深刻地影响了供应链的演进,信息网络技术已成了供应链生存和成长的重要支柱。信息技术的不断发展改变了企业争取竞争优势的方式,成功的企业通常依赖信息技术来支持和发展其经营战略,这将对整个供应链产生深远的影响。

(一)畅通信息流动渠道,提升信息透明度和可靠性

供应链上的不确定性主要源于不同企业或环节之间信息传递的不准确性以及决策预测信息的可获取性、透明度和可靠性问题。比如"牛鞭效应"。这类与信息相关的不确定性往往迫使企业增加缓冲库存或安全库存,这进一步导致了企业运营效率下降以及成本的上升。而现代信息技术的核心在于促进信息的传递和共享,能够跨越企业的组织边界,从而建立畅通的信息通道,将供应链中的各个环节联系在一起。供应链中的每个阶段不再依赖前一阶段企业的订单来预测经营活动,而是基于最初的客户需求来进行预测、生产、配送和销售等活动。这不仅对提高各个供应链环节的效率大有裨益,更为关键的是,有助于协调不同环节之间的活动,进一步提升整个供应链系统的流程运行效率。在供应链中,企业可以通过实施企业资源计划(ERP)或内部管理信息系统(MIS)等来继承和整合内部信息,

从而降低企业内部的不确定性。此外,电子商务或互联网的应用可以极大地提升企业之间的信息沟通能力。这使得上下游各企业能够进行双向信息传递和共享,从而提升企业间信息的透明度,有效地降低来自企业外部的不确定性。因此,企业可以更好地处于信息相对透明可靠的环境中,提高供应链效率。

(二)加强供应链中企业集成度,稳固战略联盟

供应链是一个由多个相对独立的企业组成的复杂系统,每个企业都追求自身独立的目标,导致在供应链中存在着潜在的冲突。因此,协调供应链中各企业之间的关系成为降低供应链成本和加快供应链响应速度的关键手段。在这方面,建立战略联盟是供应链管理中的一种重要策略,它代表了企业之间为了共享风险和利益而建立的多方面、目标导向的长期合作关系。通过借助先进的信息技术,企业明确共同的目标、共享关键信息,协调各个企业的行动,以构建高效的战略联盟。例如,在零售商与供应商的合作关系中,常常出现信息共享的策略,包括零售商与供应商之间的零售数据和市场营销计划的信息共享。此外,卖方库存管理可能要求买方向卖方提供销售数据,以协助卖方更好地管理库存。在战略联盟中,企业不再仅仅为了自身的最优化而运营,而是为了实现整个供应链的全局最优化而共同努力。这种协作使得供应链上的各个企业形成了信息集成的战略伙伴关系,从而加强了供应链中的企业集成度,增进了供应链的协作效能,以应对不断变化的市场需求和挑战。这种协作有助于降低供应链的整体成本,提高反应速度,从而实现供应链的可持续竞争优势。

(三)建立新型顾客关系,提高市场关联度和敏感度

信息技术的应用为供应链管理者提供了机会,他们可以通过构建信息流和知识流与顾客和供应商建立更加紧密的联系,从而及时把握市场信息,提高市场关联度和敏感度。这一革新使得整个供应链,从供应商一直延伸到顾客,都能够实现双向、实时、全面的信息交流。在这一信息技术浪潮中,互联网等工具是企业获取宝贵的顾客和市场需求信息的重要渠道。如今,各个供应链参与者可以轻松地通过信息网络进行订单处理、销售数据共享以及市场需求预测等信息的交换。这种高效的信息共享不仅提高了供应链的运行效率,还有助于建立更稳固的客户关系。供应链管理者可以更快地了解顾客需求,快速调整生产和库存,以满足市场的实际需求,从而提高市场关联度。全球化的跨国企业也受益于信息技术的应用,现代信息技术使得这些企业能够将业务拓展至世界的各个角落。传统上,距离和空间是企业经营和管理的制约因素,但信息技术的介入打破了这一限制。这使得企业可以更加迅速地适应全球市场的需求,更加灵活地应对市场变化,同时维持高水平的服务标准。

三、信息化发展对供应链管理的新要求

信息技术的不断创新发展为供应链管理带来了许多益处,但同时也对供应链管理提出

了多方面的新要求。在信息技术的快速创新和发展过程中,供应链管理领域正面临着一系列新的挑战,对企业而言,适应这些变革已经成为保持竞争力至关重要的因素。企业必须积极采纳新兴信息技术,提高供应链的可视性、智能化和灵活性,以适应不断变化的市场和客户需求。

（一）对供应链透明度和可持续性的要求

随着经济的高速发展和人民生活水平的提高,消费者、监管机构和供应链利益相关者对于产品的来源、生产条件和环境影响有了更高的期望。这些都对整个供应链中信息流的清晰度和可见性即供应链透明度提出了新要求。例如,在产品来源追溯方面,透明度要求能够追踪产品的原产地,包括原材料和生产过程,这有助于确保产品质量和符合可持续性标准。在合规性和法规遵从方面,透明度要求供应链中的各个环节都遵守相关法规和标准,包括产品安全、质量控制和环境法规等。透明度还涉及社会责任方面的披露,包括供应商和制造商的劳动条件、社会和环境责任等,这有助于建立信任并满足消费者的期望。

而对供应链可持续性的要求是确保供应链活动在满足当前需求的同时,不会损害未来的资源和环境。包括环境可持续性、社会可持续性和经济可持续性等。环境可持续性涉及降低供应链对自然资源的依赖,减少废弃物和污染物的排放,采用可再生能源,以减少对环境的不良影响。社会可持续性关注供应链活动对社会的影响,包括员工权益、劳动条件、社区参与和人权等方面的考虑。这包括确保员工受到公平待遇,遵守劳动法规,以及与当地社区建立积极的关系等。经济可持续性指涉及供应链的经济效率和财务稳健性,包括控制成本、提高效率,确保供应链活动的营利能力,以便支持长期发展。

为了提高供应链透明度和可持续性,企业需要采用信息技术和数字化工具,包括物联网、区块链技术、大数据和供应链管理软件,以更好地跟踪和管理供应链活动,并提供实时信息,以便监督和报告供应链的可持续性和合规性。在面对日益关注社会和环境责任的消费者和法规环境的情况下,透明度和可持续性的重要性未来将继续在供应链管理领域占据更加重要的地位。

（二）对供应链智能化和灵活性的要求

信息技术高度发展也意味着供应链外部环境会更加复杂和多变,供应链智能化和灵活性是供应链在不确定环境中发展的重要要求,供应链需要更多智能的加入和更加灵活的变化以适应不断改变的市场和提高效率。供应链智能化包括各方面的智能化。比如智能化的供应链需要实时收集和分析数据,以便更好地了解供应链活动,并做出快速决策。包括对物联网设备、传感器、生产设备等的实时监控,以及利用大数据分析和人工智能技术来识别趋势和机会。供应链智能化要求能够使用高级分析来进行需求预测,以确保货物和材料的正确供应,并减少库存过剩或不足的情况。智能化的供应链应该能够自动执行某些任务,如库存管理、订单处理和路线优化,以减少人为错误和提高效率,自动决策系统可以在特定条件下自动调整供应链策略。此外,智能化的供应链需要建立数字化的镜像,以反映实际供应链的状态,这有助于模拟和测试不同的情景,并做出决策,以应对潜在的风险和机会。供应链网络协作也是智能化的重要要求。供应链中的各个环节需要协同工作,共享信息,并协调活动。

供应链灵活性中首要的要求就是及时响应市场变化。首先,供应链灵活性要求企业能够快速调整供应链策略以满足市场需求的变化,包括在市场需求波动时能够迅速增加或减少生产和库存。其次,多样化供应链资源和供应商,减少对单一来源的依赖,这有助于降低潜在的供应链风险。在供应链灵活性方面,优化库存管理也至关重要,包括采用先进的库存管理技术,以确保及时供应和降低库存成本。更进一步,灵活建立可逆供应链,使产品和材料可以在需要时进行返工、重新加工或重新分配,有助于减少资源浪费。最后,建立紧密的合作伙伴关系,与供应商和合作伙伴之间建立开放的沟通和协作,以更好地应对供应链带来的挑战。

供应链智能化和灵活性之间存在密切关联,供应链智能化可以提高供应链的灵活性,提供更多的数据和观点,以便更好地做出灵活的决策。在现代供应链管理中,将智能化和灵活性结合起来,可以帮助企业更好地应对市场变化,降低风险,提高效率并满足客户需求。只有不断适应信息技术的变革,才能在竞争激烈的市场中立于不败之地。

第二节　供应链管理中的信息技术

信息技术在供应链管理中发挥了至关重要的作用,随着供应链管理要求的不断提升,越来越多的先进信息技术被运用于供应链管理过程中,以提高效率、可见性和协调性。具体的信息技术包括互联网、物联网、大数据分析、云计算、区块链、供应链管理软件、人工智能和机器学习、区块链技术、电子数据交换、智能传感器、移动应用、虚拟和增强现实、GPS和GIS技术等。这些信息技术的综合应用可以帮助企业实现更智能、高效和灵活的供应链管理,提高整体的竞争力和客户满意度。其中,较为核心的信息技术包括信息编码技术、自动识别与数据采集技术、信息交换与共享技术三类。

一、信息编码技术

信息编码技术是一种将数据转换为特定格式以便于传输、存储和处理的方法。这些技术的主要目的是提高数据的完整性、可靠性和可访问性。在供应链管理中,信息编码技术涵盖了对大量信息进行分类或唯一标识的方法,以便有效地识别和管理信息系统。这一技术可分为两大类:信息分类编码和标识编码。信息分类编码将具有相似特征和属性的信息整合在一起,并为其分配一种特定的符号系统,通常通过代码来表示,如进出口商品分类代码等。而标识编码不需要对对象进行事先分类,而是为不同对象分配唯一的标识号码。标识编码通常采用不带含义的编码方法,其中最基本的方式是采用顺序编码,也可以采用无序编码。例如,通用商品编码在全球范围内用于唯一标识特定商品。信息编码技术允许在产品上附加唯一标识符,如条形码、QR 码或 RFID 标签。这些标识符包含有关产品的关键信息,如生产日期、批次、价格和位置等。供应链中的这些标识符可用于跟踪产品的流动,从生产到交付最终客户。

信息编码的标准化工作在供应链管理中至关重要,统一的信息编码是确保供应链正常运行的前提。通过标准化,可以实现供应链中数据的交换和共享。信息编码将信息编码标准化技术应用于供应链管理系统,实现数据的自动采集、系统间的数据交换以及资源共享。这有助于实现货物畅通流动,促进供应链各项活动的社会化、现代化和合理化。信息编码标准化技术是自动识别技术、电子数据交换(EDI)以及电子商务发展的基础。在供应链管理实践中,建立一套标准化的标识代码系统具有极其重要的意义,它可以实现对供应链节点和物流单元的唯一标识,在商品标识和跟踪、库存管理、物流和运输管理、质量控制、供应链可见性、合规性和追溯性等方面均发挥了重要作用。信息编码为供应链管理提供了基础,有助于提高运营效率、减少错误,并实现更加智能和精细的供应链管理。这不仅对企业自身有益,也有助于提升整个供应链生态系统的效能,促进行业发展,提高全球竞争力。

二、自动识别与数据采集技术

自动识别与数据采集技术(Automatic Identification and Data Capture,简称 AIDC),这是一种旨在通过自动(非人工)手段识别对象并捕获相关数据,以便用于不同的应用和系统的技术。AIDC 技术的应用范围较为广泛,涵盖了供应链管理、库存控制、零售、医疗保健、制造业、物流等领域。AIDC 技术使用各种自动识别方法,包括条形码、二维码、射频识别(RFID)、图形识别、磁识别、生物识别(如指纹识别、声音识别)等,以帮助跟踪、识别、记录和管理物品、产品或数据。

自动识别和数据采集的过程涉及将物品的信息识别并将其嵌入具备机器可读性的标签中,这些标签能够被自动读取设备解码,并将其转化为可被人或计算机理解的数据格式,从而实现了信息的自动识别和数据采集。标签可以轻松附着于被标识物品上,并随着物品的移动而移动,从而实现了信息流和物流的同步。这不仅消除了人工处理所导致的时间浪费和误差,还能够提供对物品运作全过程的实时动态了解。自动识别技术不仅仅限于识别物品,还可作为项目跟踪的有效工具。通过将标签与物品相关的项目信息进行关联,企业可以实时追踪物品的位置和状态,提高供应链的可见性和效率。这有助于降低库存成本、缩短运输时间,以及更好地满足客户需求。因此,它成了供应链管理过程中处理项目信息的一项理想技术。

例如,在一个配送中心中,通常采用以下运输过程:原材料通过入口端进入配送中心时,工作人员需要同时进行卸货和根据订货单进行原材料调配,确定出货模式和目的地,最终通过出货端将原材料送出。如果没有使用 ADIC 技术,物品和信息将完全分离。在原材料卸货之后,工作人员只能等待原材料相关的信息和指示。没有这些信息就无法了解货物与订货单的对应关系,比如,常规渠道运输还是特殊渠道运输以及运输的目的地。如果使用 AIDC 技术,配送中心在卸货过程中可以利用自动识别设备读取标签上的信息,自动将原材料与相应的订货单进行匹配,并确定出货方式和目的地。这样一来,工作人员就无须手动查找和核对信息,大大提高了操作的效率和准确性。同时,这种技术还可以将物品的移动路径和状态实时反馈给系统,使得供应链管理更加可视化和可追踪。

AIDC 技术不仅可以提高效率、减少错误,简化数据传递流程,而且加速了信息流和物流的整合,为企业提供了更高效的供应链管理工具,使企业更加智能和精细地管理资源,形成了关键的竞争优势。在供应链管理的过程中,选用 AIDC 技术应遵循以下原则:确保数据录入的实时性、自动化以及经济性,同时还需考虑抗干扰能力和识别距离等因素。目前,在供应链管理领域,最广泛采用的自动识别与数据采集技术是条码技术和射频识别技术。

（一）条码技术

条码技术将数据编码成可供光学扫描读取的符号,通过印刷形成可供机器读取的条形码。条形码是指由一组规则排列的条、空及对应的字符组成的标记。"条"对应对光线反射率较低的部分,"空"对应对光线反射率较高的部分,这些条和空组成的数据能传达一定的信息。扫描仪和解码器负责捕获符号的图像,将其转化为计算机可处理的数据,并进行验证。随着技术的发展,各种不同类型的条码符号层出不穷。不同的码制决定了条码符号的构成规则。常见的码制包括 EAN 码、UPC 码、交叉二五码、库德巴码、九三码、UCC/EAN-128 码等。每种码制都拥有特定的编码容量和字符集。条码技术作为 AIDC 领域中最早诞生且最成功的技术之一,在全球各行各业发挥了关键作用。自 20 世纪 40 年代初诞生以来,它已对全球的产品和信息流动产生了深远的影响。该技术摒弃了烦琐的键盘输入,大幅提高了数据采集的准确性,也因成本低廉、操作简单而广泛应用于各行各业,极大地提高了企业的生产效率,在如今的全球商业供应链中成了不可或缺的要素。

20 世纪 70 年代,国外的许多超市开始广泛采用条码技术,随后逐渐扩展到每个杂货店的包装商品上,以便利用 POS 扫描系统。仓储商店和其他零售商纷纷效仿,使得 POS 扫描系统成为零售店必不可少的设备。80 年代初,美国国防部要求所有交付的产品都必须附带条码,这推动了制造商开始在装货码头和生产车间广泛采用条码技术。在生产车间中,条码技术广泛应用于记录员工考勤、监控生产流程、管理库存,以及过程控制、质量控制和成品库存等多个领域。随后,条码技术逐渐扩展到仓库中,用于收货、理货、拣货和包装。

如今为降低成本和提高生产效率,几乎所有行业都积极采用了条码技术。最初仅在 POS 系统中使用条码的零售业将这项技术扩展到仓储和运输部门,展现了出色的性能和价格效益。除此之外,条码技术还广泛应用于门禁控制、物品追踪、图书馆和档案管理、文档管理、危险废物追踪、包裹追踪,以及车辆控制和识别等多个领域。总的来说,各行各业都追求高效、准确、低成本和具备全球竞争力。目前,尚无一种技术能够替代条码,这也是一项性价比非常高的机器读取技术。近年来,二维条码技术也得到迅速发展和广泛应用,为市场提供了新的选择。

（二）射频识别技术

射频识别技术（Radio-Frequency Identification,简称 RFID）,是一种自动识别技术,其通过射频信号传输数据,以实现物体的追踪、识别和管理。它最早出现在 20 世纪 80 年代,被用于业务跟踪。射频识别系统通过感应、无线电波或微波能量实现了无须接触的双向通信,从而实现了物体的识别和数据的交换。RFID 系统通常包括两个部分:RFID 标签（标签中存有数据）和 RFID 读写器（也称为 RFID 阅读器或 RFID 扫描器,包括天线和无线收发器）。在典型的 RFID 系统中,读写器能够在范围从 2.5 厘米到 30 米的距离内发射无线电波,形成一个电磁场。当射频标签穿过这个区域时,它会检测到读写器发出的信号,并将存储的数据发送出去。读写器接收射频标签发送的信号,然后进行解码和数据准确性校验,最终将数据传输给主机进行处理。

射频识别技术的关键特点包括:

1. 自动识别

RFID 技术可以自动地、远程地识别带有 RFID 标签的物体,无须视线直接对准标签。

2. 非接触式

RFID 不需要物理接触,因此可以识别那些在固体、液体或粉尘等环境中难以读取的标签。

3. 高效性

RFID 系统可以同时读取多个标签,大大提高了数据采集的效率。

4. 数据存储

RFID 标签可以存储大量信息,包括产品详细信息、生产日期、价格等。

5. 实时跟踪

RFID 技术允许对物体的实时位置进行跟踪。

正是由于以上特点,RFID 技术在制造业以及其他不适合使用条形码标签的环境中有着广泛的应用。它在供应链管理中扮演了重要角色,广泛用于自动识别运输工具（AVD）、追踪和监控物品、防盗系统、高速公路收费以及智能交通系统（IIS）以及生产线自动化和过程控制等多个领域。总的来说,射频识别技术在供应链管理中发挥着关键作用,提高了物品追踪和管理的效率,减少了人工操作,降低了错误率,并增强了数据的实时性。RFID 技术的未来发展方向包括实现更大的数据存储容量、扩展更广的读取范围以及提高数据处理速度。

三、信息交换与共享技术

在信息电子化后,数据的交换和共享是供应链管理中面临的重要问题。数据交换与共享技术在破除信息孤岛、促进数据互通以及实现数据集成的过程中发挥着至关重要的作用。特别是在供应链环境中,面临着数据多样化、自动化数据传递、数据安全、溯源和可信验证等多个方面的挑战。为了应对这些挑战,需要 EDI、EPC 和区块链等相关先进技术提供支持。这些技术为确保供应链数据传递的流畅性和可靠性提供了坚实的基础。

(一) EDI 技术

在早期的供应链管理中,由于每个供应链参与者都必须与其贸易伙伴进行通信和数据交换,每天会产生大量纸质文件,包括订单、发票、产品目录、产品报价和销售报告等。这些纸质文件在商业贸易中扮演着至关重要的角色,代表着信息流的核心。一旦信息流中断,供应链管理将受到严重影响,甚至导致巨大的经济损失。在处理这些纸质文件时,存在着速度慢、效率低、错误率高以及缺乏自动化等问题,严重地降低了供应链各个环节的效率。因此,人们开始寻求以电子文件替代纸质文件的方式,即按照贸易伙伴之间协商的一套标准格式,将纸质文件的内容转化为电子文件,然后通过计算机系统之间的数据交换和自动化处理来实现。这便是电子数据交换(Electronic Data Interchange,EDI)技术的雏形,EDI 也因此被称为"无纸贸易"。

联合国标准化组织定义 EDI 为一种基于普遍公认标准的技术,它使企业能够以结构化的格式处理商业和行政事务文件,并通过电子传输在计算机之间进行交换。EDI 的核心领域包括商业、行政和物流等方面的格式化信息,这些信息都遵循标准化的结构。数据的传输路径通常是通过计算机、通信网络以及另一个计算机来实现,最终用户是计算机应用软件系统。转换标准格式为工作文件的过程是自动完成的,通常使用增值网络和专用网络进行数据传输。EDI 在信息传递中采用了一种新的方式,旨在消除处理延迟和数据重新录入的问题。它通过电子数据输入代替手动数据录入,使用电子数据交换替代了传统的手工数据交换。EDI 不仅仅是一个简单的数据传输系统,它要求用户按照国际通用的消息格式发送和接收信息,同时遵循国际统一规则的语法进行处理,并引发其他相关系统的综合处理。整个过程是自动化的,不需要人工干预,从而减少了人为错误,提高了工作效率。

与传统信息交换方式相比,EDI 具有以下主要特点:

1. 标准化

EDI 使用国际通用的消息格式和语法规则,这是计算机能自动处理信息的前提条件,也有助于不同组织和行业之间更容易地进行数据交换,减少了数据兼容性问题。目前广泛使用的 EDI 标准有 ANSI X12、UN/EDIFACT 和 GS1 EDI 等。

2. 快速和实时

EDI 允许实时或接近实时的数据传输。与传统信息传递相比,节省了时间,使大量准确的信息能够在几秒钟内从一个地方传输到另一个地方。

3. 自动化

EDI 中计算机应用系统能够自动处理接收到的数据,不需要人工干预。不仅提高了工作效率,还减少了处理文件所需的时间和精力。

4. 准确性

由于 EDI 是自动化的,人工干预的机会减少,从而降低了数据输入错误的风险,提高了数据的准确性和一致性。

5. 安全性

EDI 提供了加密和安全认证机制,以确保数据的机密性和完整性。相比之下传统的纸质信息传递方式存在丢失或被盗的风险。

6. 可追溯性

EDI 系统通常具有数据追溯功能,可以追踪数据的传输和处理历史,有助于解决争议或满足审计需求。

企业在应用 EDI 时需要具备一定的条件:首先,EDI 用于双方之间的文件传递,这些文件必须采用特定的格式和标准报文。其次,双方必须拥有自己的计算机系统或计算机管理信息系统,并能够发送、接收和处理符合约定标准的交易电文数据。最后,双方计算机之间必须建立网络通信系统,以保证计算机自动完成信息的传输和处理。

(二) EPC 技术

EPC(Electronic Product Code)技术是一种用于物联网(IoT)和供应链管理的标识和跟踪系统。它是 RFID(射频识别)技术的一种重要应用,用于在实时和远程情况下唯一标识和跟踪物理物品。EPC 技术允许商品、设备或其他物品都被分配一个唯一的 EPC 标识符(编码),类似于条形码,这个标识符包含有关物品的信息,如制造商、产品类型、批次等。EPC 标签是这一标识符的载体,标签由物品上附着的微型芯片和天线组成,这些标签可以存储唯一的 EPC 编码和其他信息。读写器用于与标签通信,收集信息和执行操作,通过射频信号与标签通信。读写器将标签的信息读取并上传到中央数据库,以进行数据储存、处理和分析,这可以实现对物品的跟踪、库存管理和实时信息获取。

EPC 技术的起源可以追溯到 2003 年,由 Auto-ID 中心和 EPC 全球(Auto-ID Labs 和 EPCglobal)合作开发。它的目标是提供一种更先进、更智能的物联网标识系统,以替代传统的条形码,并在供应链和零售行业中提供更高的可追溯性和数据可见性。EPC 在供应链管理中应用较为广泛,涵盖了采购、存储、生产制造、运输、销售和反向物流等多个环节。在采购环节,它实现了自动订货和快速验货功能;在存储环节,自动盘点和商品快速入库(出库)等功能得以实现;而在生产制造环节,EPC 能够完成自动化生产线运作,对原材料、零部件、半成品和产成品进行识别与跟踪,从而减少人工识别成本和错误,提高整个生产线的效率、效益和准确性。在运输环节,EPC 可实现在途货物的监控、运输车辆的自动收费以及运输工具的真实识别。在销售环节,它应用于商品防盗、货物有效期监控,以及快速结账或自动结账。而在反向物流中,EPC 可以追踪每件商品从原材料采购、生产、加工、流通到消费的整个过程,全程追溯产品的质量问题等。

EPC 技术的主要特点包括:

1. 唯一标识

每个物品都有一个唯一的 EPC 编码,使其容易被识别和跟踪。

2. 实时性

EPC 技术可以实时捕获物品的信息,以及其位置和状态的变化。

3. 无线通信

标签和读写器之间的通信是无线的,使其非常适用于自动化和远程监控。

4. 高效性

EPC 技术可以提高供应链管理和库存追踪的效率,减少错误和成本。

5. 数据可见性

EPC 技术提供了更多的数据可见性,有助于实现更好的供应链可追溯性。

在应用 EPC 技术时,企业需要具备适当的技术基础设施、组织内部支持、供应链合作、标准遵循、数据管理能力、培训和成本考虑等条件。如企业需要具备适当的硬件和软件基础设施来支持 EPC 技术的实施和运行。这包括标签、读写器、RFID 网络、数据存储和处理系统等。组织内部需要建立一个团队来负责 EPC 技术的规划、实施和管理。企业需要与供应链伙伴建立合作和协作的关系。不同组织之间需要共享信息和数据,并互相配合来实现更高效的供应链管理。另外,企业应该遵循 EPC 全球标准和规范,确保技术的互操作性和兼容性,使用符合 EPC 标准的标签、读写器和通信协议,并遵守数据安全和隐私保护的相关法规。

(三)区块链技术

区块链技术的起源和发展可以追溯到 2008 年,当时一位名为中本聪(Satoshi Nakamoto)的匿名个体发布了一篇题为《比特币:一种点对点的电子现金系统》的白皮书。这篇文章提出了一种去中心化的数字货币系统,被称为比特币,它的底层技术便是区块链。

区块链(Blockchain)是用分布式数据库识别、传播和记载信息的智能对等网络。它的核心概念是创建一个去中心化、不可篡改、透明的账本,记录所有交易和数据,以实现信任和安全的数字交易。本质上,区块链通过区块技术,以代码形式构建了目前最经济高效的信任体系和大规模合作网络。相对于互联网信息的简单复制传递,现实世界中的货币流通需要借助中介机构的认可,区块链真正实现了网络价值的无缝传递。此外,区块链记录智能合约采用计算机语言而非法律条款,这意味着可以通过智能合约与现实世界中的资产进行互动。智能合约建立了一套满足特定条件即自动执行的计算机程序,使得单一方无法篡改合约。此外,它也极大地降低了签署、执行和合规方面的成本,有效地节约了日常交易的开支。

在供应链管理中,区块链在物流流程优化、正品验证、供应链金融等方面发挥了重要作用。在流程的优化方面,通过区块链技术和电子签名技术的协同作用,实现了单据的无纸化处理和实时上链,将信息流和单据流紧密融合为一体。在进行计费和对账时,重要的信息,如账单和异常调整,都存储在区块链上,由智能合约自动执行对账操作。具体的应用场景包括可信的运单签收平台、高效的快递对账服务平台以及航运供应链存证平台。区块链也可以用于验证产品的真实性,防止假冒伪劣产品进入供应链。通过将产品信息存储在区块链上,消费者可以轻松地验证产品的来源和真实性。在供应链金融方面,通过智能合同,区块链可以自动化和加速供应链金融交易,包括贷款融资、供应商付款、保险索赔等。智能合同可以根据提供的数据自动触发支付,减少纠纷和延迟现象。

总的来说,区块链技术从最初的数字货币概念演变为一个广泛应用的技术,正在改变供应链管理和其他领域,提供更安全、透明和去中心化的解决方案。随着时间的推移,区块链技术的发展仍在不断演进,未来可能会带来更多的创新和机会。

四、其他信息技术

除了三类较为核心的信息编码技术、自动识别与数据采集技术、信息交换与共享技术之外,供应链管理中还涉及了各种不同类型、不同应用场景的信息技术,以下选取应用较多的五种信息技术做简要介绍。

(一)互联网技术

互联网,即 Internet,是一种全球性、开放性的网络,通过 TCP/IP 协议连接了世界各地不同类型的计算机和网络。它使这些计算机和网络能够遵循相同的协议来实现彼此之间的通信。Intranet 则是一种企业内部网络,它建立在 Internet 技术的基础之上,使用了 Internet 的网络协议、网络技术和设备。这种内部网络为企业提供了网络信息服务、数据库访问以及其他各种服务,使用户能够通过计算机来执行数据处理和企业管理等各种功能。而 Extranet 则是一种特殊网络,它利用 Internet 技术连接了企业和其合作伙伴。Extranet 主要用于为企业外部的合作伙伴提供信息服务,可被看作是 Internet 的延伸或扩展。在 Extranet 内部,不同企业能够通过网络轻松地查询与自身相关的数据,以促进合作和信息的共享。互联网为供应链信息共享提供了基础的工具和平台,使得供应链上成员能够快速、及时地访问其他资源,获取所需信息。但是互联网技术的使用中,最敏感的信息隐私和信息安全问题得不到有效保证,需要结合其他信息技术加以改进。

（二）GPS 技术与 GIS 技术

1. GPS 技术

全球定位系统（GPS）是一项多用途技术,可在陆地、海洋和空中提供全面的三维导航和定位功能。GPS 系统由三个部分构成,包括卫星星座、地面控制站和用户设备,这使其能够高效迅速地提供准确的三维坐标以及其他相关信息。在供应链管理领域,GPS 技术主要用于跟踪和监控用户运输环节,如铁路运输中,通过 GPS 技术和计算机网络,可以实时收集全线列车、机车、车辆、集装箱以及货物的动态信息,从而实现列车和货物的全程追踪管理。

2. GIS 技术

地理信息系统（GIS）是一项基于地理空间数据的强大技术,它依赖计算机软件和硬件支持,运用系统工程和信息科学的理论,采用地理模型分析方法,及时提供各种空间和动态地理信息。GIS 是一种专为地理研究和地理决策提供服务的计算机系统。其主要功能包括将表格中的数据以地理图形的形式呈现,然后对这些图形结果进行浏览、操作和分析。GIS 的应用范围极为广泛,可以从全球地图到详细的街区地图,包括人口统计数据、销售信息、运输路线等各种相关信息。此外,GIS 在供应链管理中的应用也非常广泛,可以提供空间分析、地理数据可视化和位置智能等功能,以优化供应链的各个方面。以下是 GIS 在供应链管理中的主要应用:

（1）路线优化。GIS 可以帮助供应链专业人员确定最佳的产品配送路线。通过分析地理数据、交通情况、道路状况和实时交通信息,GIS 可以生成最经济、最快捷的交付路线,从而减少运输成本和缩短交货时间。

（2）货物跟踪。供应链管理者可以使用 GIS 来跟踪货物的实时位置。通过 GPS 和传感器技术,GIS 可以提供货物的精确位置信息,使供应链管理者能够实时监控货物的运输进度,并在必要时采取一定措施来解决问题。

（3）仓库管理。GIS 可以帮助确定最佳的仓库位置和布局。通过分析客户位置、供应商位置和交通网络,缩短运输时间和降低成本。

（4）地理分析。通过将地理数据与供应链数据相结合,GIS 可以进行更深入的地理分析,如市场分布、客户集群和竞争对手位置。这有助于更好地了解市场趋势和客户需求,从而调整供应链策略。

（三）数据库、数据挖掘、联机分析技术

1. 数据库

数据库是一种有着结构的数据存储库,用于有序地组织和管理数据,以供多个用户共享,确保数据不冗余。这个数据仓库是一个独立于应用程序的集合,具备重要的角色。在实际应用中,数据呈多层次的特性,其中一些数据对决策制定者至关重要。从多个源数据中提取信息,将数据以满足决策者需求的方式进行组织,并转化为新的存储格式,这种数据的集成与稳定性为管理决策提供了坚实的支持,被称为数据仓库。数据仓库的主要目的在于提供决策支持和分析报告,以引导企业在业务流程改进、时间管理、成本控制和质量管理等方面作出决策。数据库是供应链管理的基础,用于存储和维护大量的供应链数据,如供应商信息、库存水平、订单历史、交付计划等。数据库可以确保数据的一致性、可靠性和安全性,以便供应链管理人员可以随时访问所需的信息。这有助于实时跟踪和管理供应链活动。

2. 数据挖掘

数据挖掘,又称为数据开采,是一种决策支持过程,其目的在于从庞大的数据中自动发掘隐藏的特殊关系和有潜在作用的信息和知识。这些发掘出的知识可以呈现为各种形式,如概念、规则、模式、约束等。数据挖掘技术用于从大量供应链数据中发现隐藏的模式、关联和见解。这有助于企业预测需求、优化库存、提升供应链效率以及识别潜在的问题。数据挖掘还可以帮助企业发现供应链中的异常情况,如延误、库存波动或质量问题等。

3. 联机分析技术

联机分析技术(OLAP),又被称为多维分析,是一种数据分析技术,可以进行基于某种数据存储的数据分析。OLAP 技术使企业能够以多维方式分析供应链数据。它们允许用户在不同的维度上对数据进行交互式分析,以深入了解供应链绩效。供应链管理人员可以轻松地对供应链数据进行切片和切块,以识别趋势、模式和关联。为企业提供了强大的数据分析功能,以帮助企业更好地理解业务数据和支持决策制定。

(四)物联网(IoT)技术

物联网是一种新兴网络技术,在移动通信技术和无线网络的基础上,通过使用各种信息感应设备,如射频识别、红外传感器、温度传感器、全球定位系统以及激光扫描器等,根据协议的约定,将各种物品连接到互联网,以进行信息的互换和通信,从而实现智能化的物品识别、定位、跟踪、监控和管理物联网技术在供应链中的应用主要体现在物流供应链管理中。

物联网技术在物流和运输领域的应用极为广泛。通过无线射频技术,可以快速准确地识别和读取货物,确定其具体位置,避免出入库信息不匹配,从而提高了物流配送的准确性。信息技术的扫描应用可以提高读取效率,同时降低了货物匹配错误的风险。通过利用软件系统和硬件设备,物联网可以实现对货物的实时监控和长距离追踪。这不仅提高了货物的位置信息检测准确性,还能够根据实际情况规划最佳的运输路线,有效解决了物流运输中的各种问题。此外,物联网技术还充分依赖传感器技术,用于监测运输车辆、货物仓储库内部的温度和湿度,这进一步提高了货物储存的安全性和稳定性。基于物联网技术构建的物流配送系统允许各方主体在在线订单生效后即时共享信息,快速获取客户的实际位置,并在到达目的地时考虑当地道路状况,从而实现高质量的货物配送。同时,通过无线传感器分析车辆速度和距离信息,使运输公司能够及时了解交通信号的变化情况,提高了物流配送的安全性。在现代物流供应链的不断发展中,物联网技术为提高物流运营效率提供了重要支持,有助于打造高质量的物流服务体系。

（五）云计算技术

云计算（Cloud Computing）基于互联网提供了一种可用的、便捷的、按需访问的计算资源模型,这些资源可以包括计算能力、存储、数据库、网络、软件等。云计算允许用户通过互联网从云服务提供商那里租赁或访问这些资源,而不需要自行拥有和维护物理硬件或软件。用户只需要投入很少的管理工作,或与服务商进行简单交互,即可快速获得所需的资源。

相比于传统的网络应用模式,云计算有其独特和先进之处。云计算具有巨大数量的服务器,Google 云计算已经拥有 100 多万台服务器,形成了大规模的"云",赋予用户前所未有的计算能力。云计算资源可以通过互联网远程访问,用户只需拥有互联网连接即可使用这些资源。云计算资源以资源池的形式提供,多个用户可以共享这些资源,从而实现资源的更好利用,允许用户根据需求在任意位置任意终端灵活地获取计算资源,无须提前投资大量硬件和软件,以适应业务的波动需求。云计算资源通常是通过虚拟化技术提供的,这意味着多个虚拟计算机或服务器可以在同一物理硬件上运行,从而更有效地利用硬件资源。云的规模也可以灵活伸缩,满足用户规模增长的需要。此外,云计算提供商通常提供自动化的管理和监控工具,用于资源分配和维护,以确保高可用性和性能。"云"使用了数据多副本容错、计算节点同构可互换等措施来保障服务的高可靠性,使用云计算比使用本地计算机更可靠。也正是由于"云"的特殊容错性,云的节点构成可以压低成本,"云"的自动化、集中式管理让大量企业无须负担日益高涨的数据中心管理成本。用户可以充分享受"云"带来的低成本优势。

云计算服务不仅包括计算,还提供存储功能。然而,目前云计算服务主要由私人企业垄断,它们主要关注商业需求。政府机构和特别是数据敏感的商业机构,如银行,需要谨慎选择云计算服务供应商。一旦大规模采用私人企业提供的云计算服务,即使它们在技术上很强大,也不可避免地会使这些私人机构掌握"数据信息"关键,这在信息社会中非常重要。在云计算中,数据对于数据所有者以外的其他云计算用户是保密的,但对于提供云计算的商业机构来说没有秘密可言。所有这些潜在风险都是商业机构和政府机构在选择云计算服务时,尤其是选择国外供应商时,必须认真考虑的关键因素。

云计算通常提供不同的服务模型,包括基础设施即服务（IaaS）、平台即服务（PaaS）和软件即服务（SaaS）,允许用户选择适合其需求的服务层次。基础设施即服务（IaaS）向个人或组织提供虚拟化计算资源,如虚拟机、存储、网络和操作系统。平台即服务（PaaS）为开发人员提供通过全球互联网构建应用程序和服务的平台,为开发、测试和管理软件应用程序提供开发环境。软件即服务(SaaS)通过互联网提供按需软件付费应用程序,云计算提供商允许其用户连接到应用程序并通过互联网访问应用程序。

云计算可以应用于各种场景,包括数据存储和备份、应用程序托管、网站托管、大数据分析、人工智能、物联网等。在供应链管理中,云计算允许各个供应链参与者实时共享数据和协同工作。供应商、制造商、分销商和零售商可以在云平台上共享订单、库存、运输和销售数据,以实现更好的协同合作和及时决策。云计算也可以进行供应链规划和优化。它可以分析销售趋势、库存水平、供应商性能等数据,以帮助企业更好地调整生产计划、库存管理和交付策略。云计算的发展已经彻底改变了 IT 和计算领域的运作方式,使许多组织能够更好地应对不断变化的需求和挑战。

第三节 信息技术应用现状及发展趋势

一、传统信息技术应用

传统信息技术指起源较早、发展较为成熟的信息技术,包括 GIS 技术、条码技术、RFID技术等,这些技术如今仍然是供应链发展的基础。

(一)GIS 技术应用现状

地理信息系统(GIS)作为一项关键的空间信息技术,在供应链管理特别是智慧物流领域发挥着重要的推动作用。从 2011 年到 2019 年,我国卫星导航与位置服务产业的总产值呈现逐年增长的趋势。2019 年,我国卫星导航与位置服务产业的总产值达到 3450 亿元,同比增长了 14%(数据来源:《中国卫星导航与位置服务产业发展白皮书》)。尤其在 2020 年之后,我国北斗卫星导航系统的成熟使其应用范围和领域进一步扩展。

2023 年 5 月,中国卫星导航定位协会发布了《2023 中国卫星导航与位置服务产业发展白皮书》,指出北斗三号开通以来,系统运行连续稳定可靠,服务性能世界一流。2022 年我国卫星导航与位置服务产业总体产值达到 5 007 亿元人民币,较 2021 年增长 6.76%。其中,包括与卫星导航技术研发和应用直接相关的芯片、器件、算法、软件、导航数据、终端设备、基础设施等在内的产业核心产值同比增长 5.05%,达到 1 527 亿元人民币,在总体产值中占比为 30.50%。由卫星导航应用和服务所衍生带动形成的关联产值同比增长 7.54%,达到 3 480 亿元人民币,在总体产值中占比达到 69.50%。2022 年国内卫星导航定位终端产品总销量约 3.76 亿台/套,其中具有卫星导航定位功能的智能手机出货量达到 2.64 亿部,车载导航仪市场终端销量超过 1 200 万台,包括物联网、穿戴式、车载、高精度等在内的各类定位终端设备销量超过 1 亿台/套。在产业化发展方面,北斗卫星导航系统不断夯实产品基础、拓宽应用领域、完善产业生态。目前,北斗已经深度融入国民经济发展全局,不断规模化应用,为经济社会高质量发展注入强大动力。此外,根据预测,到 2025 年,我国车载导航电子地图市场规模仍将维持中高速发展,预计 2025 年市场规模将达到 77.6 亿元。这一系列数据和规划显示了北斗卫星导航系统和 GIS 技术的广泛应用和在推动供应链管理和智慧物流产业方面的积极作用,以及在这些领域的持续增长潜力。

(二)条码技术应用现状

条码技术在供应链管理中的应用不仅限于传统零售和物流领域,还广泛拓宽到医疗卫生、军事、邮政、航空等新的领域,同时也在食品追溯和仓储管理等领域得到大力推广。全球范围内,超过 20 个国家和地区,包括中国、法国、澳大利亚、日本等,都积极采用条码技术以建立食品安全系统。

此外,工业读码器市场规模持续扩大。基于条码技术的高度自动化现代物流系统已经成为国际物流发展的重要趋势。其中,工业读码器在条码识别数据采集技术方面发挥着重要作用,它有助于提升制造业的库存管理水平和物流运输效率,改进工作流程,以及追踪物品的状态等。

(三)RFID 技术应用现状

由于其高速移动物体识别、多目标识别和非接触识别等特点,RFID 技术展现了巨大的潜力和广阔的应用空间,被视为 21 世纪最有前景的信息技术之一。许多国家都将 RFID 作为重要产业予以积极推动,其中供应链物流是最具潜力的应用领域之一。国际物流巨头如 UPS、DHL、FedEx 等都积极试验和推广 RFID 技术。

根据中国 RFID 产业联盟的数据,自 2010 年我国将物联网发展列入国家战略以来,RFID 及物联网产业迎来了宝贵的发展机遇。2013 年,我国 RFID 的市场规模突破 300 亿元,增速达到 35.0%,随后市场逐渐稳定上升。2019 年,受整体宏观环境的影响,市场增速略有下降,但整体上升势头依然保持,市场规模约为 1 100 亿元。2020 年,基于 RFID 技术的物联网应用不断丰富,与移动互联网的融合日益深入,应用领域不断扩大,RFID 市场规模继续保持高速增长趋势,2020 年我国 RFID 市场规模突破 1 200 亿元,2022 年突破 1 500亿元大关,初步估算到 2026 年我国 RFID 的市场规模将接近 2 500 亿元。

二、新兴信息技术应用

供应链管理中的新兴信息技术包括物联网、云计算、大数据、区块链等技术,这些技术给供应链管理领域带来了新思想、新变化,发挥着日益重要的作用。

(一)物联网技术应用现状

近年来,物联网产业市场规模不断扩大。根据中国通信工业协会的数据,自 2013 年以来,我国物联网行业规模一直保持高速增长,增速维持在 15% 以上。2013 年的规模为 4 896亿元,到 2019 年增长至 14 500 亿元。根据 GSMA 的数据,预计到 2026 年,我国物联网行业规模将超过 2.7 万亿元。相关数据还显示,2017 年我国的物联网设备数量达到了 12.1 亿台,预计到 2026 年,这一数字将增长到 53.8 亿台。供应链物流是物联网的重要应用领域,物联网作为实现智能物流的基础,随着物流行业的迅猛发展,其应用范围正变得越来越广泛。

（二）云计算技术应用现状

云计算领域正在经历一次由粗放向精细的转型,技术体系不断成熟,迎来了多样化和全面化的发展时期。据中国信息通信研究院统计,2022 年我国云计算市场规模达 4 550 亿元,较 2021 年增长 40.91%。其中,公有云市场规模增长 49.3% 至 3 256 亿元,私有云市场增长 25.3% 至 1 294 亿元。相比于全球 19% 的增速,我国云计算市场仍处于快速发展期。"一云多芯"作为云计算的全新技术架构,为各行各业践行数字化转型提供了有力支持。一方面,它可以提供统一管理、灵活便捷的算力资源,在一定程度上解决了不同类型芯片的共存问题;另一方面,它可以满足单一通用云平台无法支撑的复杂业务形态,从而满足不同场景的用户需求。目前在供应链管理中,云计算可以帮助组织扩展和安全地将数据从物理位置移动到可以在任何地方访问的"云",帮助企业在供应链的各个层面（计划、采购、制造、物流和退货）创新流程,在未来,云计算会在供应链管理领域有更加深入的运用。

（三）区块链技术应用现状

区块链溯源是区块链技术在供应链管理中的重要应用,2017 年沃尔玛、IBM、京东联合清华大学成立安全食品区块链溯源联盟,宣布与食品供应链供应商和监管机构展开合作,以共同构建中国食品安全生态系统所需的标准、解决方案和合作关系。在这一合作中,IBM 将提供先进的区块链平台,同时清华大学将担任技术顾问,分享其在核心技术和中国食品安全生态系统方面的专业知识。IBM 和清华大学共同计划与沃尔玛以及京东展开合作,旨在开发和优化区块链技术,并将其推广至更多参与联盟的供应商和零售商。

在物流供应链领域,区块链技术也被广泛应用。据不完全统计,国内外无币区块链项目中,物流供应链方向的项目超过 35%,这表明物流供应链领域已经成为区块链技术应用极具潜力的市场之一。在中国物流与采购联合会区块链分会的积极推动下,行业区块链应用蓬勃发展,区块链技术已经在物流供应链领域成功落地,包括供应链金融、商品溯源、供应链协同平台、电子单据等多个领域都推出了基于区块链技术的产品。这一发展激发了众多优秀企业的创新热情,如顺丰速运、京东物流、中都物流等,它们正在引领区块链技术在物流供应链领域的发展方向。

三、供应链管理信息化发展趋势

在未来,供应链管理将侧重于流程和基础信息的标准化。网络优化将成为推动供应链管理的动力,同时成本与利润的量化也将成为日常工作的重要指标。精细化的信息流分析将是供应链系统的核心,而先进技术和智能分析工具将成为实现供应链信息化的重要保障,人工智能和算法将成为信息化供应链管理的大脑。打造一个完全一体化的供应链信息管理平台,将是实现供应链管理的关键。因此,供应链管理信息化应用将在智能化、标准化、精细化、一体化和移动化方向上持续发展。

(一)智能化

目前,大多数中小型企业的信息系统在决策支持方面还有待提升,只能起到部分辅助决策的作用。在供应链管理中,管理者会遇到数据和信息泛滥的情况,如果仅仅经过简单的收集整理,无法从中获得有用的信息。理想的供应链信息系统应该能够智能地协助企业进行信息的收集整理,将有用的、准确的、及时的信息以可利用的形式呈现给决策者。以精确的数据构建起企业数据仓库,展开数据挖掘和知识挖掘工作,将成为未来供应链决策管理的新课题。

(二)标准化

广泛应用 RFID、射频技术、GPS、自动立体化仓库等新技术设备,将为提升供应链信息化基础水平带来质的飞跃。当前中国在供应链基础信息标准化和统一性方面的应用还相对滞后,对于新技术的应用有着巨大的上升空间。

(三)精准化

供应链计划包括需求计划、库存优化和采购计划等三个部分。目前由于市场复杂性和计划难度的增加,一方面是由于软件厂商提供的供应链计划模型不足,另一方面是制造业自身信息化基础的局限性,导致供应链计划未能得到广泛应用。然而,精准的供应链计划是消除供应链信息误差的主要手段,对供应链管理具有重要影响。随着未来软件厂商能力的提升和制造业信息化水平的提高,精准的供应链计划将建立更加高效和敏捷的供应链。

(四)一体化

目前,供应链信息化软件主要集中在汽车、食品、电子、服装、制药和家电等行业,但缺乏整体一体化解决方案,企业系统集成的工作量较大。未来,不同行业的一体化解决方案将成为制造业供应链信息化管理的需求之一。

(五)移动化

移动设备的客户端越来越受欢迎,这种移动互联方式将打破对物理静态设备操作的时空限制。手持订单处理终端、移动化的流程审批等设备和系统的应用,将加速信息的高效传递。在未来,供应链管理会对此方面有着更为广泛的需求。

第四节 电子商务与供应链

一、电子商务供应链概述

在学习电子商务供应链管理之前,我们应首先了解电子商务供应链特征及其与传统供应链的区别。

（一）电子商务供应链的定义

电子商务供应链是供应链的一种独特形式，它充分运用信息技术和互联网技术来支持企业与客户之间的交易活动，包括产品销售、客户服务以及支付等环节。这种形式的供应链对于企业拓宽市场、缩短企业与客户之间的距离、促进企业间的合作至关重要。它建立了企业与客户之间流畅的业务流程，最终实现了生产、采购、存储、销售以及财务和人力资源管理的全面整合。这使得物流、信息流和资金流得以充分发挥作用，从而将理想的供应链运作流程变为现实。电子商务供应链管理的目标是通过合理组织和管理供应链中的各种产品，以优化整个电子商务管理过程中的各项性能指标，提高整个供应链系统的盈利能力以及电子商务供应链企业的运营效率。它还致力于有效整合物流、信息流和资金流，优化电子商务管理过程中各个问题之间的管理控制关系，最终实现商业管理模式的有效运行。

电子商务供应链管理的优势在于利用信息技术，能够迅速方便地收集和处理大量信息。这有助于供应商、制造商和零售商及时获取准确的数据，从而制定切实可行的需求、生产和供货计划，以促进各供应链企业的组织和协调运作。

（二）电子商务供应链与传统供应链的区别

与传统供应链相比，电子商务供应链较为突出的区别是消除了制造商与最终客户之间的隔阂，使企业之间的关系不仅是链式结构，而是形成了一个复杂的供需网络。电子商务供应链的这种供需网络涵盖了中心制造商以及与其相互关联的上游供应商、下游分销商、物流服务提供商和金融机构。这种供应链供需网络有助于消除企业内外的隔阂，为管理者提供了准确的生产、存储、物流等相关信息，帮助其制定更精准的决策。除此之外，电子商务供应链与传统供应链还有以下区别：

1. 物流

在传统的供应链模式中，物流是为不同地理位置的顾客进行大规模、批量式的运输，通常通过卡车将货物送到码头或车站，然后依赖供应链的最后环节将货物交付给最终消费者。然而，在电子商务供应链中，情况截然不同。它是借助各种信息技术和互联网，物流操作或管理的单位不再是大批量的货物，而是每个顾客所需的单件商品。虽然运输仍然采用集运方式，但在任何给定的时刻，顾客都可以沿着供应链追踪货物的位置。

传统的供应链无法及时获取商品在流动过程中的信息，尤其是分散在各地的顾客信息。再加上个性化服务能力的不足，导致出现了许多问题。然而，电子商务供应链完全根据个性化顾客的需求组织商品的流动。这种物流不仅要通过集运方式实现运输成本的最低化，同时还需要借助差异化的配送来提供高质量的服务。

2. 顾客

在传统的供应链中，企业的服务对象是既定的，企业能够清晰了解顾客的类型以及他们所需的服务和产品。但在电子商务供应链中，顾客的信息是未知的。他们根据个人的愿望、季节需求、价格和便利性等因素，以个性化的方式订购产品。

3. 订单与库存

在传统的供应链运作中，库存和订单流是单向的。然而，在电子商务供应链条件下，由于顾客可以定制订单和库存，因此，流程是双向互动的。制造商和分销商可以根据顾客的需求随时调整库存和订单，以实现供应链运作的最大化绩效。

二、电子商务对供应链管理的影响

电子商务的崛起已经改变了企业在供应链管理领域获取竞争优势的方法，同时为企业供应链管理提供了强大的信息技术支持和广泛的活动空间。电子商务应用使得有效地管理供应链中丰富的信息资源成为可能，从而提升整个供应链的运行效率。基于电子商务的供应链管理可以提供诸如信息自动处理、客户订单执行、采购管理、库存控制以及物流配送等服务系统，以提高货物和服务在供应链中的流动效率。基于现代电子商务平台的供应链管理是电子商务与供应链管理的有机结合，以顾客为中心，集成整个供应链过程，充分利用外部资源，实现快速敏捷反应，极大地降低库存水平。具体来说，电子商务对供应链管理的影响主要体现在以下几个方面。

（一）供应链结构

为了成功实施供应链管理，必须打破传统的采购、生产、分销和服务的界限。将企业内部和供应链伙伴之间的各种业务视为一个整体功能的过程至关重要。B2B 电子商务已经推动了供应链管理范围的扩展，覆盖了从产品设计、需求预测、外包和采购、制造、分销、仓储和客户服务等全过程，加强了供应链各组成部分的一体化趋势。这有助于企业跨越与供应商和客户之间的地理和业务界限，使其成为全球供应链网络中的一部分。电子商务还改变了企业进入市场的方式，使其能够以更低的成本参与供应链。通过互联网，制造商可以直接将产品销售给消费者，无须经过中间分销商和零售商，从而消除了一些不必要的中间环节，降低了运输和销售成本，以及库存和经营成本。通过根据需求方的自动作业来预测需求量，可以更好地了解客户需求，为客户提供个性化的产品和服务，使资源在供应链网络上得以合理流动，以缩短交货周期、减少库存，同时通过提供自助交易和自服务来模糊产品和服务之间的差异，以提高企业的竞争力。

（二）供应链柔性

在传统商务环境下，由于缺乏有效的供应企业与需求企业之间的沟通渠道，市场一旦发生变化，节点企业难以快速修改其生产计划，这导致它们的行动速度滞后于市场的变化程度，从而失去了市场机会。然而，在电子商务环境下情况截然不同。电子商务的兴起为供应链管理者提供了大量有利的信息资源，这使得他们在进行经营创新或模拟决策结果时能够更加高效地管理供应链。特别是对于那些生命周期较短的产品,企业需要频繁做出经营决策。然而,随着涉及的变量不断增加,范围不断扩大,传统的决策模型无法满足供应链管理的需求。借助先进的决策模型软件,许多企业能够基于详尽的销售和成本信息进行市场变化的预测。这使得企业能够快速了解市场的变化情况,与供应商取得联系,修改采购计划,及时调整产品结构,进而推动整个供应链中的节点企业跟随变化,使得整条供应链的柔性增强。

(三)资源配置全球化

随着市场的全球化变革,企业之间的竞争也跨越全球。为了在这个激烈的竞争环境中获得竞争优势,企业必须将资源分散到全球范围,并在全球范围内扩展其经营活动。跨国企业为了取得竞争优势,积极利用规模经济效应,从采购、制造到流通等各方面,以降低成本。然而,全球供销渠道的广泛性和多样性增强了全球资源流动的复杂性。在此背景下,基于电子商务的供应链管理为跨国公司提供了强大的全球资源配置和管理基础。

(四)市场需求与客户关系

电子商务在促进企业内外的信息交流方面发挥了重要作用。它构建了一个畅通的信息渠道,将客户、企业内部以及供应商紧密连接在一起,为供应链中合作企业的协同工作提供了技术支持,从而创造了顺畅高效的供应链运作条件。通过电子商务,企业能够有效地交换与消费者和市场需求相关的信息,这成为获取宝贵市场洞察的有效途径。此外,供应链内部各企业之间的广泛信息共享不仅提升了供应链的信息架构,还提升了供应链内部决策的透明度和参与度,从而使得决策更具合理性,提高了企业管理信息的效率。电子商务还有助于建立新型客户关系,通过构建信息和知识流通,加强了供应链与客户以及供应商之间的紧密联系。

(五)产品形式与大规模定制

产品和服务的实用化趋势正在改变它们的流通和作用方式。过去,各类产品均以实体形式投入市场进行销售,如音像产品以 CD 形式销售,这需要大量分拣、包装等物流作业,消耗大量的人力物力。现在,许多软件产品以数字化形式通过电子商务平台直接向顾客进行销售,无须分拣、包装、运送等物流作业。

此外,大规模定制也是电子商务发展后应运而生的新产品形式。大规模定制是指低成本、快速、高效地提供各种定制化产品或服务。这要求生产企业不仅具备大规模生产的能力,还要及时了解和掌握顾客需求。基于电子商务发展供应链管理对成功地实施大规模定制起着重要的作用。

(六)营销效率

企业采用电子商务与其经销商合作,建立了零售商的订单处理和库存管理系统。通过这一信息系统,企业能够追踪零售商的产品销售数据,并以此为基础进行持续的库存补充和销售支持。这一合作有助于提升营销渠道的效率,提高客户满意度,从而提供更出色的服务。

三、电子商务供应链管理策略

电子商务供应链管理的目标是通过多方策略,聚焦客户需求,提供卓越的产品和服务。其与传统供应链的区别就在于强调以客户为中心,满足客户需求。在这一理念的引导下,许多高效的供应链管理策略,如快速反应,企业资源计划,有效客户响应,协同计划、预测及补货,以及敏捷制造,对电子商务供应链的发展产生了深远的影响。下面将对这五种策略进行详细介绍。

(一)快速反应

快速反应最早在 20 世纪 70 年代末 80 年代初应对美国纺织服装行业遭受的大规模进口压力中提出。当时,美国纺织服装企业一方面要求政府和国会采取措施阻止纺织品的大量进口;另一方面进行设备投资来提高企业的生产率。廉价进口商品的市场份额持续上升,本地生产的商品的市场份额却在下降。在这一情况下,一些主要的零售商成立了"用国货为荣委员会"。他们通过媒体宣传国内产品的优势,采用共同的促销活动,同时委托零售咨询公司进行竞争力调查。经过广泛的研究,咨询公司强调提高纺织品供应链的整体效率是关键,建议零售商和制造商合作,分享信息资源,建立一个快速反应系统(Quick Response,QR)来实现销售额的增长。

快速反应是指对消费者需求做出快速反应。该策略的核心观点是:在供应链中,为实现共同目标,供应链零售商和制造商等成员企业之间建立战略伙伴关系,利用 EDI 等信息技术进行销售时点信息、订货信息等的交换与共享,用高频率、小批量的交付方式持续补充产品,以缩短交货周期、减少库存、提高客户服务水平实现对消费者需求的快速响应,从而最大限度地提高供应链管理运作效率,提高企业竞争力。物流企业面对多品种、小批量的买方市场,不是储备"产品",而是准备了各种"要素",在获知消费者要求后,能以最快速度抽取"要素",及时"组装",提供所需服务或产品。

具体来说,QR 具有以下特征:

(1)需要改变传统的经营方式和企业的经营思想,同时重建合适的组织架构;

(2)需要开发和应用现代信息处理技术,这是成功进行快速反应的前提;

(3)需要与供应链各方建立战略伙伴关系;

(4)需要改变传统企业对商业信息保密的做法;

(5)供应商必须缩短生产周期,以适应快速反应的要求。

(二)企业资源计划

企业资源计划(Enterprise Resource Planning,ERP),又称企业资源规划,由美国著名管理咨询企业 Gartner Group 于 1990 年提出。最初,ERP 被定义为应用软件,是 MRPII(企业制造资源计划)下一代的制造业系统和资源计划软件。除了 MRP Ⅱ 已有的生产资源计划、制造、财务、销售、采购等功能外,还有质量管理,实验室管理,业务流程管理,产品数据管理,存货、分销与运输管理,人力资源管理和定期报告系统。目前在我国,ERP 的概念已经被拓宽,演变成为供应链管理战略之一。简单来说,ERP 是一种基于制造资源计划的管理方法,通过前馈物流和反馈信息、资金流,将客户需求、企业内部生产经营活动以及供应商的资源整合在一起,体现按客户需求进行经营管理。它超越了传统企业边界,在整个供应链的范围内优化企业的资源,是适应网络经济时代的新一代信息系统,主要用于提升企业业务流程以提高核心竞争力。ERP 系统支持各种制造环境,包括离散型、流程型等混合制造环境,应用范围也从制造业扩展到了零售、服务、银行、电信等各个行业。它采用数据库技术、图形用户界面、第四代查询语言、客户服务器结构、计算机辅助开发工具、可移植的开放系统等技术,对企业资源进行了有效整合。

在电子商务高度发展的时代,企业单靠内部资源难以有效地在市场竞争中取得优势。必须将经营过程中的各方参与者,如供应商、制造工厂、分销网络和客户等纳入供应链,以便有效地安排供应、生产和销售活动,满足自身充分利用一切资源、快速高效进行生产经营的需求,从而进一步提升效率,取得市场竞争优势。简言之,现代企业之间的竞争不再是单一企业与企业之间的竞争,而是企业供应链与另一企业供应链之间的较量。ERP 系统的引入实现了对整个供应链的全面管理,迎合了企业在电子商务时代参与市场竞争的迫切需求。那些实施 ERP 的企业将重新定义各项业务及其相互关系,在管理和组织上采取更加灵活的方式,以应对电子商务供应链上供需关系的变动,包括法规、标准和技术发展引起的变化。它们能够同步、敏捷、实时地做出响应,在准确、及时、完整地获取信息的基础上做出正确决策,并主动采取相应措施。ERP 在电子商务供应链管理中的应用主要包括在线订货、经销商库存管理、在线退货和在线对账等方面。

ERP 的特点主要体现在以下几个方面:

1. 强调快速市场响应与供应链整合

ERP 系统强调企业需要快速响应市场需求,同时将供应链进行体系化整合,促进了供应商、制造商和分销商之间全新的伙伴关系,同时支持了企业后勤管理的有效运作。

2. 注重企业流程与工作流的集成

该系统更加强调企业内部流程和工作流程的整合,通过工作流技术实现了企业内部人员、财务、制造和分销等多个环节的高效集成,促进了企业内部流程的重组和优化。

3. 深化产品数据管理与生产管理数字化

ERP 系统引入了产品数据管理(PDM)功能,强化了对设计数据和生产过程的精细管理,并进一步加强了生产管理系统与计算机辅助设计(CAD)以及计算机辅助制造(CAM)系统的紧密集成。

4. 加强财务管理与价值管理实施

ERP 系统更加强调财务管理,建立了完善的企业财务管理体系,使得价值管理概念得以实施,实现了资金流、物流和信息流的有机结合,为企业的经营活动提供了更好的支持。

5. 充分考虑人力资源因素

ERP 系统较多地考虑了"人"的因素,将人力资源视作生产经营规划中重要的资源和资本,充分考虑了人的培训成本等因素,使得人力资源的管理更加科学合理。

6. 采用最新的计算机技术与工具

该系统采用了最新的计算机技术,包括客户机服务器分布式结构、面向对象技术、基于 Web 技术的电子数据交换、多数据库集成、数据仓库、图形用户界面及各种辅助工具等,为企业信息化提供了先进的技术支持。

(三)有效客户响应

在解决美国食品行业危机的过程中,有效客户响应(Efficient Customer Response,ECR)这一理念应运而生,并在食品行业得以应用。ECR 被定义为一种供应链管理策略,其原则是通过广泛应用信息技术和沟通工具,及时做出准确反应,以满足顾客要求并最大限度降低物流过程费用,使提供的物品供应或服务流程最佳化。欧洲 ECR 执行董事会将其定义为通过制造商、批发商和零售商各自经济活动的整合,以最低的成本,最快、最好地满足消费者需求的流通模式。ECR 强调供应商和零售商之间的合作,尤其是在当今竞争激烈且需求多样化的商业环境中,产销企业之间迫切需要建立相互信赖、相互促进的协作关系。ECR 协调产销企业的生产、经营和物流管理活动,以在最短时间内准确应对客户需求的变化。

ECR 的终极目标是建立一个反应能力强、以客户需求为基础的供应链系统,使零售商和供应商能够以建立业务伙伴关系的方式合作,提高整个供应链的运作效率,为客户提供更优质的服务。其基本理念包括形成需求拉动和连续同步的产品供应链;消除产品供应链上存在的各种浪费,以实现效益最大化;持续改进组织框架、物流技术、营销和质量管理,从而实现供应链的高效运行等。

具体来说,ECR 主要有以下特点:

1. 引入新技术和方法

ECR 充分应用了现代信息技术,打破了制造企业和分销企业之间的通信障碍,引入了自动订货系统(CAO)。CAO 系统通常与电子收款系统(POS)相结合,通过 POS 系统提供的销售信息,自动将订购需求传递给配送中心,由中心自动处理发货,从而将零售商的库存降至最低水平。这有助于缩短从订单创建到交货的周期,提高商品的新鲜度,降低损坏率,并帮助生产商迅速了解其产品在市场上的需求情况以及是否适销对路等信息。

2. 建立牢固的合作伙伴关系

在传统的商品供应体系中,生产者、批发商和零售商之间的联系通常较为松散,订单的不确定性和随机性较高。这种情况导致了生产和销售之间商品流动的不稳定性,增加了供应成本。与传统模式不同,ECR 建立了一个紧密相连的、闭环供应体系,促进了各方之间稳定的合作伙伴关系。这种密切合作有助于消除商业交易中的不确定性,实现了共赢局面,成为一种新型的产销联盟和合作模式。

3. 实现无纸化操作

ECR 系统充分利用了信息处理技术,使生产、采购和销售环节的信息传递实现了无纸化。不论是企业内部的凭证处理,还是企业之间的订购单、价格变动通知和出产通知等文件,都通过数字交换(EOI)在计算机之间进行自动处理。由于采用了电子数据交换,生产企业可以在生产过程中即时向供应商传递生产细节。零售商只需在货物到达时扫描货物上的电子代码,即可完成库存验收等操作。这种全面的电子数据交换大大缩短了处理时间,有助于商家快速补货,提高预测准确性,并显著降低成本。

(四)协同计划、预测及补货

CPFR(Collaborative Planning Forecasting and Replenishment)的实施可以分为三个阶段,分别是协同计划、协同预测和协同补货。

在第一阶段,即协同计划阶段,供应商和需求方需要建立战略合作关系。双方就各自对联合供应链管理的期望、所需的行动、资源、保密协议以及信息共享权限等方面进行磋商。这一阶段允许双方专注于自身的销售、生产等活动,以便发现趋势、记录变化、分析影响,并提供最新信息。同时,明确定义双方的职责和绩效评价方法。

在第二阶段,即协同预测阶段,供应商和需求方需要进行两方面的预测:销售预测和订单预测。销售预测基于过去的销售数据生成,通常由需求方提出最初的销售预测报告,并将其传递给供应商以便共同商议。达成一致后,这份销售预测报告将成为制定订单预测的基础。订单预测需要充分考虑供应方的约束条件,如订单处理周期、前置时间、订单最小量、商品单元以及零售方长期形成的购买习惯等。这些约束条件需要在供应链双方之间进行协商解决。

在第三阶段,即协同补货阶段,供应商的供应承诺代表双方都认可了订单预测的结果,从而形成最终的订单。生成订单的指令根据双方事先达成的协议和权限,可能由供应商发出,并传递给需求方以便确认生效;也可能由需求方发出,并直接传递给供应商以便生效。

CPFR 的特点包括:

1. 企业协同

CPFR 的核心理念在于上下游企业的协同作业。只有建立共同目标,才能提高双方绩效并获得综合效益。这种新型合作关系要求企业长期承诺、公开沟通和信息分享,以确立协同的经营战略。CPFR 的实施必须基于信任和承诺,是买卖双方取得长期发展和优异绩效的重要途径。

2. 综合规划制定

为了实现共同目标,双方需协同制订促销计划、库存策略变化计划、产品导入和中止计划以及仓储分类计划。

3. 协同预测

CPFR 强调买卖双方必须共同制定最终的协同预测。比如,在服装行业,季节因素和趋势管理等信息对供应商和销售商都至关重要。共同预测能显著减少整个价值链的低效率和"死"库存,推动产品销售,节约整个供应链的资源。实现协同促销计划是提高预测精度的关键。CPFR 促进的协同预测也注重供应链双方共同参与预测反馈信息的处理,以及预测模型的制定和修正,特别是处理预测数据波动等问题。只有把数据集成、预测和处理的所有方面都考虑清楚,才有可能真正实现共同的目标,使协同预测落在实处。

4. 及时精准补货

销售预测需利用时间序列预测和需求规划系统转化为订单预测。供应链双方需协商解决供应方约束条件,如订单处理周期、前置时间、订单最小量、商品单元以及零售方长期形成的购买习惯等。协同运输计划也是补货的重要因素。此外,双方应定期协同审核存货百分比、预测精度、安全库存水准、订单实现比例、前置时间以及订单批准比例以应对例外状况,及时解决潜在分歧,如基本供应量、过度承诺等问题。

(五)敏捷制造

敏捷制造是美国国防部于 1991 年启动的一项研究计划,旨在指导 21 世纪制造业的发展。该计划汇聚了 100 多家公司的力量,其中包括通用汽车公司、波音公司、IBM、德州仪器公司等 15 家知名企业,以及来自国防部的 20 位代表,共同组成了核心研究团队。历时三年的研究于 1994 年推出了《21 世纪制造企业战略》报告。这份报告提出了一种新的生产方式,即敏捷制造(Agile Manufacturing,AM),兼顾国防部和工业界各自特殊利益的同时,也能够实现共同利益的最大化。

敏捷制造需要三大支柱资源:首先,具备创新精神的组织和管理结构;其次,先进的制造技术,其中信息技术和柔性智能技术占据主导地位;最后,拥有技术和知识的管理人员。这种制造方式将柔性生产技术、高技能或有知识的劳动力与促进企业内外合作的灵活管理紧密结合,通过共同建立的基础结构,快速响应市场需求和市场进程的变化。与其他制造方式相比,敏捷制造具备更为灵活和更加迅速的响应能力,这得益于其创新性的组织结构、先进的制造技术以及高水平的管理团队。敏捷制造的核心理念在于提升企业对市场变化的快速应对能力,以满足客户的需求。除了充分发挥内部资源,也积极借助外部企业和社会资源来有效组织生产。

AM 具备以下特点:

(1)产品生命周期全程以满足客户需求为导向,从产品开发一直延伸至产品退市阶段。

（2）采用多变、灵活的动态组织结构，以适应市场的不断变化和客户需求的多样性。

（3）长期经济效益是其着眼点，注重可持续性和长期成功。

（4）最大限度地调动、发挥人的作用。

（5）建立全新的标准化体系，实现技术、管理和人员的紧密融合，以提高整体效率。

第五节　电子商务供应链管理模式

虽然传统供应链中"推式""拉式"以及"推拉结合"等管理模式在电子商务供应链管理中仍有可取之处，但随着技术的飞速进步、理论的不断发展以及交易方式的日益多样化，电子商务供应链管理模式也正在经历新的变革。下面将着重介绍三种随着电子商务供应链出现而发展的管理模式，双渠道供应链管理、精益供应链管理以及智慧供应链管理。

一、双渠道供应链管理

双渠道供应链管理旨在有效管理和整合多个销售渠道，以充分满足客户需求。双渠道模式将销售渠道分为线上和线下两种方式，其中线上渠道指的是电子商务，而线下渠道则是实体零售店。相较于单一销售渠道，双渠道销售模式具备快速渗透市场、争取更大市场份额并提升企业竞争力的优势。在双渠道模式下，消费者能够以更低的成本获取产品信息，而且购买商品不再受限于时间和空间。在双渠道供应链管理模式中，制造商被视为供应链体系的核心，其他参与者则在制造商的影响下制定相关决策。上游供应商或制造商以及下游零售商都可以开设线上直销渠道，以便直接向客户销售产品。由于不同销售渠道的核心业务、优势和侧重点各异，因此它们所提供的服务质量和销售价格也有所不同。不同渠道通常会吸引不同的客户群体，但也存在客户群体在不同渠道之间的重叠。因此，双渠道供应链在一方面扩大了产品市场的覆盖范围，但另一方面也可能引发不同渠道之间的竞争和冲突。从消费者的角度来看，渠道选择反映了价值观念，这是受到内在驱动和外部条件引导的结果。消费者的渠道选择受多种因素的影响，包括他们自身的需求，制造商和零售商的策略以及各渠道的特征等。在为了持续保持竞争优势而考虑供应链管理策略时，高效管理双渠道供应链和提高供应链效率已经成为企业的主要关注点之一。

双渠道供应链管理的协调策略主要包括：

（一）发挥双渠道优势，减小渠道矛盾

虽然线上渠道如今已经高度发展并且被广泛应用，但是传统渠道依旧存在自身独特优势。传统渠道提供了与销售人员面对面交流的机会，消费者可咨询问题，亲身体验和触摸产品。此外，传统渠道还具备即时性的优势。当某些消费者有紧急需求时，他们期望当天即可获取商品，然而在线渠道目前难以满足这一需求。因此，制造商如果盲目地削减中间

商,而单纯采用网络渠道进行销售,看似降低了成本,但也有可能失去了利润,失去了对营销渠道的控制。供应商可以采用双渠道策略,将在线渠道与传统渠道相互协作,充分发挥各自的长处。制造商可以通过企业网站传达企业文化、产品促销信息和新品发布,从而提升传统经销商的销售量。传统经销商则可以更好地利用实体门店,以提供产品体验、配送、自提和售后服务。这种融合的双渠道策略将为消费者提供便利、高效和安全的购物体验。

（二）做好双渠道市场定位,实施差异化策略

差异化策略旨在使双渠道销售的产品在品种、品质和目标客户定位等方面呈现出尽可能大的差异。这可以体现在产品的销售策略上,例如在传统渠道销售正价新品,而在线渠道销售限量商品或折扣库存商品。此外,双渠道可以根据目标客户的不同特征来进行定位,如在线渠道可以面向年轻、高学历、经济发达地区的客户,而传统渠道可以瞄准非城市居民、较少使用网络的人群和物流不发达地区的客户。另外,传统经销商可以不断提高服务质量,提供高附加值的服务。通过实施差异化策略,可以有效解决潜在的冲突。

（三）供应链上下游应建立合理运行机制,构建有效利益分享体系

供应链作为一个共同的组织,强调供需之间的双赢。供应链中各成员在决策时应考虑整个供应链的利益,以确保决策不会对其他成员产生负面影响。为了实现供应链成员之间的协同运作,信息的不断交流和共享是至关重要的。这种协同运作可以确保各成员在保持合理利润的基础上提高竞争力和盈利能力,实现多赢局面。此外,在管理上下游渠道时,应该建立有效的利益分配机制,根据每个渠道成员在供应链中的贡献来分配和让渡利润。例如,制造商在在线渠道销售时可以通过价格折扣或销售激励来让渡一部分利益给传统经销商,以激励其提供相应的服务,促进供应链的整体利益。这有助于减少渠道冲突,提高整个供应链的竞争力。

（四）建立供应链战略联盟

供应链上下游企业可以建立供应链联盟以提高渠道忠诚度。通过联盟的建立,各分销渠道的多方形成利益共同体,共同承担风险,共享共同的发展目标。这不仅有助于加强渠道合作,使企业相互补充优势,共同占领新市场,还有助于提高各渠道成员的忠诚度,从而更容易解决潜在的利益冲突。同时,制造商可以通过协作、双赢和有效的沟通来加强对各分销渠道的管理,并为经销商和消费者提供更有价值的全方位服务,最终确保整体营销战略目标的实现。

二、精益供应链管理

精益供应链源自精益管理理念,其核心思想在于通过优化从产品设计一直到产品交付给客户整个流程,将合作伙伴整合在一起,减少不必要的步骤和资源浪费,从而实现最大限度地降低成本,同时又最大限度地满足客户需求。精益供应链管理是一系列计划、实施和

控制的过程,旨在消除一切浪费,尤其是库存浪费,以及利用最少的资源创造最多的价值,满足客户需求。精益供应链管理要求企业不仅仅从自身角度出发,而是要以客户的实际需求为出发点,从客户的角度来创造价值,并对供应链中的生产设计、产品制造、客户订单、物流配送等环节进行详尽分析。这有助于及时发现那些无法为客户提供增值的环节,从而消除浪费,持续改进,并不断追求卓越,以提升价值。此外,精益供应链管理强调不断改进和持续学习,以提高供应链的适应性和灵活性,从而更好地满足市场需求。

电子商务精益供应链管理的要点包括:

(一)减少浪费,控制成本

精益生产的核心原则是"消除一切浪费",要求核心企业积极寻找供应链中不必要、不产生价值的环节,从而减少包括延误、等待、数据冗余等资源浪费。浪费与成本紧密相连,过多的浪费会增加成本,与精益生产原则相违背。减少浪费可降低成本,因此企业都积极实施这一原则。

(二)建立高效准确的需求响应系统

精益生产要求根据客户订单实现按需生产,同时最小化库存。为实现这一目标,企业可以通过信息共享确保供应商能及时准确地接收订单需求并快速响应。为此,需求响应系统应能根据订单信息生成交货和补货需求,自动提醒工作人员关注订单变化。自动反馈的系统信息可保证信息准确性,提高工作人员响应效率,有效解决传统供应链中由于信息失真导致的生产过剩或不足的问题。

(三)采用行业标准化生产模式

标准化方法和原则对大规模定制生产非常有利,可以降低产品差异的复杂性,满足多元化订单需求,同时实现大规模生产。采用行业标准生产模式有助于建立上下游企业间的"标准语言",从而降低企业、供应商和客户之间的沟通成本,实现按需生产和物流配送。

(四)产品标准化,简化品种

产品标准化是精益供应链管理的基础,可以简化产品品种,缩短产品设计和安排生产计划的时间,提高生产效率。此外,产品标准化还可促进产品和服务在整个供应链中的流动,有助于上下游企业之间的产品信息共享。

(五)标准化供应链流程

流程标准化有助于员工培训,降低不合格产品产出的风险。要实现供应链流程的标准化,首先需要确定最佳流程,然后将其标准化和书面化,以降低供应链管理的复杂性,提高流程的价值流。

(六)建立精益管理部门

精益供应链管理涉及整个供应链上下游的企业,因此要求关联企业在核心企业内部建立精益管理部门。这一部门的成员应该来自供应链的核心环节,如采购、财务、技术和客户服务。精益管理部门的成员之间需要密切合作,共同分析供应链流程的合理性,是否有优化的空间,并提出解决方案。

(七)提高员工的精益管理意识

实施精益供应链管理需要全体员工执行与配合,但由于其优化了业务流程,某些岗位可能需要减少人员,导致部分员工的利益受损,使他们不愿意接受新模式的变革。因此,企业需要明确发展规划,普及精益供应链管理知识,提高员工的精益管理意识,确保有效实施精益供应链管理。

三、智慧供应链管理

智慧供应链管理是一种源于智慧供应链理念和技术的供应链管理模式。它融合了物联网技术和现代供应链管理的理论、方法与技术,构建于企业内部以及企业之间,旨在创造一套集成了智能化、网络化和自动化的供应链技术与管理系统。在企业管理流程中,供应链管理扮演着极为关键的角色。传统的供应链管理主要依赖人工,但随着企业规模的扩大,许多供应链已经具备了信息化、数字化、网络化、集成化、智能化、柔性化、敏捷化、可视化和自动化等先进技术特征。基于这些特征,智慧供应链管理将技术和管理有机融合,成为更为先进的管理模式。当下,建设智慧供应链管理系统至关重要,因为它能够实现仓库管理、设备利用、国内和国际物流与供应链的高效整合,从而提升企业的核心竞争力。

智慧供应链管理系统自上而下可分为三个部分,分别是智慧化平台、数字化运营和自动化作业。智慧供应链管理系统通过智慧化平台进行计算、决策和思考,通过数字化运营确定供应量、合理价格、库存水平、存放位置和客户喜好等,实现精确的预测,从而引导企业的经营和自动化仓储、运输等作业。引入智慧供应链管理为企业带来了柔性生产、全程可视化、各环节互动与互联、供应链整合和全程供应链警示等全新变革。

智慧供应链与传统供应链相比,具备以下特点:

(一)更强的技术渗透性

智慧供应链在技术应用方面表现出比传统供应链更强的渗透性。在智慧供应链的框架下,供应链管理和运营者会主动地系统化地吸纳各种现代技术,如物联网、移动互联网和人工智能等,并主动地调整管理流程以适应新技术带来的变革。

(二)可视化和移动化

相对于传统供应链,智慧供应链更注重可视化和移动化。它更倾向于采用可视化的方式展现数据,并使用移动化工具来访问这些数据。

(三)人机协同

智慧供应链相较于传统供应链更人性化。在积极吸收先进技术的同时,智慧供应链更加注重人机系统的协同作用,以实现更人性化的技术和管理体系。

 **复习思考题**

1. 供应链中的信息流有哪些特点?

2. 供应链管理中应用了哪些信息技术,分别应用在哪些环节?

3. 分析 RFID 在供应链中的应用特点。

4. 供应链管理未来的发展还可以和哪些信息技术相结合?

5. 简述电子商务的概念、特点及优势。

6. 电子商务供应链与传统供应链的区别有哪些?

7. 有效客户响应指什么,其特点有哪些?

8. 思考电子商务供应链管理模式未来可能的发展方向。

 即测即评

请扫描右侧二维码,进行即测即评。

第八章 供应链管理发展趋势

❖ **本章导读**

在供应链管理领域,绿色供应链管理和智慧供应链管理正日益凸显其战略价值。绿色供应链管理旨在实现环境可持续发展和资源有效利用,而智慧供应链管理已成为企业提高效率、降低成本、提升服务质量的重要手段。本章深入探讨绿色供应链管理的关键概念和实践,以及智能化仓储管理、运输管理、供应商管理等。通过本章的学习,读者将全面了解绿色供应链管理的基础知识和前沿发展,以及智慧供应链管理对企业的重要性和前沿发展,为未来的实践和研究奠定坚实基础。

❖ **本章关键术语**

绿色供应链管理;环境可持续发展;碳中和;循环经济;智慧供应链管理;物联网技术;智能化仓储管理;智能化运输管理

第一节 绿色供应链管理

一、绿色供应链管理概述

(一)绿色供应链管理的定义

绿色供应链管理是指在供应链管理活动中,综合考虑环境可持续性、社会责任和经济效益的管理理念和实践。其核心目标是通过优化供应链的设计、运作和控制,减少消耗、降低环境污染、提高资源利用效率,从而实现环境保护和经济效益的双赢。绿色供应链管理涉及从原材料采购、生产制造、物流运输到产品销售和售后服务等环节,旨在推动企业向更加可持续和环保的方向发展。

(二)绿色供应链管理的重要性和意义

绿色供应链管理不仅有利于企业实现可持续发展,还有助于保护环境、节约成本、提升品牌价值、遵守法规和提高供应链效率。因此,企业应当重视绿色供应链管理,将其纳入企业战略规划和运营管理中,从而实现经济效益、社会效益和环境效益的统一。

绿色供应链管理的重要性和意义体现在以下几个方面：

1. 环境保护

通过绿色供应链管理，企业可以减少资源消耗、降低能源消耗、减少废物排放，从而降低对环境的负面影响，保护生态环境，推动可持续发展。

2. 节约成本

优化供应链设计和运作，减少能源消耗和废物排放，可以降低企业的运营成本，提高资源利用效率，提升企业的竞争力。

3. 提升品牌价值

实施绿色供应链管理可以提升企业的品牌形象和声誉，符合消费者对环保和社会责任的期待，提升消费者对企业的信任度。

4. 遵守法规要求

越来越多的国家和地区出台了环境保护和碳排放限制的法规和政策，通过实施绿色供应链管理，企业可以遵守相关法规，降低环境风险。

5. 提高供应链效率

优化供应链设计和管理，减少资源浪费和环境污染，可以提高供应链的运作效率和灵活性，降低供应链风险。

（三）绿色供应链管理的发展历程

绿色供应链管理的发展历程可以概括为以下 4 个阶段：

1. 初级阶段

20 世纪 80 年代初至 20 世纪 80 年代末，环境保护意识开始兴起，企业开始关注环境保护和可持续发展。在这一阶段，企业主要关注内部环保和资源利用效率，开始逐渐意识到供应链中的环境问题。

2. 推广阶段

20 世纪 90 年代至 20 世纪 90 年代末，随着全球化和供应链管理的发展，企业逐渐意识到供应链中的环境和社会责任问题与企业的可持续发展密切相关。绿色供应链管理开始得到更多企业的关注和推广。

3. 成熟阶段

21 世纪初至 2010 年，随着环境问题日益凸显和社会对可持续发展的呼吁，绿色供应链管理逐渐成为企业管理的重要组成部分。企业开始积极实施绿色采购、绿色设计、碳中和等绿色供应链管理实践。

4. 创新阶段

2011 年至今，随着科技的进步和消费者对环保产品的需求增加，绿色供应链管理正不断创新和发展。企业开始探索更加智能化、数字化的绿色供应链管理方法，如利用大数据分析优化供应链、应用物联网技术实现环保监测等。在未来,绿色供应链管理将继续发展,越来越多的企业将把环保和可持续发展纳入供应链管理的核心理念中,通过创新和合作,共同推动绿色供应链管理向更加智能、高效、可持续的方向发展。

二、绿色供应链管理的关键概念

(一)环境可持续发展

环境可持续发展是指在满足当前需求的同时,保护和维护环境资源,以确保未来世代的需求也能得到满足。在绿色供应链管理中,环境可持续发展是一个非常关键的概念。通过采取可持续的生产和运输方式,减少对环境的负面影响,从而实现绿色供应链的目标。

环境可持续发展还涉及资源的有效利用和循环利用,减少废弃物和排放物的产生,以减少对环境的污染。通过优化供应链的各个环节,包括原材料采购、生产加工、运输和物流等,可以降低能源消耗和碳排放,推动绿色供应链的发展。

随着社会经济发展,环境问题越来越受到人们的重视,消费者也更加关注企业的环保和社会责任。因此,实施环境可持续发展的绿色供应链管理不仅有助于降低企业的生产成本和风险,还可以提升企业的形象和竞争力,满足消费者对于环保产品和服务的需求。因此,环境可持续发展是绿色供应链管理中不可或缺的关键概念。

(二)碳中和

碳中和是指通过减少、补偿碳排放量,达到净零碳排放的目标。在绿色供应链管理中,碳中和是一个关键概念。企业通过评估其在生产、运输等环节产生的碳排放量,采取措施减少碳排放,如提高能源效率、采用清洁能源等,同时也可以通过购买碳排放配额、支持碳汇项目等方式进行碳中和,以实现净零碳排放的目标。

随着全球对气候变化和环境问题的关注度不断提高,碳中和作为绿色供应链管理的重要策略之一,已经成为许多企业实现可持续发展目标的重要手段。因此,碳中和在绿色供应链管理中扮演着关键的角色,对企业的可持续发展和社会责任具有重要意义。

(三)循环经济

循环经济是指通过有效利用资源、减少废物和污染,实现资源的循环利用和再生利用,从而降低对自然资源的依赖,减少环境压力,促进经济可持续发展的模式。在绿色供应链管理中,循环经济是一个关键概念。

循环经济强调将产品生命周期内的各个环节连接起来,实现资源的最大化利用,并尽可能地减少废物的产生。通过设计、生产、销售、使用和回收的循环过程,可以实现资源的闭环循环利用,减少资源浪费,降低对自然资源的开采和消耗,同时也减少对环境造成的负面影响。

在绿色供应链管理中,循环经济可以通过优化供应链的各个环节,推动产品设计的可持续性,提倡产品的再循环利用和再制造,促进废物的资源化利用等方式来实现。通过循环利用资源和减少废物排放,企业可以降低成本、提高效率,减少环境污染,促进可持续发展。

因此,循环经济作为绿色供应链管理的关键概念之一,在推动企业可持续发展、减少环境影响、提升竞争力等方面具有重要作用。企业在实施绿色供应链管理时,应该积极倡导循环经济理念,促进资源的循环利用和再生利用,推动经济的绿色转型和可持续发展。

（四）绿色采购

绿色采购是指企业在采购产品和服务时考虑环保因素、社会责任和可持续性,以降低对环境的影响,并推动供应链中产品和服务的绿色化。在绿色供应链管理中,绿色采购是一个关键概念。

通过绿色采购,企业可以选择符合环保标准、具有环保认证、生产过程环保的产品和服务,从而降低企业整体的环境足迹和碳排放。绿色采购还可以促进供应商改进生产流程,推动整个供应链向更加环保和可持续的方向发展。

绿色采购不仅可以降低企业的环境风险,提升企业的环保形象,还可以满足消费者对环保产品和服务的需求,获得竞争优势。此外,通过引入绿色采购政策,企业可以激励供应商改善环保表现,推动整个产业链的绿色转型。

在绿色供应链管理中,绿色采购是实现可持续供应链的重要策略之一。通过引入绿色采购理念,企业可以促进资源的可持续利用,减少对环境的负面影响,提高资源利用效率,实现经济效益和环保效益的双赢。因此,绿色采购在绿色供应链管理中扮演着关键的角色,对企业的可持续发展和社会责任具有重要意义。

（五）绿色设计

绿色设计是指在产品设计和开发阶段考虑环保因素、可持续性和资源利用效率,以减少产品对环境的影响,提高产品的环保性能和可持续性。在绿色供应链管理中,绿色设计是一个关键概念。

通过绿色设计,企业可以在产品设计阶段就考虑产品的环保特性,选择环保材料、降低能源消耗、减少废物和污染物排放等措施,从而降低产品整个生命周期的环境影响。绿色设计还可以促进产品的再循环利用和再制造,延长产品的使用寿命,减少资源浪费和环境负担。

绿色设计不仅可以降低产品的环境足迹,提升产品的市场竞争力,还可以满足消费者对环保产品的需求,提高客户满意度。通过引入绿色设计理念,企业不仅可以节约成本,提高效率,还可以提升企业的形象和品牌价值。

在绿色供应链管理中,绿色设计是实现可持续供应链的重要策略之一。通过引入绿色设计概念,企业可以促进产品的环保性能和可持续性,推动整个供应链向绿色化方向发展,实现资源的最大化利用和循环利用。因此,绿色设计在绿色供应链管理中扮演着关键的角色,对企业的可持续发展和环保目标的实现具有重要意义。

三、绿色供应链管理的实践

绿色供应链管理的实践包括但不限于以下方面:

1. 绿色采购

选择符合环保标准和社会责任的供应商和产品,促进绿色供应链的建设。

2. 绿色设计

在产品设计阶段考虑环保因素,优化产品生命周期,减少对环境的影响。

3. 绿色物流与运输

优化运输路线、缩短运输里程,采用低碳交通工具和节能设备,减少运输过程的碳排放。

4. 绿色包装与物料管理

选择可循环利用的包装材料,减少包装废弃物产生,推动循环经济发展。

5. 碳中和和碳足迹管理

通过减少温室气体排放和实施碳排放抵消措施,实现碳中和和监测产品生命周期的碳足迹。

(一)绿色供应商选择与评估

在绿色供应链管理的实践中,绿色供应商选择与评估是非常重要的环节。通过选择和评估绿色供应商,企业可以确保整个供应链体系符合环保标准,从而实现可持续发展的目标。

1. 绿色供应商选择

企业在选择绿色供应商时,需要考虑供应商的环保意识、环保管理体系、环保技术和产品环保性等方面的内容。一般来说,绿色供应商应该具备以下特点:

(1)具有环保意识和承诺,愿意与企业共同推动绿色供应链管理;

(2)拥有完善的环保管理体系,包括环境政策、环境目标和环保措施等;

(3)提供环保技术和产品,符合环保标准和法规要求;

(4)可以提供环保数据和报告,对环境绩效进行定量评估。

2. 绿色供应商评估

一旦选择了绿色供应商,企业需要对其进行定期评估,以确保其环保绩效和承诺得到落实。评估绿色供应商可以采用以下步骤和方法:

(1)制定评估标准和指标。企业可以根据自身的环保要求和目标,制定绿色供应商评估的标准和指标,包括环保政策执行、环保技术应用、环保性能等方面。

(2)进行现场考察和审核。定期对绿色供应商进行现场考察和审核,了解其环保管理情况和环保实践,确保其符合企业的环保标准。

（3）收集环保数据和报告。要求绿色供应商提供环保数据和报告，对其环保绩效进行定量评估，以确保其环保承诺得到实现。

（二）绿色物流与运输

绿色物流与运输是绿色供应链管理中至关重要的一环。在实践中，绿色物流与运输旨在通过优化运输路线、减少能源消耗和污染排放等方式，降低对环境的影响，提高资源利用效率。

首先，绿色物流与运输可以通过优化运输路线来减少运输中的能源消耗和二氧化碳排放。采用智能物流系统，结合实时交通信息和数据分析，可以帮助企业选择最优的运输路径和运输方式，减少空驶里程和货车堵塞，提高运输效率，降低碳排放。

其次，绿色物流与运输还可以通过推广清洁能源交通工具和使用低排放的燃料来减少运输过程中的环境负荷。例如，采用电动车辆、氢燃料电池车辆等清洁能源交通工具，可以减少尾气排放和噪声污染，提高运输的环保性。

最后，绿色物流与运输还可以通过提高运输包装的可持续性和循环利用率，减少废弃物包装对环境的影响。采用可降解的包装材料、推广包装再利用和回收等方式，可以减少资源浪费，降低环境污染。

（三）绿色包装与物料管理

绿色包装与物料管理也是绿色供应链管理中非常重要的一环。在实践中，绿色包装与物料管理旨在通过使用环保材料、优化包装设计和提倡包装再利用等方式，减少包装废弃物对生态环境的影响，提高资源利用效率。

首先，绿色包装与物料管理可以通过选择环保材料来减少包装对环境的负面影响。采用可降解、可回收利用或再生材料的包装，可以减少对资源的消耗和环境的污染。此外，还可以选择轻量化的包装材料，减少运输过程中的能源消耗和碳排放。

其次，绿色包装与物料管理还可以通过优化包装设计来减少包装废弃物的产生。采用可折叠、可堆叠或可重复使用的包装设计，可以减少包装废弃物的数量，降低对环境的负面影响。同时，优化包装设计还可以提高包装使用效率，减少材料的浪费。

最后，绿色包装与物料管理还包括包装再利用和回收的措施。推广包装再利用和回收可以延长包装材料的使用寿命，减少资源的消耗，降低废弃物的排放。同时，建立完善的包装回收系统，提高包装材料的再生利用率，实现循环经济的目标。

（四）废弃物管理与循环利用

废弃物管理与循环利用是绿色供应链管理中一个关键的环节。在实践中，废弃物管理与循环利用旨在最大限度地减少废弃物的产生，并促进废弃物的再利用和再循环利用，以实现资源的有效利用和环境的可持续发展。

首先，废弃物管理与循环利用可以通过采用清洁生产技术和生产工艺来减少废弃物的产生。企业可以优化生产过程，减少生产废水、废气和固体废弃物的排放，降低对环境的污染。

同时,采用循环利用的技术,将废弃物再生产为原材料或能源,实现废弃物资源化利用。

其次,废弃物管理与循环利用还包括建立有效的废弃物分类、处理和回收系统。企业可以采用自动化、智能化的废弃物分类设备,将废弃物按照不同的类别进行分类处理,提高废弃物的再利用率。同时,建立废弃物回收网络,将废弃物送往专门的再生加工厂进行处理,实现废弃物的再循环利用。

最后,废弃物管理与循环利用还需要加强企业间的合作和信息共享。建立废弃物共享平台,促进企业间的废弃物资源共享与交换,可以实现资源的最大化利用,降低废弃物处理成本,提高经济效益。

四、绿色供应链管理的挑战与解决方案

（一）绿色供应链管理面临的挑战

1. 复杂的供应链结构

现代供应链通常涉及多个环节和参与方,包括原材料供应商、生产商、分销商和零售商等。管理这些复杂的供应链结构需要协调各方之间的合作和沟通,确保绿色原则在整个供应链中得到贯彻。

2. 成本压力

实施绿色供应链管理通常需要投入额外的成本,包括改进生产工艺、采用清洁技术、建立废弃物处理系统等。这些额外成本会增加企业的运营成本,对企业的经济利益造成一定程度的影响。

3. 技术和信息不对称

在绿色供应链管理中,各个环节之间的技术和信息不对称问题可能会给企业带来信息交流不畅、合作困难等挑战。缺乏统一的信息平台和标准化的技术规范,会影响绿色供应链管理的有效实施。

4. 法律法规的限制

不同国家和地区对环保和可持续发展的法律法规要求不同,企业在跨国经营时需要同时面对多种不同的法规要求。遵守各国法规,实施绿色供应链管理需要企业投入更多的时间和精力。

5. 意识和文化障碍

绿色供应链管理需要参与方的共同合作和意识提升。但是,一些企业和供应商对绿色理念认识不足,缺乏绿色意识和文化,这成为实施绿色供应链管理的障碍。

（二）如何克服绿色供应链管理的障碍

1. 建立合作伙伴关系

与供应链中的各个环节建立紧密的合作伙伴关系,共同制定并执行绿色供应链管理策

略。建立长期稳定的合作关系可以促进信息共享、技术协作和资源整合,有利于推动绿色供应链管理的实施。

2. 投资于绿色技术和创新

积极投资于绿色技术和创新,提升生产工艺和产品设计的环保水平。引入清洁生产技术、绿色包装材料和可再生能源等,可以有效减少对环境的污染,提高资源利用效率,同时也为企业带来了长期的竞争优势。

3. 建立监测和评估机制

建立全面的监测和评估机制,对供应链中的环境绩效和可持续性进行定期评估。通过数据分析和绩效评估,可以识别问题、发现改进空间,及时调整和优化绿色供应链管理措施。

4. 培训和意识提升

开展员工培训和意识提升活动,提高员工对绿色供应链管理的认识和参与度。建立绿色文化和价值观,推动员工积极参与环保行动,促进企业内部绿色意识的普及和提升。

5. 遵守法律法规

积极了解和遵守国家和地区的环保法规和标准,确保企业在跨国经营中符合相关法规要求。建立合规体系和风险管理机制,避免因法律法规问题而给企业带来不必要的损失。

通过以上策略和措施的综合应用,企业可以有效克服绿色供应链管理的障碍,推动绿色供应链管理的顺利实施,实现可持续发展的目标。

五、绿色供应链未来发展趋势与展望

(一)绿色供应链管理的发展趋势

1. 可持续性和环保意识提升

随着环境问题日益凸显,人们关于可持续性和环保的意识也在不断提升。企业将更加重视绿色供应链管理,积极采取环保措施,以满足消费者对环保产品和服务的需求。

2. 技术创新和数字化转型

随着科技的不断发展,数字化技术在供应链管理中的应用越来越广泛。企业可借助物联网、大数据分析、人工智能等技术,优化供应链运作,提高资源利用效率,推动绿色供应链管理的发展。

3. 合作伙伴关系强化

企业将更加注重建立稳固的合作伙伴关系,与供应链中的各个环节开展深度合作。共同制定绿色供应链管理策略,共同承担环保责任,实现资源共享和风险共担,推动整个供应链向可持续发展的方向迈进。

4. 绿色供应链认证和标准化

为了规范和推动绿色供应链管理的实施,各国和国际组织正逐步建立绿色供应链认证和标准化体系。企业可以通过获得绿色供应链认证来提升其自身形象和竞争力,同时也能促进整个产业链的绿色转型。

5. 循环经济和资源回收利用

循环经济理念将逐渐深入人心,企业将更加注重资源的回收利用和再生利用。通过优化产品设计、推广循环包装、建立废弃物回收系统等措施,实现资源循环利用,降低环境污染,促进绿色供应链管理的可持续发展。

(二)绿色供应链管理的前沿技术与理念

1. 区块链技术

区块链技术可以实现信息的去中心化、不可篡改和透明化,有助于提升供应链数据的安全性和可追溯性。未来绿色供应链管理可以借助区块链技术实现供应链数据的实时监测和溯源,确保环保标准的执行和产品的可追溯性。

2. 物联网技术

物联网技术可以实现物品之间的互联互通,提高供应链的可视化和智能化水平。未来绿色供应链管理可以通过物联网技术实现对环境数据、能源消耗和废弃物排放等信息的实时监测,帮助企业精准控制环境影响和资源利用。

3. 人工智能和大数据分析

人工智能和大数据分析可以帮助企业从海量数据中提取有用信息,优化供应链决策和运作。未来绿色供应链管理可以借助人工智能和大数据分析技术,实现供应链碳排放的减少、能源消耗的优化和环保成本的降低。

4. 循环经济理念

未来绿色供应链管理将更加注重循环经济理念的引入,促进资源的循环利用和再生利用。通过推动产品设计的可持续性、建立废弃物回收系统和推广循环包装等举措,实现供应链的资源闭环,降低资源消耗和环境污染。

5. 生态共建共享

未来绿色供应链管理将强调生态共建共享的理念,鼓励企业间共享环保资源和技术,并共同应对生态环境风险挑战。企业可以通过建立共建共享平台,促进环保信息的共享、技术的交流和资源的共享,推动全球绿色供应链管理的发展。

(三)绿色供应链管理对企业的影响和意义

1. 提升企业竞争力

通过实施绿色供应链管理,企业可以降低成本、提高效率和品牌形象,赢得消费者和投资者的青睐,从而提升企业的市场竞争力。

2. 降低风险

绿色供应链管理有助于降低环境和社会风险,防范环境污染、法律诉讼等问题,为企业避免潜在的经营风险。

3. 提高资源利用效率

绿色供应链管理可以帮助企业优化资源利用,减少能源消耗和废物排放,提高生产效率,降低生产成本。

4. 推动企业可持续发展

绿色供应链管理有助于企业实现经济、环保和社会效益的协同发展,推动企业朝着可持续发展的方向迈进。

(四)绿色供应链管理对社会的影响和意义

1. 促进环境保护

绿色供应链管理有助于减少环境污染和资源浪费,保护生态环境,改善人类居住环境,促进可持续发展。

2. 促进社会责任

企业实施绿色供应链管理,意味着承担起社会责任,关注员工福祉、社会公益和环境保护,推动社会的可持续发展。

3. 增加就业机会

绿色供应链管理的推广和实施,需要大量环保技术人才和从业人员,有助于促进就业机会的增加,推动经济和社会的发展。

4. 塑造绿色消费观念

绿色供应链管理有助于塑造绿色消费观念,引导消费者选择环保产品和服务,促进消费行为向着更加环保和可持续的方向转变。

第二节 智慧供应链管理

一、智慧供应链管理概述

(一)智慧供应链的定义与特点

"智慧供应链"这一概念最早是在 2009 年上海市信息化与工业化融合会议上提出的,指通过有机结合日益成熟的物联网技术与现代供应链管理的理论、方法和技术,在企业内部以及企业之间构建的智能化、数字化、自动化、网络化的技术与管理综合集成系统。

智慧供应链的特点如下:

1. 数据驱动

智慧供应链以数据为基础,通过采集、分析和应用大数据,实现对供应链各环节的全面监控和优化,提高决策的精准性和效率。

2. 实时性和可视化

智慧供应链具备实时监控和可视化管理的能力,使供应链运作状态一目了然,管理者可以及时发现问题、做出调整,提高响应速度。

3. 智能化协同

智慧供应链通过智能算法和模型,实现供应链各环节的智能协同,优化资源配置、降低成本,并提高整体利用效率。

4. 灵活性和适应性

智慧供应链具备灵活性和适应性,能够根据市场变化、需求波动和供应链风险做出及时调整和优化,确保供应链的稳定运作。

5. 可持续发展

智慧供应链注重资源的可持续利用和环境保护,通过优化供应链设计和运作,减少资源浪费,提高能源利用效率,实现可持续发展的目标。

(二)智慧供应链管理的定义与特点

智慧供应链管理是指利用先进的信息技术和数字化手段,对供应链各个环节进行优化和整合,实现信息共享、高效协同、智能决策和数字化管理的一种供应链管理模式。其特点包括:

1. 数据驱动

智慧供应链管理以数据为基础,通过大数据分析、人工智能等技术实现对供应链数据的收集、分析和利用,从而做出更科学、更精准的决策。

2. 信息共享

智慧供应链管理通过信息技术实现供应链各参与方之间的信息共享,促进信息流通和协同作业,提高供应链整体效率。

3. 智能化决策

基于人工智能和机器学习技术,通过智能算法和模型,对供应链数据进行分析和预测,智慧供应链管理可以实现智能化的预测、规划和优化,提供更精准的决策支持,提高供应链运作效率和降低成本。

4. 供应链协同

智慧供应链管理强调供应链各环节的协同合作,通过信息共享和流程优化实现整个供应链的高效运作。

5. 高度可配置性

智慧供应链管理系统通常具有高度可配置性,可以根据企业的具体需求和特点进行定制化设置,满足不同行业和企业的需求。

二、智慧供应链管理中的技术

（一）物联网技术

1. 实时监测和追踪

物联网技术可以通过传感器和标签实时监测货物的位置、温度、湿度等信息，实现对供应链物流过程的精准追踪和监控。

2. 库存管理优化

利用物联网技术可以实现对库存水平、货物存放条件等信息的实时监测，帮助企业优化库存管理、减少库存积压和缺货现象。

3. 预测性维护

物联网技术可以实时监测设备和运输工具的状态，通过数据分析和预测算法提前发现潜在的故障，实现设备的预测性维护，大幅减少维修成本和停机损失。

4. 自动化物流操作

物联网技术结合自动化设备和机器人技术，可以实现供应链物流操作的自动化和智能化，提高作业效率和准确性。

5. 数据分析与决策支持

物联网技术采集的大量数据可以通过大数据分析和人工智能技术进行处理，为企业提供更准确的数据分析和决策支持，帮助优化供应链管理策略。

（二）大数据技术

1. 预测需求

通过对大量历史销售数据和市场趋势进行分析，大数据技术可以帮助企业预测产品需求量，从而优化库存管理和生产计划，减少库存积压和降低缺货风险。

2. 供应链优化

大数据技术可以帮助企业实时监控供应链各环节的运作情况，发现瓶颈和问题，并通过优化供应链设计、流程和资源配置实现供应链的高效运作。

3. 供应商管理

通过对供应商绩效数据和交易记录进行分析，大数据技术可以帮助企业评估供应商的表现，选择最优质的供应商合作伙伴，并优化供应商管理策略。

4. 成本控制

大数据分析可以帮助企业识别成本的主要来源和变化趋势，发现成本节约的潜在机会，并通过优化采购策略、运输路线等方式降低供应链成本。

5. 风险管理

大数据技术可以帮助企业识别和评估供应链中的风险因素，如供应商倒闭、自然灾害等，从而制定相应的风险管理策略，降低供应链风险。

（三）人工智能技术

1. 预测性分析

人工智能可以通过大数据分析和机器学习算法对历史数据进行深入挖掘,从而实现对市场需求和供应链活动的精准预测,帮助企业优化库存管理和生产计划。

2. 智能物流规划

人工智能可以结合实时数据和智能算法,实现对物流运输路线、货物装载和配送计划的优化,提高物流效率和降低运输成本。

3. 智能仓储管理

人工智能可以通过视觉识别技术、机器人和自动化设备实现对仓库内货物的智能管理和自动化作业,提高仓储效率和准确性。

4. 风险预警和管理

人工智能可以通过对供应链数据的实时监测和分析,发现潜在的风险因素并进行预警,帮助企业规避风险,保障供应链的稳定运作。

5. 智能决策支持

人工智能可以通过数据挖掘和模拟仿真技术为企业提供智能决策支持,帮助管理者制定最优的供应链管理策略和方案。

三、智慧供应链管理的关键问题

（一）智能化仓储管理

1. 自动化技术应用

智能化仓储管理将自动化技术应用于仓库操作中,如自动导航 AGV（自动引导车）、机器人拣选系统、智能分拣系统等,实现仓库内物流流程的自动化和智能化。

2. 物联网技术整合

通过物联网技术整合仓库内各种设备和物品,实现设备之间的互联互通和数据共享,提高仓库操作的实时性和准确性。

3. 数据分析和预测

利用大数据技术和人工智能技术对仓库内的数据进行分析和预测,帮助企业实现对库存、订单和运输需求的准确预测,提高仓库库存管理的效率和准确性。

4. 智能化仓库布局设计

通过智能算法和模拟仿真技术对仓库布局进行优化设计,实现货物存放位置的智能规划和最优化,提高仓库内货物的存取效率。

5. 实时监控和管理

通过物联网技术和大数据分析实现对仓库操作的实时监控和管理,帮助管理者及时发现问题并采取相应措施,提高仓库运作的效率和可靠性。

（二）智能化运输管理

1. 智能路线规划

利用人工智能技术和大数据技术，对运输路线进行智能规划，考虑交通状况、货物特性、客户需求等因素，实现最优化的运输路线选择，提高运输效率和降低成本。

2. 实时运输监控

通过物联网技术和传感器等设备实现对运输车辆、货物和司机的实时监控，提供运输过程中的实时数据和信息，帮助企业及时调整运输计划和解决问题，保障运输安全和准时性。

3. 智能调度和配载

利用智能算法和优化模型对运输车辆的调度和货物的配载进行智能化管理，实现运力的最优利用和运输效率的提升，降低配送成本和缩短交货周期。

4. 车队管理和维护

通过智能化系统对车队的管理和维护进行优化，包括车辆状态监测、维修保养预警、油耗管理等方面，提高车辆的利用率和运行效率，降低运输成本和提高服务质量。

5. 数据分析和决策支持

利用大数据技术和人工智能技术对运输数据进行分析和挖掘，为企业提供决策支持和优化建议，帮助企业制定更科学的运输策略和计划，提高运输管理的智能化水平。

（三）智能化供应商管理

1. 供应商选择与评估

利用大数据技术和人工智能技术对供应商进行全面评估和选择，考虑供应商的信誉、质量、交货准时性、价格等因素，实现智能化的供应商选择，以确保合作伙伴的质量和稳定性。

2. 供应链可视化与透明化

通过信息技术建立供应链的可视化平台，实现对供应商的信息共享和透明化管理，帮助企业实时了解供应链各环节的情况，提高供应链的灵活性和反应速度。

3. 风险管理与应对

利用大数据技术对供应商的风险进行监测和预警，帮助企业及时发现潜在的风险，并制定相应的风险管理策略和措施，保障供应链的稳定运行。

4. 合作伙伴关系管理

通过智能化系统对供应商的合作绩效进行评估和管理，建立长期稳定的合作伙伴关系，促进供应链的合作共赢和持续发展。

5. 数据驱动决策

利用供应链数据分析和智能算法，为企业提供数据驱动的决策支持，帮助企业优化供应商管理策略和流程，提高管理效率和决策准确性。

四、智慧供应链管理的优势与挑战

（一）优势

智慧供应链管理的优势在于其能够提高效率、降低成本并提升服务质量，具体表现如下：

1. 提高效率

智慧供应链管理借助先进的技术和系统，实现供应链各环节的信息共享、协同和优化。通过智能化的运输规划、库存管理、订单处理等手段，可以实现供应链的快速响应、高效协调，缩短交货周期，提高生产和供应效率，从而提升企业整体运营效率。

2. 降低成本

智慧供应链管理通过优化供应链各环节的流程和资源配置，降低物流、库存、运输等方面的成本。智能化的运输规划可以降低空载率，减少运输成本；智能化的库存管理可以减少库存积压和降低库存成本；智能化的订单处理可以减少人力成本和提高订单处理效率，从而综合降低企业的运营成本。

3. 提升服务质量

智慧供应链管理能够提升服务的准时性、可靠性和个性化水平。通过实时监控和数据分析，企业可以更好地了解市场需求和客户反馈，及时调整供应链策略和服务方案，提高交货准时率和准确率，提升客户满意度。智能化的供应商管理和合作伙伴关系管理也能够帮助企业建立稳定的供应链体系，提升整体服务质量。

（二）挑战

智慧供应链管理在实践中面临着一些挑战，主要包括数据安全、系统集成和人才培养等方面：

1. 数据安全

智慧供应链管理依赖于大量的数据和信息交换，数据泄露、篡改或丢失等安全问题可能会对供应链运作造成严重影响。因此，确保数据的安全性和隐私保护是企业需面临的一个关键挑战。企业需要建立完善的数据安全管理机制，包括加密技术、权限控制、数据备份等措施，以保障供应链数据的安全性和可靠性。

2. 系统集成

智慧供应链管理涉及多个系统和平台之间的集成和协同工作，而不同系统之间的兼容性和统一性可能会成为系统集成的挑战。企业需要投入大量资源和精力来实现不同系统之间的无缝连接和信息共享，以确保供应链各环节之间的协同运作。

3. 人才培养

智慧供应链管理需要具备跨领域的专业知识和技能，例如供应链管理、信息技术、数据分析等。因此,企业需要培养具有综合素质和跨学科背景的人才来应对智慧供应链管理的挑战。人才的培养和引进成为企业实施智慧供应链管理的关键因素。

 **复习思考题**

1. 什么是智慧供应链管理,它如何改变传统供应链管理的方式?

2. 请解释物联网在智慧供应链管理中的作用,举例说明物联网如何提升供应链的可见性和效率。

3. 人工智能(AI)在智慧供应链管理中扮演着什么样的角色? 列举至少两种 AI 技术在供应链管理中的应用。

4. 为什么区块链技术在智慧供应链管理中备受关注? 请解释区块链如何提高供应链的透明度和信任度。

5. 智慧供应链管理如何帮助企业实现更快速的决策和响应能力? 举例说明智慧供应链管理如何优化供应链运作流程。

6. 企业应该如何选择合适的智慧供应链管理技术? 列举至少三个选择技术的关键因素。

 即测即评

请扫描右侧二维码,进行即测即评。

第九章 供应链金融

❖ **本章导读**

　　近年来,随着全球商业环境的发展与企业竞争格局的演变,供应链管理领域迎来了一次重要的战略转向——供应链金融的兴起。它标志着对资金流效率的重视达到了前所未有的高度,成为企业提升市场竞争力的关键环节。本章旨在为读者提供全面且深入的供应链金融知识体系,涵盖其理论基础、实践模式及未来趋势。本章首先探讨供应链金融的诞生背景,分析其在当前经济体系中的地位与作用;随后,详细解析供应链金融的核心概念,包括其定义、特点与价值;接着,深入介绍供应链金融的业务实践,展示其在供应链管理中的具体应用与操作模式;最后,展望供应链金融的发展趋势,探讨其在数字化、全球化背景下的未来走向。通过本章的学习,读者将能够系统地掌握供应链金融的基本理论,理解其在供应链管理中的战略意义,掌握其业务实践的关键环节,并对供应链金融的未来发展有清晰的认识。

❖ **本章关键术语**

　　供应链金融;应收账款融资;预付款融资;库存融资

第一节　供应链金融概述

一、供应链金融产生背景

　　传统供应链管理以成本最小为目标,强调将客户需要的产品在正确的时间按照正确的数量和质量、正确的状态送到正确的地点。随着经济全球化深入发展和信息技术的不断出现,全球贸易往来愈发频繁,交流壁垒逐渐被打破。大型企业与经济发达国家在全球供应链中占据优势地位,中小型企业与经济落后国家处于劣势地位的问题越发突出,成为供应链短板问题。为打破供应链发展瓶颈,降低供应链系统成本,提高供应链稳定性,供应链金融将提升供应链成员企业的资金运用效率,重塑供应链流程。本节将从以下背景来了解供应链金融兴起的原因。

（一）结构性融资需求

供应链运作过程包含上下游成员企业供货、采购、销售、售后等经营环节的复杂系统，赊销的贸易形式使企业资金支出和收入发生在不同时刻，由此产生了企业资金链断裂，形成资金缺口，影响供应链中的资金流、商流、物流与信息流的畅通，加剧了供应链系统危机。

（二）成员间的不良竞争

供应链成员以自身利益最大化为目标，成员之间必然存在利益冲突，中小企业过于依赖大型企业，由于存在资金缺口，加之不能掌握定价权，因此当大型企业出现赊销、支付拖延等情况时，中小型企业资金流极易发生断裂。同样，大型企业一般需要应对许多中小型企业，经常会因为中小型企业弹性支付而产生信用、账单以及坏账等问题。

（三）中小型企业贷款难、融资难

当前，中小型企业主要依靠银行信贷的方式进行融资，再加上中小型企业发展起步晚，经营管理落后、资信状况与抵御风险能力较差等因素，商业银行为了减少呆账与坏账，往往不愿向中小企业提供信贷。所以中小企业也面临着融资难度大的问题，即使成功融资，成本也较高。与传统银行融资模式不同，供应链金融对中小企业更具有包容性。银行对中小企业的信用评级不再强调企业规模、固定资产价值、经营业绩等静态数据，而强调企业单笔贸易的真实性和供应链核心企业的实力以及信用水平。这样既可以解决中小企业供应链中资金分配的不平衡，又可以提升供应链整体竞争力。供应链金融的产生无疑受到了中小企业的青睐。

（四）经济全球化

经济全球化具体表现为生产、贸易与金融的全球化。经济全球化过程中，首先出现生产领域的国际分工，且不断向纵深化发展。随着分工的细化与纵深化，从事国际贸易的跨国企业迎来快速发展，全球经济表现出"生产—研发—销售"一体化的特征。传统产品价值链加速碎片化，使每一家企业或者地区都有可能成为全球化生产链中的一个环节。贸易全球化必然使资金全球化流动，促进了金融全球化的发展。金融全球化促使国际资本在全球范围内进行高效流动，也推动资本向增值率更高的地区或者国家的行业及项目投资。国际贸易全球化趋势中生产链和供应链的紧密关联要求国际金融市场以供应链为中心提供更加灵活、高效、风险可控的金融产品与融资模式，供应链金融成为新形势下的必然选择。

（五）商业银行面临创新挑战

对存贷利差的依赖和中间业务减少导致银行盈利水平不断下降。在我国商业银行体系中，商业银行的利润主要来源是存贷利差。银行吸收存款并给存款人支付利息，称为存款利息。银行发放贷款，并收取贷款人的利息，称为贷款利息。一般贷款利息是高于存款利息的，所谓存贷利差，就是两者的差值。中间业务指银行不需动用自有资金，依托业务、技术、机构、信誉和人才优势，以中间人的身份代理客户承办收付和其他委托事项，提供各种金融服务并据以收取手续费的业务。从竞争环境来看，金融脱媒、经营模式同质化现象要求商业银行创新发展模式。金融脱媒又称金融非中介化，指在金融管制下，资金供给绕开商业银行体系，直接输送给需求方和融资者，完成资金的体外循环。金融脱媒使以商业银行为代表的传统金融机构丧失融资主导地位，银行存贷利差收入减少，依靠传统业务越来越难以维持生存，传统经营模式面临经济危机。同时，商业银行的思维模式、业务模式、服务模式、风控模式、人才储备、组织架构都存在严重的同质化，导致竞争不断加剧。利润来源单一、金融脱媒、竞争加剧以及新的监管要求对商业银行等传统机构的创新和适应性改革提出了新的要求。发展供应链金融业务可以帮助商业银行等传统金融机构扩大贷款规模，降低信贷风险，协助处置不良资产，提升质物评估、企业理财等服务质量，为其提供新的利润来源和竞争优势。

（六）物流企业、电商平台进行业务创新

随着全球经济一体化进程的不断加快，市场竞争越来越激烈，物流服务需求方对物流企业的要求越来越高，甚至希望物流企业能够提供资金流、物流和信息流集成的综合服务。物流企业要在激烈的市场竞争中获得竞争优势，需要不断创新业务，在原有提供物流和信息流集成服务的基础上引入资金流服务。当前中小企业的融资困境和银行等金融机构的竞争压力，使得第三方物流企业可以结合自身优势，成为企业和银行等金融机构之间的桥梁，为客户提供物流、信息流和资金流集成的创新服务。京东、阿里巴巴等一批实力雄厚的电商平台也开始布局供应链金融，尝试将消费金融扩展到供应链金融。

上述因素的共同作用使供应链金融得到推广，成为新经济环境下的一种重要金融模式。有效解决了中小企业融资难、融资贵的问题，在全球产业分工背景下，实现了金融资源与产业资源的有效融合。

二、供应链金融概念与特点

（一）供应链金融概念

供应链金融是通过整合供应链中的物流、信息流与资金流，围绕核心企业，为其上下游企业提供灵活、多样的金融服务的一种融资模式，将供应链中的买方、卖方、第三方物流及金融机构紧密联系在一起，发挥了用供应链物流盘活资金，同时用资金拉动供应链物流的功能。

供应链金融是信息化时代下供应链全球化过程中的必然产物，其核心不仅包括金融活动，而是运用互联网、物联网、信息技术等手段，搭建了跨部门、跨区域，连接政府、企业、行业协会，与物联网和互联网相融合的产业生态圈和金融生态平台。供应链金融整合了物流、资金流和信息流，计划、执行和控制金融资源在供应链成员间的流动，为供应链中小型企业解决融资难、融资贵、融资乱的问题，共同创造价值，最终实现通过金融资源优化供应链,同时又通过供应链运营实现金融增值的目的。供应链金融是基于实体供应链,用供应链带动金融,以金融整合供应链,以供应链起点至终点的真实贸易为基础,以贸易生产的预测未来现金流为直接还款来源。金融需求始于供应链,金融落脚是服务于供应链,从供应链中来,到供应链中去。供应链金融已成为中国和世界各国共同关注的话题,其核心地位在于供应链金融不仅涉及金融活动,也紧密联系和服务于产业供应链,对供应链现金管理决策和产业竞争力提升至关重要。

供应链金融的内涵不断丰富,逐渐从要素金融活动向流程化金融发展,逐渐从单一的借贷向生态化金融发展,进而实现了依托供应链中的物流和信息流带动金融资源在供应链成员企业间的流动,同时又反向推动产业供应链的发展。供应链金融要发挥推动实体产业发展的功能,就需要踏踏实实地构建供应链平台,做好供应链服务,为供应链中的中小成员企业降低交易成本和资金成本,而不是借供应链金融的名义,行资本游戏之实,甚至成为挤压供应链中的弱势成员企业利益的手段。

(二)供应链金融特点

金融服务提供者通过对供应链成员企业的综合评估,针对供应链各渠道运作过程中企业拥有的流动性较差的资产,以资产所产生的确定的未来现金流作为直接还款来源,基于各种形式的金融产品,采用闭合性资金运作模式,借助中介企业的渠道优势,来提供定制化的金融服务方案,为企业、渠道以及供应链提供全面的金融服务,提升供应链的协同性,降低运作成本。

1. 现代供应链管理和供应链商业生态系统是前提

供应链金融是一种适应新的生产制造组织体系的全方位金融服务,它不是单纯依赖客户企业的基本资信状况来判断是否为其提供服务,而是依据供应链整体运作情况,从企业之间真实的交易入手,通过识别整体运作情况来提供相关服务,包括企业自身的财务状况和管理水平、供应链成员企业交易记录情况等,来识别流动性较差资产未来的变现能力和收益性。通过融合供应链管理理念,可以更加客观地判断供应链成员企业的抗风险能力和运营能力。可以说,没有供应链的支撑作用,就不可能产生供应链金融,而且供应链运行质量和稳定性直接决定了供应链金融的规模和风险。

供应链金融有效运行的关键在于构建商业生态系统。商业生态系统指组织和个人的相互作用为基础的经济联合体,是供应商、生产商、分销商、市场中介、投资商、政府、消费者等以生产商品和提供服务为中心组成的群体。它们在一个商业生态系统中发挥着不同的功能,各司其职,但又形成一个相互依赖、相互依存、共生的生态系统。供应链金融运作过程中,也存在着商业生态的建立,包括管理部门、供应链参与者、金融服务的直接提供者以及各类相关的经济组织,这些组织和企业构成了供应链金融的生态圈。如果不能构建有效分工,没有承担相应责任和义务的商业生态系统,供应链金融将很难发展。

2. 供应链金融参与主体多元化

供应链金融不仅包括传统信贷模式中的金融机构、融资企业,还增加了核心企业和物流。新增的两个主体在供应链金融中发挥着重要作用。核心企业为供应链金融提供信用支持,其运营状况直接决定了整条供应链的运行情况。物流企业扮演着供应链"中介者""信息汇集中心""监管者"的角色。一方面,物流企业为中小企业提供专业化、个性化的物流服务,利用质押物为中小企业担保;另一方面,物流企业为银行提供仓储监管、质物价格评估以及拍卖等中间业务,发挥其在物流管理、资产设备以及人才上的优势,弥补了银行在质押物监管方面知识和技能的缺失。

3. 流动性较差的资产是供应链金融服务的目标

供应链运行过程中,企业的生产与贸易活动引起存货、预付款项和应收款项等资金沉淀环节,产生了对供应链金融的迫切需求。供应链金融将拥有流动性较差资产的成长型中小企业作为服务的主要目标。流动性较差的资产具有良好的自偿性,即基于供应链成员企业间的真实交易产生的可预期的未来现金流,金融机构给予借款企业短期融资,以销售收入为短期融资的还款来源,并将销售收入导入银行的专门账户中,进而偿还融资。供应链金融服务提供者对企业形成的应收款、预付款、存货等流动资产进行方案设计和融资安排,将不同金融创新产品有效组合在整个供应链各环节中,提供定制化的解决方案,旨在满足供应链中各类企业的不同需求,不仅能够解决企业的燃眉之急,而且也提升了供应链的协同性,降低了运营成本。

4. 应用大数据技术整体评估客户企业是供应链金融服务的保证

整体评估要求供应链服务平台分别从行业、供应链和企业自身三个维度对客户企业进行系统分析和评判,根据分析结果判断客户企业是否符合服务的要求。行业分析要考虑客户企业所处的宏观经济环境、政策和监管、行业状况、发展前景等因素的综合影响。供应链分析主要评判客户企业所在供应链的行业发展和市场竞争优势。客户企业分析是评估其生产经营情况和生产实力,是否具备盈利能力与运营能力,尤其要掌握客户企业的资产结构和流动性信息。上述分析需充分运用大数据技术对客户企业进行整体评估。供应链金融运作是一个复杂的过程,会产生大量信息,传统人工很难高效快速收集并处理这些复杂的信息。此时,需依靠大数据技术对供应链运行过程中的每笔交易、物理活动甚至是每条信息进行筛选、整理、分析,这些数据可以支持企业进行经营管理决策,同时还可以规划、引导供应链金融活动。

5. 供应链金融突破了传统金融授信视角

供应链金融以新角度评估中小企业的信用风险。首先,供应链金融的授信是针对供应链整体,实现的是"1+N"的授信方式。根据供应链金融的思想,银行等金融机构改变以前只局限于对中小企业本身信用风险评估的做法,转变为对整个供应链、交易进行评估。这改变了供应链融资的营销方式,它不再孤立地寻找客户,而是围绕核心企业的供应链寻找客户的资金需求,大大降低了供应链的客户开发成本和增强了企业对银行的依存度。其次,供应链金融改变了对中小企业的授信方式,降低了中小企业的融资门槛。供应链金融主要考察的是供应链金融的交易背景,而不是中小企业静态的财务报表。这样一种转变既实现了对业务风险的真实评估,又让更多的中小企业进入银行的服务范围内。供应链金融可以从核心企业自身出发,分析整个供应链情况。一方面,可以将资金有效投入给发展较弱的上下游企业,解决供应链失调问题。另一方面,可以在下游企业的购销中融入银行信用,提高下游企业的市场地位,可以与其他供应链竞争者建立长期协作的关系,维持供应链的长期可持续发展。供应链金融可以从全新的视角评估中小企业的信用风险。在供应链金融思想的引导下,银行可以全面评估中小企业的风险,转变了供应链交易评估模式,可以将众多中小企业都纳入银行服务中。

三、供应链金融作用

供应链金融服务协调买卖双方利益冲突,寻找买方、卖方、银行三方"共赢"的交易条件,避免让买方或是卖方单独承受较高的资金压力和风险。良好的供应链金融服务,应能够协助判断买方及卖方个别取得资金的成本,建立实现买卖双方共赢的贸易条件。

供应链金融服务将企业供应、生产、销售的融资需求融合在一起,创造性地贯通和重构核心企业与上、下游企业之间的联系,既为供应链各环节的弱势物流企业提供新型贷款融资服务,同时又通过金融服务与供应链主业协作,使整个供应链运作畅通、高效、稳固。供应链金融支持包含银行在内的供应链各成员企业实现互利共存、持续发展、良性互动,具有研究开发价值和实际应用潜力。供应链融资过程中,可控制信贷风险,重新组合不同金融要素,提高结算效率,扩大和稳固银行客户群,开辟新利润来源,同时可以提高中小企业的竞争能力。

供应链金融可提高供应链系统竞争力,其作用主要体现在以下几个方面。

（一）提升供应链竞争力

供应链金融依托核心企业,为供应链成员企业提供融资,解决供应链中小成员企业融资难的问题,促进供应链成员企业发展,提升供应链整体竞争力。以核心企业驱动的供应链融资模式和产融结合的供应链金融模式也开始发力,有望成为供应链金融市场的主流。

（二）提高财务管理能力和营运水平

对核心企业与上游供应商来说,供应链金融在不改变账期前提下加速上游供应商回款,变相提高了核心企业的现金营运能力。对核心企业与下游销售商来说,供应链金融在不改变账期前提下加速核心企业回款,提高了资金营运效率。对核心企业自身来说,供应链金融赋予了核心企业在账期和价格上更加灵活的调控能力,也更好地平衡核心企业和供应链成员企业的资金关系,成为核心企业对供应商和销售商进行管理的重要工具,应收账款融资和保兑仓等重要的供应链金融模式,获得了供应链核心企业的更多支持。

（三）提高供应链的稳定性并保障供应链的安全

在全球产业竞争环境下,供应链脆弱性的不利影响日益显现,自然灾害、贸易摩擦、国际竞争等都会冲击供应链发展。提高供应链的稳定性成为核心企业关注的焦点。供应链金融可发挥核心企业的信用优势,强化与供应链成员企业的协作关系,拓展供应链渠道和模式,提高供应链稳定性。

第二节　供应链金融业务

供应链金融业务主要分为三大类:一是基于应收账款的业务模式,即应收账款融资业务;二是基于存货的业务,即存货/仓单质押融资业务,又称库存融资;三是采购阶段的预付款融资业务。企业通过这些融资方式从银行获得资金支持,把企业资产盘活,将有限的资金用于业务扩张,从而减少资金占用,提高资金利用效率。供应链金融是一揽子的金融服务解决方案,包括结算、代付、融资、保险、管理等,供应链金融服务主要是指融资服务及在此基础上的其他供应链金融增值服务。

一、应收账款融资

应收账款是企业销售商品、提供劳务等经营活动而形成的债权,在商业信用条件下,因赊销而产生。应收账款包括因销售产品、提供劳务而应向客户收取的产品价款,应收取的增值税销项税,以及为客户代垫的运杂费等。不包括各种非经营活动发生的应收账款,如存储的保证金和押金、购货的预付订金、对职工或股东的预付账款、预付分公司款、应收认股款、与企业的经营活动无关的应收款项,以及采用商业汇票结算方式销售产品的债权等。

应收账款融资指企业为获得营运资金,以买卖双方签订的真实贸易合同产生的应收账款为基础,为卖方提供以合同款项下的应收账款作为还款来源的融资业务。应收账款融资主要针对供应商,供应商先行向下游客户提供货物,但是应收账款也存在一定的回款难度,容易出现资金缺口,供应商选择向银行等金融服务企业申请贷款,未来的应收账款为此贷款的还款资金来源。在传统贸易融资过程中,一般银行为主要的出借人,但是在供应链金融中,企业同样也可以作为保理商提供贷款,节省成本的同时也可以提高效率。

（一）保理

保理是卖方将其现在或将来的基于其与买方订立的产品或服务销售合同所产生的应收账款转让给保理商,由保理商向其提供与此相关的账款催收、管理、担保及融资等一系列服务的综合金融服务方式。在此模式下,担保通常是买卖双方形成的商业票据。按保理不同属性进行划分可分为如下几种类型。

按有无追索权可分为有追索权保理和无追索权保理。有追索权保理(又称回购型保理)指在应收账款到期无法从债务人处回收时,银行或保理机构可以向债权人反向转让应收账款,要求债权人回购应收账款或归还融资。无追索权保理(又称买断型保理)指应收账款在无商业纠纷等情况下无法得到清偿时,由银行或保理机构承担应收账款的坏账风险。

按应收账款转让行为是否通知买方可分为明保理和暗保理。明保理指供应商与保理商通过签订保理业务合同将债权转让给保理商,在转让之时即通知买方并由买方确认的保理业务。暗保理是出口保理业务的一种,指供应商虽然与保理商签订了保理业务合同将债权转让给保理商,但在转让时并不立即通知买方的保理业务。

无追索权保理适用于有应收账款融资需求或优化财务报表需求的卖方企业,且买方商业信用和付款实力满足银行的需求。有追索权保理适用于卖方不需要买断应收账款及调整报表,仅需要融资及账款收取服务的情况。暗保理手续比明保理手续更为简便,当下游核心企业不愿意确认应收账款债权或买方不愿意向卖方披露自己融资信息时,暗保理更合适。在暗保理中,银行或保理机构需注意贸易背景的真实性和应收账款是否存在不可转让的约定或已转让给第三方。

保理业务的流程如下:

(1)卖方交货或提供服务后,向买方开出发票,形成应收账款;

(2)卖方向保理商申请应收账款转让,将发票副本送交保理商;

(3)保理商受让应收账款,与供应商共同通知买方;

(4)买方确认应收账款转让事项;

(5)保理商根据发票金额按事先约定的比例向卖方发放融资款;

(6)保理商负责向买方催收账款,并向卖方提供合同中规定的账务管理,应收账款到期前保理商通知买方付款,买方直接将款项汇入保理商指定账户。买方付款后,保理商扣除融资款项,余款划入卖方账户。

(二)反向保理

反向保理也称逆保理,指核心企业利用其较高的信用等级,以较低成本获得融资,将其引入供应链,降低供应商融资成本的模式。通常讲,反向保理就是银行与核心企业达成的为核心企业的上游供应商提供的一系列融资、结算解决方案。这些解决方案所针对的是核心企业与其上游供应商之间因贸易关系产生的应收账款,即核心企业具有较强的资信实力及付款能力,无论哪个供应商保有该核心企业的应收账款,只要经核心企业确认,就可以转让给银行以取得融资。反向保理的实质就是银行对高质量买家的应付账款进行买断。

反向保理主要适用于与核心企业有大量稳定贸易往来的小微企业及客户信用评级比较高的小微企业。反向保理与普通保理的区别如下:

（1）保理商主要评估核心企业的信用风险，而不是评估供应商的信用等级；

（2）核心企业具有较高的资信等级，所以保理商可以选择核心企业同意支付的应收账款进行融资，既降低了保理商的放贷风险，也降低了供应商的融资成本。

反向保理业务流程如下：

（1）买方与供应商形成交易关系，供应商向买方发货，产生应收账款；

（2）买方将供应商的应收账款交给保理商，保理商对应收账款进行验证；

（3）保理商对供应商进行资质核查；

（4）保理商按一定比例对供货商应收账款进行贴现；

（5）应收账款到期保理商和买方进行结算。

（三）保理池

保理池一般指将一个或多个具有不同买方、不同期限及不同金额的应收账款打包后一次性转让给银行或保理机构，银行或保理机构再根据累计的应收账款情况进行融资放款。

保理池模式有效整合了零散的应收账款，帮助融资企业节省了多次保理服务的手续费，简化了保理流程，提高了融资效率。同时，由于卖方分散，不易同时发生不还款的情况，可在一定程度上降低坏账风险。但该模式对银行或保理机构的风控体系提出了更高要求，银行或保理机构需要建立高效的应收账款管理系统，对每笔应收款交易细节进行把控，避免坏账风险。

保理池融资业务流程如下：

（1）卖方与多个买方之间签订买卖协议，形成多笔应收账款；

（2）卖方向保理商申请抵押或背书转让应收账款；

（3）保理商受让应收账款，并与供应商共同通知买方；

（4）买方确认应收账款转让事项；

（5）保理商依据保理池提供综合授信；

（6）保理商负责向买方催收账款，并向卖方提供合同中规定的账务管理，应收账款到期前保理商通知买方付款，买方直接将款项汇入保理商指定账户。买方付款后，保理商扣除融资款项，余款划入卖方账户。

（四）票据池授信

票据池指由一定规模的票据组成的票据资产池，是银行向企业提供的一种综合服务性金融产品，包括票据管理、结算、融资和理财服务等有关票据的一揽子服务。供应链金融中的票据主要指商业票据。通常，企业将票据交给银行，银行帮其保管，同时银行还另外提供结算、融资和理财等增值服务。商业银行的票据池业务大致有以下三类：

票据管理。指商业银行为客户提供商业汇票的真伪辨别、票据保管、信息查询、委托收款、代理票据、账务核算并反馈托收资金到账信息等一揽子服务。

票据池融资。票据池融资是"池融资"的一种,企业无须额外提供抵押和担保,只需将日常分散、小额的应收票据集合起来,形成相对稳定的应收票据余额池转让给银行,并获得一定比例金额的融资。商业银行可根据客户需要,开展贴现、质押开票和办理流动资金贷款业务。

票据池直投。指商业银行将自有资金投资于融资人所持的商业汇票,给予融资人资金支持。虽然都是资金融通,但票据池直投的业务流程、交易结构、风险要素等与票据池融资完全不同,是票据池融资的发展。通常,现行的票据池直投业务的模式包括协议转让和质押融资。与传统的票据池融资不同,票据池直投引入第三方金融机构,一般是证券、基金、信托公司等,体现了商业银行综合化跨界金融服务的优势,也激活了票据资产便于跨市场经营的特性。

票据池授信业务流程如下:

(1)买卖双方签订交易协议,形成商业票据;

(2)卖方将商业票据向银行进行质押或者转让背书,形成票据池;

(3)银行与供应商共同通知买方;

(4)买方确认商业票据转让事项;

(5)银行以票据池余额为限向卖方提供授信;

(6)商业票据到期前银行通知买方付款,与卖方进行结算。

(五)出口应收账款池融资

出口应收账款池融资指,在国际贸易中,将出口企业零散的多笔应收账款集合起来,在应收账款能够保证一定余额的情况下,结合出口企业主体资质、经营情况、抗风险能力和应收账款质量等因素,以应收账款的回款为风险保障措施,向出口企业提供融资的短期出口融资业务。其中,有追索权的应收账款池融资又称为应收账款质押池融资,指融资企业将应收账款池整体质押给银行,银行根据应收账款池余额的一定比例给予融资。无追索权的应收账款池融资又称为应收账款转让池融资,指融资企业将应收账款池整体转让给银行,银行根据应收账款池余额的一定比例给予融资。

出口应收账款池融资主要的目标客户有下列特点:相对固定地与多个国外买家进行贸易,交易频繁,单笔交易金额小,历史交易记录良好的中小微型出口企业,并且在贸易过程中主要采用赊销、付款交单、承兑交单、信用证等结算方式。出口应收账款池融资业务的流程如下:

(1)进出口企业签订贸易合同,并约定以赊销或托收或信用证为结算方式;

(2)国内出口商将连续、多笔、单笔金额较小的应收账款汇集,整体转让给银行;

(3)银行接受多笔应收账款转让,并通知国外进口商转让事项和回款路径;

(4)银行代替国内出口商将货运单据等寄送给国外进口商;

（5）银行按照资产池中应收账款余额的一定比例向国内出口商提供融资；

（6）应收账款到期时国外进口商将款项按通知路径直接汇至银行指定账户，或划入国内出口商的结算账户。

出口应收账款池融资最显著的特点是为目前收汇风险最高的赊销结算出口企业提供了量身定做的融资渠道。对于出口企业来说，采取这一融资方式的优点在于：一是盘活应收账款，持续改善企业经营现金流，加速资金周转，将连续、多笔、单笔金额较小的应收账款汇聚成"池"，可以将分散的应收账款资源集中起来发挥作用，补充流动资金的不足；二是无须其他担保或抵押，仅凭应收账款转让轻松获得银行融资；三是提供专业化出口应收账款账户管理，节约企业管理成本；四是跨越单笔账期融资，可批量或分次支取，手续简便、灵活；五是规避了汇率风险，在人民币不断升值的大环境下，帮助企业规避汇率风险，提前锁定出口收益。

二、库存融资

库存是保证企业生产销售稳定、应对市场变化的重要工具，但也占据了企业大量的流动资金。库存融资是一种多赢的融资模式。物流公司可以通过与银行、企业的合作获得更多的客户；企业也可以通过库存融资把有限的资金用在产品开发和快速扩张领域，提高核心产品的市场占有率；银行的货款管理成本和贷款的风险也相应减小。随着我国经济的发展，库存融资业务已在全国范围内大力开展，成为中小民营企业的主要融资方式。

（一）静态/动态存货质押融资

存货质押融资指借款企业以自有或第三方合法拥有的动产作为质押的授信业务。银行一般需要委托第三方物流企业或监管机构对借款企业提供的存货质押商品实施监管，质押地通常为借款企业生产所在地，第三方物流企业或监管机构派员在借款企业的仓库进行监督。静态存货质押融资不允许以货易货，只能以款易货。动态存货质押融资是延伸产品。融资提供方对借款企业质押的商品价值设定最低限额，借款企业在生产经营过程中，担保的存货价值不能低于这个界限，对高于这个界限的存货，借款企业可以自行处理。

静态存货质押融资对于没有其他抵押物的企业来说，能够从金融服务提供商如银行获得授信，激活积压在存货上的资金，有利于扩大自身经营规模。同时，对于银行等金融服务提供商来说，可以扩大目标客户群体，获得变现能力较强的质押物，获取保证金，扩大收入来源，并利用贸易链切入客户的上游企业。静态存货质押融资中，保证金派生效用最为明显，因为只允许保证金赎货，而不允许以货易货，赎货后所释放的授信敞口可重新使用。静态存货质押融资可帮助缺乏信用的中小企业用原材料、半成品及产成品等存货作为抵押物从金融机构获取资金。在整个存货抵押融资过程中，共有三个参与主体，包括融资企业、金融机构和物流企业等。融资企业和金融机构存在资金借贷关系,融资企业在借贷过程中具有信息优势,掌握企业内部基本信息及运营情况。金融机构处于信息劣势地位,如要获得信息,则需投入人力、物力和资金等对融资企业进行监管。金融机构与物流企业等监管方存在委托代理关系,物流企业可以帮助金融机构掌握与监管融资企业抵押物质量、价格和销售等相关信息,以解决融资企业和金融机构之间的信息不对称问题。

静态存货质押融资业务流程一般包括:①融资企业向银行提交抵质材料,办理融资前授信,提出申请并提交相关产权证明,在银行、融资企业及监管方签订仓储监管协议的前提下,监管方验收库存存货,对符合要求的存货开具抵质押仓单。②银行依据质押材料发放贷款。③融资企业向商业银行追加保证金。④银行向第三方物流企业发出发货指令。⑤监管方第三方物流企业开解押单放货,归还质押物。

动态存货质押融资指企业以自有或第三人合法拥有的动产为质押的授信业务。与静态存货质押融资不同,动态存货质押融资允许客户使用被质押的货物。金融服务提供商对于客户质押的商品价值设定最低限额,允许限额之上的商品出库,客户可以以货易货。动态存货质押优点包括:针对最低存货进行质押,不限制货物的正常进出,保障了货主的正常经营;仓储货物的操作原则上先进先出,以旧换新,货物其实处于增值、保值状态;虽然是最低库存进行质押,但整批货物仍掌握在银行和监管方手中,风险可控。

对于融资企业,以货易货的设定能够最大化消除质押对生产经营活动的影响。如果企业库存稳定,合理设置质押物价值底线,在授信期间几乎不用追加保证金赎回货物,这既降低了成本,也盘活了库存资金。在动态存货质押融资下,业务处理比较灵活方便,融资企业可选择任意时刻进行质押和解押。因此,如果融资企业在授信期内已经拥有足够解押存货的资金,那么其完全可以将质押给金融机构并在第三方物流企业仓库进行监管的存货提前解押出来,从而有可能减少贷款的成本支出。对于金融服务提供商,相对于静态质押授信,动态质押授信的保证金收入虽然少了,但操作成本更低,因为金融服务提供商可以授权第三方物流企业进行以货易货的操作。

动态存货质押融资业务流程一般包括:①融资企业向监管方第三方物流企业提交抵质押物。②银行依据抵质押物发放贷款。③抵质押物的实际价值高于双方约定的最低限额时,抵质押物自由进出。④若提取后抵质押物实际价值低于最低限额,融资企业应追加相应保证金。⑤银行向第三方物流企业发出发货指令。⑥监管方第三方物流企业在最低限额下发货。

(二)标准/普通仓单质押融资

仓单质押融资是国内运用较为成熟的一种供应链融资方式,平安银行将仓单质押融资分为标准仓单质押融资和普通仓单质押融资两种。它们的区别在于质物是否为期货交割仓单。

标准仓单质押融资指借款企业以自有或第三方合法拥有的标准仓单为质物的融资业务。标准仓单指符合交易所统一要求的、由指定交割仓库完成入库商品验收、确认合格后签发给货主用于提取商品的并经交易所注册生效的标准化提货凭证。标准仓单在期货市场交易具有良好的变现能力。同时，国家对其管理极为严格和规范，和普通仓单质押融资相比，标准仓单质押融资具有较强的风险规避能力。具体来讲，标准仓单质押融资方式的优势在于：对于融资企业，相比动产抵押授信，标准仓单质押手续更为简便、成本更低；对于银行等金融机构，成本和风险都较低，且由于标准仓单的流动性很强，有利于银行在客户违约情况下对质物进行处置。标准仓单质押融资业务的流程包括：①客户在符合银行要求的期货公司开立期货交易账户，向银行提出融资申请，提交质押标准仓单相关证明材料、客户基本证明材料等。②银行审核同意后，银行、客户、期货公司签署贷款合同、质押合同、合作协议等相关法律性文件，共同在期货交易所办理标准仓单质押登记手续，确保质押生效。③银行向客户发放信贷资金，用于客户正常生产经营。④客户补交保证金或归还银行授信。⑤银行释放标准仓单。⑥在需要客户以标准仓单参与实物交割偿还银行授信的情况下，银行将标准仓单直接交给期货经纪公司，授权其代理参与实物交割。⑦交割款项首先用于偿还银行授信。

普通仓单质押融资指借款企业提供由仓库或第三方物流企业提供的非期货交割仓单，将其作为质物，并由银行与借款企业、第三方物流企业签订仓储合作协议，银行为借款企业提供融资的一种融资业务。普通仓单的出具方为非商品交易所机构，其流动性与出具方的信誉、货物的品质直接相关，其变现能力弱，融资能力差，然而，普通仓单质押融资需求大，表现如下：商品交易所交易商品品种严格受限，标准化仓单仅涵盖大豆、铜、铝等少数品种，多数产品无法做成标准仓单的形式，故无法通过标准仓单质押方式来融资；普通仓单持有者占据仓单质押融资市场需求主体地位，且多为中小企业，其融资意愿强烈，故开展普通仓单质押业务有利于推动中小企业发展。普通仓单质押融资业务的流程包括：①融资企业将仓储货物交给第三方物流企业，申请制作仓单。②第三方物流企业将符合要求的库存开出普通仓单。③融资企业将普通仓单交付银行并做出质背书。④银行依据普通仓单将相应的金额授信给融资企业。⑤随着市场的波动，仓储货物的价值会发生变化，此时融资企业需要向银行追加保证金。⑥银行向融资企业释放仓单。⑦银行通知第三方物流企业释放仓单项下的货物。⑧第三方物流企业向融资企业归还仓储货物。

三、预付账款融资

预付账款融资指以买方和卖方签订真实贸易合同产生的预付账款为基础，金融服务提供商为买方提供的，以买方销售收入作为第一还款来源的短期融资业务。这种模式是金融服务提供商向供应链下游，经常需要向上游企业预付账款才能获得持续生产经营所需的原材料的中小企业所提供的一种融资模式。预付账款融资可以理解为"未来存货的融资"，其担保基础为预付账款下客户对供应商的提货权,或提货权实现后通过发货、运输等环节形成的在途存货和库存存货。

预付账款融资类型包括先款/票后货融资、担保提货(保税仓)融资、国内信用证买方融资等。

(一)先款/票后货融资

先款/票后货融资要求买方先付货款,卖方再发货。买方在向银行缴纳一定比例的保证金后,从银行获得融资并向卖方支付全部货款,卖方根据购销合同及合作协议向监管方发货,货物到达后设立质押作为对银行的担保。货款可以是现金或商业票据,故这种融资方式称为先款/票后货融资。

先款/票后货融资对缓解借款企业的流动资金需求的作用要大于存货质押融资业务,因为该模式的授信时间包含了上游卖方的排产周期、在途时间、到货后的库存融资,也就是说该模式涵盖了存货质押融资。先款/票后货融资既可帮助借款企业加速资金周转、提高企业运转效率,也可帮助借款企业从上游卖方处进行大批量采购,争取较高的原材料或商品折扣。先款/票后货融资业务流程如下:

(1)买卖双方签订相关交易合同,融资企业向银行缴纳一定比例的保证金;

(2)银行向客户提供授信出账,并直接用于向制造商的采购付款;

(3)第三方物流企业发货,直接进入监管方制造商的监管仓库;

(4)融资企业根据经营需要,向银行补充保证金;

(5)银行根据补充保证金的额度,通知监管方向客户释放部分抵质押物;

(6)融资企业向监管方释放部分抵质押物。

(二)担保提货(保税仓)融资

在该融资模式下,融资企业需要提前缴纳一定的保证金,金融服务提供商将会提供全额的资金供客户向上游企业进行采购,卖方需出具全额提单作为金融服务提供商授信的质押物。随后,融资企业需要分批次向金融服务提供商提交一定数额的提货保证金,收到保证金后,金融服务提供商再分批次通知卖方向客户发货,卖方就发货不足部分的价值承担向金融服务提供商的退款责任。该模式又称为卖方担保买方信贷模式,主要针对采购阶段的资金短缺问题。

担保提货(保税仓)融资模式为银行解决了质物变现的问题。此模式也要求上游卖方的深入参与,有利于银行对核心企业客户资源的开发。该模式适用于如下两种企业:淡季打款、旺季销售,即在销售淡季将货款支付给上游卖方,满足其对流动资金的需求,并锁定低价,待到销售旺季买方分次提货销售;银行监管困难,如借款企业和上游卖方都在异地,银行对物流监管有困难。这时三方担保提货融资的监管方就是上游卖方,四方担保提货融资的监管方是第三方物流企业。担保提货(保税仓)融资业务流程如下:

（1）融资企业与供应商之间签订商品购销协议；

（2）融资企业向银行申请开立以供应商为收款人的承兑汇票，按比例交存保证金；

（3）银行根据融资企业的授信额度，直接向供应链进行采购付款；

（4）供应商向银行出具提货单用于质押；

（5）融资企业根据自身经营需要向银行追加保证金；

（6）银行通知供应商根据追加保证金的金额向融资企业发货；

（7）供应商向融资企业发货，如此进行循环操作。

（三）国内信用证买方融资

该融资模式是对前两种模式的发展。国内信用证是国内贸易的一种结算方式，以银行信用弥补商业信用的不足，是开证行依照申请人（买方）的申请向受益人（卖方）开出的有一定金额、在一定期限内凭信用证规定的单据支付款项的书面承诺。国内信用证的付款期限分为即期付款和延期付款两种。由于银行承兑汇票是银行到期无条件付款，承兑银行收到到期的银行承兑汇票后，只要审核确认汇票背书连续且汇票真实后即可付款。国内信用证是有条件的付款，国内信用证开证（议付）行必须审核信用证及其所附单据，确认单证相符、单单相符后方可付款，且国内信用证中的很多条款是根据合同条款复制的，要求卖方必须履行合同，生产出符合合同要求的产品，按规定时间装运并取得相应的单据后，才可以办理托收并获得信用证项下的款项。由此可见，国内信用证短期融资业务与先款/票后货融和担保提货（保税仓）融资相比，为银行确保了贸易背景的真实性，规避了上游卖方的信用风险。同时银行也在国内信用证业务中获得了更多的中间业务收入。国内信用证买方融资业务流程如下：

（1）买卖双方基于真实贸易背景签订商品购销合同，双方约定以国内信用证为结算方式，买方向当地开证行提出开证申请，并提交相应单据；

（2）开证行应买方申请，在审核买方资信后，向通知行（卖方开户行）开立以卖方为受益人的国内信用证；

（3）通知行收到国内信用证后通知卖方，并将信用证交给卖方；

（4）卖方在收到国内信用证后，按照国内信用证条款规定发货；

（5）卖方发货后备齐单据，向委托行（一般是通知行）交单；

（6）延期付款信用证项下，卖方可向议付行（一般是通知行）申请议付；

（7）委托收款行或议付行将全套单据邮寄开证行，办理委托收款；

（8）开证行收到全套单据、审查单证相符后，向委托收款行或议付行付款或者发出到期付款确认书；

（9）开证行通知买方付款，并将单据交予对方；

（10）买方凭符合信用证条款的单据向开证行付款，并办理提货事项。

第三节　供应链金融发展趋势

供应链金融长远发展的目标是承担社会可持续发展的责任,在追求技术创新和经济利益的同时,也要兼顾环境资源的可持续性,供应链金融要实现智慧化和绿色化。

一、绿色供应链金融

随着供应链融资过程中一些企业的环境污染事件及银行和非银行金融机构的社会责任等问题,绿色供应链金融逐渐引起社会的广泛关注。绿色金融本质是通过供应链业务重组功能,提高资金在绿色环保领域的流动效率,优化绿色生产中的金融资源分配结构,实现供应链各节点企业与金融机构在绿色环保领域投融资方面的协作。绿色供应链金融是绿色金融的一种创新模式,将绿色理念融入供应链金融全过程,资金专项用于环保节能和可持续发展领域,通过绿色金融和供应链金融的有机结合实现环境保护。绿色供应链金融概念可从三个维度来理解:从金融产品维度,聚焦贸易环节融资相关产品,包括商业票据、信用证、保函、保理等;从资金用途维度,需满足绿色贷款或绿色债券等标准,专项用于满足绿色领域的融资需求;从供应链维度,注重贸易链条上各环节融入资金用途的绿色属性。

绿色供应链金融具有经济价值。绿色供应链金融通过关注供应链融资过程中的环境污染问题,降低了供应链上游中小企业因为环境污染赔偿巨额款项的概率,进而避免了企业所在链条没有考虑环境因素而造成货物无法售卖的结局,又改善了商业银行及非银行金融机构不良贷款的状况。绿色供应链金融具有社会和环境价值。绿色供应链金融通过投资于节能减排,鼓励引进节能减排设备,关注生产过程中的“三废”治理,提高了能源和资源的利用率,降低温室气体排放,也强调了商业银行及非银行金融机构的道德准则。此外,供应链体系连接了产品设计、原材料采购、生产制造、销售、物流、消费环节等,使得申请绿色供应链金融服务企业的经营活动必须要遵循低污染、低成本、高产出的原则。通过强调供应链绿色管理,可以将环境绩效因素纳入企业内外部供应链管理的各个环节。与仅针对某一领域的环保要求相比,绿色供应链考虑的环节更加全面。

传统供应链金融是商业银行以申请贷款的中小企业的供应链交易事实为主要依据,在审核交易关系的真实性以及确保贷款企业符合其他信用条件之后,再将贷款批给中小企业的一种融资服务。而绿色供应链金融是在供应链金融要求的上游中小企业必须符合的条件的前提下,还要求中小企业提交污染物排放许可证和排污权质押贷款申请,商业银行在审核其满足条件后,才能将资金带出。绿色供应链金融的标志特征是申请贷款的中小企业将贷款应用到绿色生产中去,通过引进低能耗设备或加强设备能耗管理,以减少生产制造过程中的环境污染,旨在规避生产制造过程中的环境污染赔偿。

二、新技术在供应链金融中的应用

随着物联网、大数据和云计算、区块链等新技术与供应链金融的结合,使供应链金融展现了全新的面貌。

(一)物联网技术

物联网就是物物相联通的网络,即万物相连的互联网。物联网在金融行业的应用给供应链金融带来了机遇和挑战,有效推进了业务创新。例如,可辅助各类物资实现全流程系统化管理、自动化监控。在政策风险和市场风险防控领域,利用物联网技术可对供应链各参与方进行动态跟踪,在国家政策调整或市场受到冲击时,金融机构可及时获知供应链各参与方经营状况,超前判断政策变化或市场冲击所造成的影响,提前制定风险应对方案。在信用风险防控领域,物联网技术可帮助金融机构对供应链相关企业实现动态跟踪,及时掌握企业信息,并在企业可能发生信用违约时做出紧急处理,避免风险的进一步扩散。在改善信息不对称领域,物联网技术可强化供应链企业间的信息交流,提高信息交互效率,金融机构也可利用物联网及时与供应链上的相关数据和信息进行高效、低成本的复核和校验。在供应链关系风险防控领域,物联网技术可有效构建供应链企业间的合作关系,进而降低供应链企业关系不稳定导致的风险。

(二)大数据和云计算技术

大数据技术作为数据处理工具可帮助金融机构实现信息识别,云计算技术作为动态可伸缩的虚拟化资源可为数据存储的完整性提供保障。市场营销领域,金融机构可以利用来自各种服务渠道的大量客户数据,开发新的算法和模型,对客户进行精准影响。风险防控领域,利用大数据技术,金融机构能够对企业的金融数据、交易数据、工商注册数据、税务数据、社保数据、进出口业务数据及企业经营管理者个人的信用数据进行综合分析,有效提高了金融机构风险识别的准确性,简化了风险防控流程,提升了风险防控的有效性。运营管理领域,金融机构利用大数据技术可实时收集并分析海量数据,用来提高运营管理水平。

随着供应链金融的发展,金融机构加强了对有融资需求的供应链上下游企业的综合评估,强调通过供应链上的业务闭合来防控金融风险。金融机构对需要融资的供应链上下游企业进行综合风险评估时需要收集大量的企业信息,涉及企业基本状况、所处行业状况、运营管理水平、盈利能力、债务偿还能力、发展潜力、信用记录等。利用大数据技术,金融机构能够较全面获得融资企业及其供应链上下游企业各方面的信息并运用科学的评估指标和恰当的方法对客户进行评估,实现信息全生命周期的管理与有效的信息治理,进而降低风险。

(三)区块链技术

对于区块链技术,金融领域始终是一个极其合适的落地场景,也是一个落地项目最多的领域。传统金融行业采用中心化系统,依靠银行、交易所、第三方平台等中心化机构建立信任。但这类中心化机构对金融信息的处理存在时间滞后、效率低下的问题,并且耗费大量的运营成本。区块链采用分布式记账系统,所有节点共同对该账本进行维护,链上交易过程中的每一环节都被完整及时地记录下来,大部分节点在被验证之后,写入区块链,永久地存储下来,因此数据信息具有不可篡改性和可追溯性等特征,这就为不信任的节点之间创造了一个强信用的环境,有效弥补了供应链金融信用机制的缺陷。在这种强信用机制下,各个节点之间的信息流、商流等信息实现了共享,核心企业的信用得以在链上逐级传导,不断为中小企业增信,从而提升了中小企业融资的便利性,降低了其融资成本,使其最大限度地满足市场需求。

供应链金融是构建于复杂交易结构之上的业务模式,这种复杂性表现在以下几个方面:交易行为发生在互不信任的节点之间;银行、平台、物流公司等参与方众多,且需要对每一个角色的"责、权、利"做出明确的界定;资产交易更为复杂多样,信用的构建更为精密与立体化。这种复杂的交易结构和信用结构必然导致业务操作的难度和成本加大。金融科技的发展目标之一就是降低业务的复杂程度,进而降低操作成本与融资成本,提高融资便利性,更好地满足市场的各种个性化需求。区块链分布式记账系统、共识机制、加密技术、点对点传输等都与供应链金融的业务逻辑具有天然的匹配性。区块链技术进入供应链金融领域,提升了链上企业,尤其是中小企业融资的便利性,降低了融资成本,为供应链金融目前面临的问题提供了新的解决方案。

 **复习思考题**

1. 解释什么是供应链金融,以及它在商业领域中的作用是什么?

2. 供应链金融是如何发展起来的,请描述其发展背景和历史演变。

3. 供应链金融的特点是什么,与传统金融相比,它有何优势和不同之处?

4. 请说明应收账款融资的概念,并列举一些应收账款融资的具体方式和优缺点。

5. 什么是库存融资?它对企业经营有何帮助,请列举几种库存融资的形式。

6. 预付账款融资在供应链金融中扮演着什么角色?它的特点和应用场景是什么?

7. 供应链金融的发展趋势是什么?未来它可能面临的挑战有哪些,如何应对这些挑战?

 即测即评

请扫描右侧二维码,进行即测即评。

读者意见反馈

为收集对教材的意见建议，进一步完善教材编写并做好服务工作，读者可将对本教材的意见建议通过如下渠道反馈至我社。

咨询电话　400-810-0598

反馈邮箱　gjdzfwb@ pub. hep. cn

通信地址　北京市朝阳区惠新东街 4 号富盛大厦 1 座

　　　　　高等教育出版社总编辑办公室

邮政编码　100029